Thomas Freller
Geschichte Mallorcas

Thomas Freller

Geschichte Mallorcas

Jan Thorbecke Verlag

Danksagung

Der Autor möchte sich bei folgenden Personen und Institutionen für ihre Unterstützung bedanken:

Monsignor John Azzopardi
Dolores Campoy-Felices MA.
Dr. Helmuth & Hertha Freller
Dr. Albert Friggieri
Ana Pérez MA.
Professor Dr. Walter G. Rödel †
Miguel Vázquez

University of Malta und ihr Rektor Juanito Camilleri

Für die Schwabenverlag AG ist Nachhaltigkeit ein wichtiger Maßstab ihres Handelns. Wir achten daher auf den Einsatz umweltschonender Ressourcen und Materialien. Dieses Buch wurde auf FSC®-zertifiziertem Papier gedruckt. FSC (Forest Stewardship Council®) ist eine nicht staatliche, gemeinnützige Organisation, die sich für eine ökologische und sozial verantwortliche Nutzung der Wälder unserer Erde einsetzt.

Bibliografische Information der Deutschen Nationalbibliothek
Die Deutsche Nationalbibliothek verzeichnet diese Publikation in der Deutschen Nationalbibliografie; detaillierte bibliografische Daten sind im Internet über http://dnb.d-nb.de abrufbar.

www.thorbecke.de

Umschlaggestaltung: Finken und Bumiller, Stuttgart
Umschlagabbildung: mauritius images: oben ib uwe kraft/unten: age
Druck: GGP Media GmbH, Pößneck
Hergestellt in Deutschland
ISBN 978-3-7995-0424-9 (Print)

Inhalt

Vorwort

Vorliegende Monographie setzt sich in ihrem auf Mallorca fokussierenden Ansatz verschiedensten Kritikpunkten aus. Kann eine zu einem Archipel gehörende Insel aus ihrem größeren geographischen, kulturellen und politischen Umfeld gelöst werden, ohne dass wesentliche Zusammenhänge vernachlässigt werden?

Entspricht eine geographische Eingrenzung von Geschichte überhaupt noch einem modernen Konzept von Historie? Verschiedene Historiker und Kulturwissenschaftler haben bereits darauf hingewiesen, dass, dank einer immer größeren Palette an wissenschaftlichen Methoden, Ansätzen und Erkenntnismöglichkeiten, Fragen nach der Genese und Formierung historischer Räume differenzierter zu betrachten sind. Der vorliegende Band hat es sich daher weniger zur Aufgabe gemacht, eine kurze Geschichte Mallorcas im Kontext der Entwicklung des Raumes der heutigen Autonomen Region der Balearen (katalanisch *Illes Balears*, kastilisch *Islas Baleares*) zu präsentieren, sondern in zusammenfassender Form die Entwicklung der wichtigsten Ereignisse und die Ethnogenese der Stämme, Verbände, Ethnien und Volksgruppen zu skizzieren, die die Hauptinsel Mallorca geprägt haben. Dieses Buch versteht sich also nicht als Gesamtgeschichte der Balearen; auf Ereignisse und Entwicklungen auf den Nachbarinseln Mallorcas wird nur eingegangen, wenn sie für die Entwicklung der Hauptinsel von Relevanz waren oder sind.

Jedoch ist spätestens in der phönizischen und griechischen Epoche der Insel der Einfluss nordafrikanischer und ägäischer Entwicklungen auf die Kultur, Gesellschaft und politische Gestaltung Mallorcas klar nachweisbar, so dass sich der Blick auf andere, die Regionalgeschichte verlassende Zusammenhänge weiten muss, ohne diese allerdings im knappen Rahmen vorliegender Monographie erschöpfend behandeln zu können. Diese Weitung des Blicks trifft vielleicht noch mehr auf die römische und die islamische Epoche der Insel zu. Die Geschichte Mallorcas ist spätestens seit der römischen Zeit untrennbar mit der wirtschaftlichen Entwicklung der Regionen der iberischen Levante, Südfrankreichs, Italiens und des Maghreb verbunden.

Verschiedene Historiker haben in ihren Porträts der größeren Inseln des Mittelmeers – im Besonderen im Fall von Sizilien – das Bild von »eigenständigen Welten« benutzt. Wir werden sehen, wie dieses Bild allein aus versorgungstechnischen und ökonomischen Gründen auf Mallorca und die Balearen insgesamt nicht zutrifft. Im Späten Mittelalter wird Mallorca zwar für kurze Zeit ein eigenständiges Königreich, doch auch dieses Gebilde kann nur in Zusammenhang mit wirtschaftlichen Zielen und der Politik benachbarter größerer Mächte, besonders Aragons und Frankreichs, verstanden werden. Die Geschichte Mallorcas im späten 13. und im 14. Jahrhundert ist stets auch im Kontext der zunehmenden, bald fast chronischen Spannungen zwischen der Krone Aragons und dem Haus Anjou zu sehen. Kriege zwischen diesen Häusern wurden an den Küsten Nordafrikas, in den Gewässern von Malta und Sizilien, in Süditalien und im Süden Frankreichs ausgetragen. Ein Blick auf die Karte genügt, um zu sehen, welche strategische Rolle Mallorca in diesen Konflikten spielen musste.

Mit der allmählichen Ablösung Genuas und Venedigs als bedeutendste christliche Handelsmächte des Mittelmeers durch die Expansion Englands und der Niederlande und die Verschiebung des Zentrums der Weltpolitik nach Norden und in den Atlantik bekam auch das politische und wirtschaftliche Gefüge des westlichen Mittelmeers eine neue Kontur. Ein konstanter Faktor blieb allerdings die ambivalente Rolle Mallorcas: Die Insel war zum einen Handelsdrehscheibe für den Austausch mit Nordafrika, zum anderen Schild des spanischen Festlands und Marinestützpunkt gegen das Osmanische Reich und die nordafrikanischen Fürstentümer. Diese Situation prägte die Gestaltung mallorquinischer Häfen, Städte, Festungen und die Architektur im Allgemeinen, für die nahezu ein halbes Jahrtausend – bis zur Verwaltungsreform der Bourbonen von 1833 – andauernde Existenz des »Reino de Mallorca« im Kontext spanischer bzw. besser habsburgischer oder bourbonischer Großmachtpolitik.

Auf das komplexe und nach wie vor ideologisch befrachtete Thema der Nations- und Staatswerdung Spaniens und der Integration der Balearen soll über die Faktenlage hinaus in diesem Buch nicht tiefer eingegangen werden. Mit Ausnahme einiger kurzer einleitender Erläuterungen soll diese allgemeine Darstellung Distanz zu den Diskussionen historischer Theoriebildung halten. Im Mittelpunkt stehen daher auch für das 19. und 20. Jahrhundert die Sachfragen und die Wendepunkte mallorquinischer Geschichte.

Die Geschichte des »Reino de Mallorca« mit seinem eigenen kulturellen, sprachlichen und gesellschaftlichen Profil gewinnt mit der modernen Diskussion über das »Europa der Regionen« eine aktuelle Dimension, die im Rahmen dieser zusammenfassenden Monographie ebenfalls nicht näher diskutiert werden kann. Regionalismus und Separatismus waren – besonders für eine Insel bzw. Inselgruppe – immer wichtige Themen. Es ist insofern kein Zufall, dass eine umfangreiche eigenständige Beschäftigung mit Mallorcas Geschichte – insbesondere des »Reino de Mallorca« – erst wieder nach dem Ende der Francodiktatur mit der selbstbewussten Besinnung auf regionale Identitäten und neu artikulierten Lokalpatriotismus einsetzte. Für die moderne Erforschung der einstmals zum Herrschaftsbereich der Krone von Aragon gehörenden Territorien und ihrer internationalen Kontakte geben die seit über vierzig Jahren regelmäßig abgehaltenen einschlägigen Themenkongresse (katal. »Congrés d'Història de la Corona d'Aragó«) bedeutende stimulierende Anstöße. Die in ihrem Gefolge publizierten Bände mit Beiträgen internationaler Experten lieferten und liefern wesentliche Fortschritte zur Erforschung verschiedenster, auch interdisziplinärer Themen der Insel.

Die wechselhafte politische, soziale und kulturelle Geschichte Mallorcas und häufige Herrschaftswechsel besonders im Mittelalter spiegeln sich in Quellen, die über verschiedenste Länder des Mittelmeerraums verstreut sind. Bedeutende Dokumente zur Geschichte des zwischen 1229 und 1833 existierenden »Reino de Mallorca« befinden sich in Madrid (Archivo Histórico Nacional de España), Barcelona (Archivo de la Corona de Aragon; Arxiu Municipal), Paris (Archives Nationales; Bibliothèque Nationale), Perpignan (Archives Départementales des Pyrénées Orientales), Montpellier (Archives Départementales de l'Hérault), Florenz bzw. Prato (Archivio di Stato di Firenze, Sezione di Prato), Simancas (Archivo General), Genua (Archivio di Stato) und natürlich Palma (Archivo Capitular; Arxiu del Regne de Mallorca). Die intensive Aufarbeitung der islamischen Vergangenheit des 9. bis 13. Jahrhunderts hat erst in den letzten Jahren begonnen. Hier dürften die Archive bzw. Sammlungen von Fez, Tanger und eventuell von Istanbul wertvolle Hinweise bieten.

Die vorliegende Darstellung richtet sich an ein allgemeines Publikum, auf Fuß- bzw. Endnoten wird dabei verzichtet. Leser, die sich für spezielle Aspekte der dargestellten Epochen und Entwicklungen interessieren, seien auf den Apparat mit weiterführender Literatur am Ende des Bandes verwiesen. Er enthält aus Platzgründen keine einzelnen Zeitschriftenbeiträge, sondern lediglich eine Auswahl der wichtigsten Monographien und Reihenwerke zum Thema. Ortsbezeichnungen und Eigennamen werden im Text in katalanischer bzw. mallorquinischer Schreibweise widergegeben. Wenn zum besseren Verständnis angebracht, wird der kastilische Name in Klammern dahinter gesetzt.

Einführung – Koordinaten einer Insel und ihres Lebensraums

Für den modernen Betrachter gehört Mallorca – wie die Balearen insgesamt – zum spanischen bzw. iberischen Einflussbereich. Für die frühe Menschheitsgeschichte ist diese A-priori-Annahme eher hinderlich und verstellt eine neutrale Perspektive auf Besiedlung, Herrschaftsgeschichte und frühe Entwicklung der Insel. Sicherlich ist die geographische Nähe zum iberischen Festland ein Argument für eine von dort ausgehende Besiedlung und entsprechende Kontakte; dennoch ist dabei auch die Rolle Sardiniens, Korsikas oder des Golfs von Lyon zu berücksichtigen. Sichtkontakt besteht zwischen Mallorca und dem iberischen Festland ebensowenig wie zwischen den Balearen und Sardinien oder Korsika. Die frühen Siedler müssen also das offene Meer befahren haben und damit versierte Seefahrer gewesen sein. Dies stand im Gegensatz zum bis in die Frühe Neuzeit geltenden Prinzip, dass sich die Seefahrt im Allgemeinen an den Küsten entlang tastete. Eine Tatsache, die für die Herkunft dieser Siedler von einer der Inseln des westlichen Mittelmeers und damit aus einer mit dem maritimen Leben gut vertrauten Gesellschaft spricht. Dagegen nehmen verschiedene Historiker eine Besiedelung Mallorcas und der Balearen durch Siedler aus dem Golf von Lyon an. Andere tendieren zu der Annahme, die Balearen seien von der iberischen Levante besiedelt worden. Diese Konzentration auf die Kontakte Mallorcas und der Balearen mit dem iberischen Festland besitzt für das Mittelalter ihre eigene Problematik. Historiker wie David Abulafia und Jacques Heers haben vielleicht überspitzt, aber mit Recht darauf hingewiesen, dass erst die aragonesisch-katalanisch-provenzalische Eroberung von 1229 die Balearen politisch und kulturell von Nordafrika trennte, und erst das Ende des eigenständigen »Reino de Mallorca« zu einem Bruch mit Südfrankreich führte.

Obwohl erdgeschichtlich eine relativ junge Insel, blickt Mallorca – nach dem Stand der bisherigen Funde – auf fast 10 000 Jahre Menschheitsgeschichte zurück. Menorca, Mallorca, Ibiza (katal. Eivissa) und Formentera sind Teil eines alten, versunkenen Gebirgszuges, der in südwestlicher Richtung verlief und mit der andalusischen Sierra Nevada verbunden war. Ein etwa 1500 Meter tiefer Meeresgraben trennt die Balearen vom iberischen Festland. Tektonische Verschiebungen drückten die Balearen wieder über das Meeresniveau. Insgesamt arbeiteten Erdkräfte über 300 Millionen Jahre an der Entstehung der Insel. Besonders das sich im Jura vor etwa 180 Millionen Jahren formierende Kalkgestein prägt die Insel bis heute. Mallorca besteht zu etwa 90 Prozent aus verschiedensten Kalksteinsorten; entsprechend bestimmte diese geo-physische Struktur Landwirtschaft und Ernährung und damit auch Gesellschaft und Sozialstruktur der regionalen Geschichte.

Mit etwas mehr als 3640 Quadratkilometer Landfläche ist Mallorca die größte Insel der Balearen und nach Sizilien, Sardinien und Korsika die viertgrößte des westlichen Mittelmeers. Die Insel hat damit die fünffache Fläche der Nachbarinsel Menorca. Streng genommen gelten die südwestlich gelegenen Inseln Ibiza und Formentera nicht als Teil der eigentlichen Balearen, sondern werden unter dem geographischen Begriff der Pityusen zusammengefasst. Die Entfernung zur iberischen Levante beträgt etwa 170 Kilometer, nach Nordafrika sind es 270 Kilometer. Die Insel besitzt – Ost/West – eine größte Breite von etwa 100 Kilometern, die Distanz von der Nord- zur Südküste beträgt etwa 75 Kilometer. Neben den bewohnten Inseln Mallorca, Menorca, Ibiza, Formentera und Cabrera gibt es innerhalb der heutigen Autonomen Region der Balearen (»Comunidad Autónoma«) 146 unbewohnte Inseln, darunter die mittlerweile unter Naturschutz stehenden Inseln Dragonera und Pantaleu.

Die nordwestliche Seite der Insel wird von einem Gebirgszug (Serra Tramuntana) begrenzt, der bis auf 1447 Meter ansteigt (Puig Mayor de Son Torrella). Entsprechend ist die nordwestliche Küste zerklüftet und fällt steil ins Meer ab. Sie besitzt mit Port de Sóller nur einen größeren Naturhafen. Der Gebirgszug schützt die Insel vor Nordwinden und trägt zum milden Klima im Binnenland bei. Die Mitte der Insel wird von einer weiten, flachen Ebene gebildet, an ihrer südwestlichen Seite befindet sich mit der Bahía de Palma eine weit auslandende Bucht, an der sich die heutige Hauptstadt Palma befindet. Nordöstliches Gegenstück ist die Bahía de Alcúdia mit der daran anschließenden Bahía de Pollença, die früheren Zentren der Insel. Diese aus geografischer Sicht »weichen« Seiten der Insel waren über Jahrtausende Einfallstore der Siedler und Eroberer.

Die fruchtbare Ebene »Es Pla« war und ist teilweise noch heute das landwirtschaftliche Zentrum der Insel. Die Ebene wird von kleineren Bodenwellen bestimmt. Diese kleinen Erhebungen wurden von den Menschen der Kulturen der Frühzeit häufig als Orte für Tempel, Wohn- und Begräbnisorte gewählt. Den römischen und arabischen Eroberern sollte das verhältnismäßig tief liegende Landesinnere die Anlage eines gut funktionierenden Bewässerungssystems erleichtern. Klima, Wasserversorgung und Bodenbeschaffenheit erlaubten und erlauben mehrfache Ernten im Jahr.

Die Ebene wird auf der östlichen Seite von den Höhenzügen der Sierra de Levante (katal. *Serra de Llevant*) begrenzt, die zwischen der Halbinsel Artá und dem Berg von San Salvador mit bis zu etwa 550 Meter hohen Erhebungen verlaufen. Die relative Trockenheit dieser Region begrenzt die landwirtschaftliche Nutzung. Der Wind bläst – vor allem im Winter und Frühling – von Norden (Tramuntana) und Südwesten (Llebeix). Es Pla ist aufgrund der Begrenzung der beiden oben beschriebenen Höhenzügen vor allem den Südwinden ausgesetzt.

Mallorcas Klima ist mit etwa 10 bis 15 Grad im Winter und 25 bis 30 Grad im Sommer und einer durchschnittlichen Luftfeuchtigkeit von etwa 75 Prozent gemäßigt subtropisch. Doch auch hier machten sich in den letzten Jahren besonders im Sommer steigende Temperaturen bemerkbar. Reicher Taufall sorgt trotz der durch den vorherrschenden Kalkstein verursachten Bodentrockenheit für das Gedeihen von immergrünen Pflanzen. In den nordwestlichen Bergen fällt eine durchschnittliche jährliche Regenmenge von 1400 mm. in der Ebene lediglich von etwa 300 mm.

Ein großer Teil der Insel besteht aus Kalkstein, entsprechend führte Erosion zur Entstehung von tiefen Schluchten und Höhlensystemen; Gegebenheiten, die über Jahrtausende von den Einwohnern des Neolithikums, der Talayot-Kultur, bis zur Epoche der arabischen Herrschaft zu Wohn- und Bestattungszwecken genutzt wurden. Ein näherer Blick auf die Geografie Mallorcas bzw. der Balearen, auf das geo-physische Profil, Flora und Fauna der Insel liefert erste Erklärungen für historische Entwicklungen. Das Wasser der meisten steil ins Meer abfallenden Küstenstreifen ist auffallend plankton- und daher fischarm. Die in den tieferen planktonreicheren Meeresschichten lebenden Tintenfische, Thunfische, Sardinen oder Brassen waren für die Fischer der Frühzeit nur schwer erreichbar. Die Konzentration auf die Landwirtschaft im Inneren der Insel, namentlich der fruchtbaren Ebene Es Pla versprach hier ein besseres Auskommen.

Auch Meeresströmungen und Winde bestimmten Siedlungs- und Handelsgeschichte. Das westliche Mittelmeer erstreckt sich zwischen Sizilien, Sardinien, dem Iberischen Festland und dem Maghreb, die Balearen liegen fast im Zentrum. – Mit seinen riffbestückten Felsenküsten und seinen rasch aufkommenden und drehenden Winden ist es nicht leicht zu befahren. Speziell die Ost-West-Passage birgt ihre Risiken. Die Reisegeschwindigkeit von Mallorca bzw. von Palma nach Nordafrika variierte natürlich je nach Saison und Windverhältnissen. Der französische Botschafter d'Aramont benötigte beispielsweise im Frühsommer 1549 von Palma nach Algier eine Woche, was als äußerst schnelle Fahrt eingeschätzt wurde.

Auch wenn zwischen den Balearen und Korsika, Sardinien und dem Iberischen Festland kein Sichtkontakt besteht, war die Inselgruppe doch seit alters eine wichtige Station der mediterranen Ost-West- bzw. West-Ost-Achse. Von der Küstenschifffahrt setzten sich nur wenige, lang bekannte und von den Marinehistorikern als »sailing by the islands« bezeichnete Routen *(ruta de la illas)* ab, etwa jene vom iberischen Festland über die Balearen und Sardinien nach Italien. Eine allmähliche Emanzipation von den küstenbestimmten Handelsrouten erfolgte ab dem 12. und 13. Jahrhundert mit dem nun auch im Mittelmeer eingeführten Kompass. Aufgrund der Strömungen und Windverhältnisse blieb dabei eine Befahrung der Nord-Süd-Passage einfacher als eine Ost-West-Passage. Die ersten, die das offene Meer befuhren, waren allerdings keine Kaufleute, sondern Korsaren. Sie waren, wie noch zu zeigen sein wird, über Jahrhunderte eine wesentliche Komponente mallorquinischen Einkommens. Die ambitionierte Ausdehnung des aragonesischen Reichs bis auf den Peloponnes wäre ohne die neuen maritimen Techniken und eine konsequente Ausnutzung des sogenannten Inselspringens über die Balearen nicht möglich gewesen. Es bleibt interessant zu beobachten, wie die geographische Lage Mallorcas und die von ihren Häfen gebotenen Möglichkeiten für verschiedenste Herrscher, seien sie islamischer oder christlicher Provenienz, geostrategische Brückenköpfe für Eroberungsversuche von Sardinien und Korsika darstellten.

Die von ausländischen Kaufleuten und Mächten unterstützte maritime Ausrichtung manifestierte sich allerdings erst zögerlich im urbanen und siedlungstechnischen Profil der Insel. Die Konzentration der Ansiedlungen an den Küsten ist – mit Ausnahme Palmas und Alcúdias – eine relativ moderne Erscheinung. Sie begann erst im 19. Jahrhundert mit der wachsenden Sicherheit gegen Korsaren und Piraten. Interessanterweise war die Siedlungsdichte an den Küsten in der Vorgeschichte größer – anscheinend gab es in dieser Zeit weniger maritime Attacken oder besseren Schutz. Ein großer Teil der Küstengebiete des Mittelmeeres und vor allem die Inseln waren seit antiken Zeiten von plötzlichen Angriffen von der Seeseite bedroht. Mallorca und die Balearen machten hier keine Ausnahme – besonders während der Hochphasen der Piraterie zwischen dem 15. und 17. Jahrhundert. Die, mit Ausnahme einiger Hafenorte im Nordwesten und Südosten, deutlich zu erkennende Orientierung zum Landesinneren in der frühen Geschichte der Insel ist angesichts der oben erwähnten Fischarmut und der gefährlichen Winde wohl nicht nur der Gefahr von bewaffneten Überfällen durch Piraten, Korsaren oder feindlichen Heeren geschuldet.

Bezeichnenderweise war noch im Hohen Mittelalter das im Zentrum der Insel, an der alten Römerstraße von Palma nach Pollença und Alcúdia gelegene Inca hinter Palma Mallorcas größte Stadt.

Letztlich sah sich Mallorca wie alle anderen Mittelmeerinseln – vielleicht mit Ausnahme der Kornkammer Sizilien und des dünn besiedelten Sardinien – vor die zentrale Frage nach der Möglichkeit der Selbstversorgung gestellt; gefordert war eine stete Überwachung der eigenen landwirtschaftlichen Ressourcen und im Fall des Mangels eine Sicherstellung auswärtiger Versorgung. Mit Ausnahme des über Jahrhunderte bekannten Salzes von Ibiza und Formentera verfügten die Balearen über wenig Rohstoffe, welche fremde Händler auf die Balearen zogen. Das änderte sich mit der Ausweitung des Weinbaus in der römischen Epoche und im Hohen Mittelalter mit der Wollproduktion. Nach den bisher vorliegenden Erkenntnissen waren es daher weniger die einheimischen Produkte, welche Mallorca und die Balearen für punische und griechische Kaufleute attraktiv machten. Gleiches gilt noch für das Mittelalter, als die arabischen, später genuesischen, pisanischen oder katalanischen Händler die Insel eher als Ort des Transits und Drehscheibe für internationalen Handel betrachteten, als sie intensiv wirtschaftlich auszubeuten. Geographische Situation, Ressourcen und das Bevölkerungswachstum ließen bereits im Mittelalter kein autarkes und unabhängiges Mallorca zu. Wir werden die sich aus dieser Situation ergebenden jeweiligen politischen, sozialen und kulturellen Rahmenbedingungen in den spezifischen Kapiteln ausführlicher diskutieren.

Ungeachtet der oben erwähnten Probleme und Gefahren wurde das Meer im Verlauf der Jahrhunderte zunehmend der wichtigste Bezugspunkt für die Wirtschaft und damit auch ein bedeutenderer Faktor für Demographie und soziale Struktur der Insel. Die geographischen Koordinaten, limitierten agrarischen Ressourcen und die demographische Situation bewirkten, dass Mallorca in Mittelalter und Neuzeit ohne Handel nicht auf Dauer überleben konnte. Dennoch ergab sich durch den Handel ein Paradoxon, nämlich dass die politische Schwäche des aus disparaten geographischen Regionen zusammengesetzten »Reino de Mallorca« zeitweise im Widerspruch zu seiner ökonomischen Stärke und Robustheit stand. Insgesamt sollten sich Mallorca und die Balearen – auch wenn der »Reino de Mallorca« für einige Zeit mit Territorien auf dem europäischen Festland ausgestattet war – in ihren Ressourcen an Menschen, Bodenschätzen und an geographischen Voraussetzungen als zu klein und begrenzt erweisen, um auf Dauer die Unabhängigkeit von den übermächtigen Nachbarn Aragon und Südfrankreich zu behaupten.

Wie aus den Quellen des ausgehenden Mittelalters und der frühen Neuzeit ermittelt – und sicherlich auch für frühere Zeiten anwendbar – besaß diese maritime Orientierung eine weitere für Demographie und Wirtschaft bedeutsame Dimension: Das Gros der Seeleute und des sich um den Schiffsbau und die Instandhaltung gruppierenden Personals zeigte eine große Flexibilität in der Wahl des Dienstherren. Wir finden daher Mallorquiner in Diensten Genuas, Venedigs, Portugals, Frankreichs, des Malteserordens, der Großherzöge der Toskana, in der Marine der Kurie und weiterer Mittelmeermächte.

Bereits die Namen Mallorcas und der Balearen indizieren ihre Integration in ein kosmopolitisches, mediterranes Netzwerk an Kontakten und Einflusssphären. Während sich gemäß der mittlerweile weitgehend anerkannten Lehrmeinung der Name Balearen vom griechischen *baliarides*, »Steinschleuderer« (*ballein* = werfen, schleudern) ableitet, betrachtete eine frühere Schule die semitische Gottheit »Baal« als Namensgeber. »Mallorca« wird vom lateinischen »Balearis Major« bzw. »Insula Major« abgeleitet; Menorca von »Balearis Minor« bzw. »Insula Minor«. Der Name »Baliares« erscheint zum ersten Mal im Werk des Polybios im zweiten vorchristlichen Jahrhundert. Ab dem dritten nachchristlichen Jahrhundert verformte sich der Begriff »Insula Major« zu »Maiorica«. Während sich dieser Name von

Karte von Mallorca und Menorca, Jodocus Hondius, Amsterdam 1618

den geographischen Dimensionen der Balearen rasch erschließt, bedarf »Baliarides«, »Steinschleuderer« (kastil. *honderos*) einer weitergehenden Erklärung. In den antiken Heeren galten Männer von den Balearen ob ihrer ausgezeichneten Fähigkeiten im Umgang mit der Steinschleuder als begehrte Söldner. Von Kindheit an hätten die männlichen Bewohner der Inselgruppe diese Kunst für die Jagd und Verteidigung geübt. Andere Forscher leiten den Namen der Inselgruppe allerdings von den ursprünglich in Sardinien beheimateten iberisch-libyschen »Balari« ab. Die Namen anderer Inseln der Balearen standen zunächst im Zeichen ihrer geologischen oder physischen Merkmale, so erscheinen Formentera und Ibiza bei den Griechen zunächst als »Pityuses«, Inseln der Kieferbäume. Der gemäß Lykophron und anderen Autoren von den Griechen gebrauchte Name »Gymnesiae« (»Inseln der nackt laufenden Menschen«) für die Balearen verlor sich allmählich vollständig. Ebenso verschwanden die alten griechischen Namen »Cromiussa« bzw. »Kromyoussa« für Mallorca, »Melussa« bzw. »Meloussa« für Menorca, »Pitiussa« bzw. »Pityoussa« für Ibiza und »Ofiussa« bzw. »Ophioussa« für Formentera.

I. Frühe Besiedelung und Talayot-Kultur

Die Frühzeit

Es gibt verschiedene Theorien über die Herkunft der ersten menschlichen Siedler auf Mallorca und den Balearen. Eine Gruppe von Historikern und Paläontologen favorisiert die Theorie von Einwanderern aus der Region der iberischen Levante, etwa von den bei El Parpalló im Raum Valencia ermittelten Siedlungskulturen des sogenannten Epipaleótico; andere Forscher sind der Ansicht, diese Wanderungsbewegung nach Mallorca habe ihren Ausgangspunkt im 8. oder 7. Jahrtausend v. Chr. im Golf von Lyon genommen. Zur Unterstützung dieser Theorie wird auf die Verwandtschaft der frühen mallorquinischen Kulturen mit der im 4. vorchristlichen Jahrtausend in Südfrankreich nachgewiesenen sogenannten Chassey- (bzw. Chassée-) Kultur verwiesen. Ein anderer Ansatz tendiert zu der Annahme, bei den Erstsiedlern müsse es sich um die früheren Bewohner anderer Inseln des zentralen Mittelmeerraums, etwa aus Korsika oder Sardinien, gehandelt haben. Als erfahrene Seeleute hätten sie einen Ostwind zum Erreichen von Mallorca genutzt.

Letztlich erscheint eine Annäherung an die Wahrheit nur über eine gesicherte Ermittlung der Besiedlungsgeschichte Korsikas und Sardiniens möglich. Dabei ist eine der frühen Siedlungsgeschichte der Balearen vorangehende Besiedlung Korsikas und Sardiniens und von dort ausgehend eine Weiterfahrt einiger Gruppen nach Menorca und Mallorca denkbar. Die sich im weiten Bogen öffnende Bahía de Palma im Südwesten und die Bahía de Alcúdia mit der daran anschließenden Bahía de Pollença im Norden boten gute Landungsplätze. Dabei ist zu berücksichtigen, dass der Meeresspiegel im 7. Jahrtausend v. Chr. über zwanzig Meter unter dem heutigen Niveau lag. Sicher ist, dass die Ankömmlinge in der mit vielfältiger Vegetation und relativ fruchtbarem Boden ausgestatteten großen Ebene von »Es Pla« lohnenden Siedlungsgrund fanden. Die zumeist aus Kalkstein bestehenden Hügel und vor allem die flankierenden Gebirgszüge boten ausreichend Schutz- und Lebensraum in natürlich Höhlen und Felsvorhängen.

Insgesamt wird die Epoche der frühen Besiedelung Mallorcas und der Balearen mit Bezug auf die erste balearische Hochkultur als Vor-Talayotische Periode (kast. Pretalayótico, katal. Pretalaiòtico) bezeichnet. Die bisher gefundenen frühesten Spuren menschlicher Besiedelung auf Mallorca datieren auf das späte 8. Jahrtausend v. Chr. Es sind Knochenreste aus der Höhle von Canet in der Nähe von Esporles im Norden Palmas. Andere Funde der späten Steinzeit stammen aus den Höhlen von La Muleta bei Sóller und Son Matge südlich von Valldemossa. Sie entstammen der Wende des 6. zum 5. Jahrtausend v. Chr. Die Knochen- und Werkzeugfunde sowie Reste von Baumaterialien deuten darauf hin, dass diese frühen Bewohner in Höhlen und einfachen Holz- und Strohhütten lebten und ihr Leben mit Jagen, Fischen und Sammeln bestritten. Die Jagdmöglichkeiten waren relativ limitiert, denn es gab bis auf einige alte, mittlerweile ausgestorbene Ziegenarten nur Kleintiere und Vögel. Echos dieser Höhlen- und Jagdkulturen finden sich noch in griechischen Quellen des 4. Jahrhunderts v. Chr. Der griechische Geschichtsschreiber Diodorus Siculus (1. Jahrhundert n. Chr.) zitiert einen an der Wende der 4. zum 3. vorchristlichen Jahrhunderts entstandenen Text des Historikers Timaios: »*Die Bewohner* [der Balearen] *leben in Felshöhlen, die sie an Steilufern und in den Boden zu ihrem Schutz graben. Auch in der Bestattung ihrer Toten unterscheiden sie sich von anderen Völkern. Die Leichen werden zerteilt und in eine Urne gelegt. Über diesen Urnen schichten sie große Felsbrocken.*« Timaios' bzw. Diodorus' Kommentare besaßen durchaus noch in der Zeit der römischen Herrschaft und auch noch später während der Zeit der Araber im Frühen Mittelalter ihre Aktualität, als diese Höhlen als Wohn-, Lager und Begräbnisstätten genutzt wurden – entsprechend schwierig ist häufig die Zuordnung der verschiedenen Funde.

Mit der Erwärmung des Klimas und dem Anwachsen der Bevölkerung vollzog sich, wie auf dem südeuropäischen Festland und im Nahen Osten auch, im westlichen Mittelmeerraum eine Entwicklung von der lokal begrenzten, dem Rhythmus der Tierwelt folgenden Wanderschaft zum Ackerbau, zur Viehzucht und zu festen Siedlungen. Ohne diese als »neolithische Revolution« bezeichneten Veränderungen wären die nun einsetzenden, vielfältigen kunsthandwerklichen und architektonischen Entwicklungen undenkbar.

Zwar sind Knochenspuren von Haustieren gefunden worden, dennoch scheint es im frühen Neolithikum auf Mallorca noch keine umfassende Landwirtschaft gegeben zu haben. Wie zur gleichen Zeit auf anderen westlichen und zentralen Mittelmeerinseln scheinen sich diese frühen Bewohner in kleinen bis mittleren Gruppen organisiert zu haben. In den Höhlen von Bous al Castillo de Santuari bei Felanitx, Campanet, Artá, Génova, Hams und bei Ausgrabungen der Siedlungen in Holz- und Strohbauweise wurden bearbeiteter Feuerstein und kunstvoll behauene Steinwerkzeuge gefunden. Wie die Funde trepanierter Schädel (durch Bohren oder Sägen geöffnete Schädeldecken) zeigen, verfügte man bereits über beachtliches mechanisches und medizinisches Wissen. Fehlende Spuren von befestigten Siedlungen lassen auf eine weitgehend friedliche Koexistenz schließen.

Auf die Zeit um 3000 v. Chr. datieren Funde von aus Knochen gefertigten Haushaltsgeräten, Tonscherben und dekorierte Broschen. In den Höhlen von Sa Canova d'Ariany (Petra) und Vernissa (Santa Margalida) wurden aus dieser Zeit stammende Fragmente von kugelförmigen Krügen mit abgebogenem Rand gefunden. Ob damals bereits ein intensiver Austausch mit anderen Regionen des zentralen oder östlichen Mittelmeers oder dem iberischen Festland betrieben wurde, konnte die Forschung noch nicht endgültig klären. Sicher ist, dass ab 2600 v. Chr. vor allem im südöstlichen und südwestlichen Teil der Iberischen Halbinsel eine Kultur der sogenannten Bronzezeit III dominierte, die bereits mit der Kupferherstellung vertraut war. Sie hinterließen die mit Wasser aus Felskanälen versorgten und mit massiven Felsbastionen geschützten Anlagen von Los Millares in der Nähe von Almería. Ähnliche Anlagen, wenn auch weniger gut erhalten, finden sich im Tal des Tejo in Portugal. Die kupferreichen Regionen des Alentejo und der Algarve waren damals bevorzugte Siedlungsregionen.

An der Wende des 3. zum 2. Jahrtausend v. Chr. macht sich auf Mallorca eine auffallende Tendenz zur Verfeinerung von Toten- und Begräbniskulten bemerkbar. Bei Cala Sant Vicenç bei Pollença (kast. Pollensa), Son Bauló de Dalt (bei Can Picafort), Son Sunyer (bei Arenal), Marratxí (bei Sa Cabaneta), Santanyí und verschiedenen anderen Orten fand man mit großem Aufwand geschaffene Begräbnishöhlen, zumeist mit einer Vor- und einer Bestattungskammer. Die Höhlen sind über kreisrunde oder quadratische, einst mit Steinen oder Holzplanken verschließbare Eingänge zu erreichen. Die Toten wurden auf behauene Sandsteinplatten, in Nischen oder in die Erde gelegt, häufig auch nebeneinander und in Grabkammern übereinander. Diese Grabnischen wurden in viereckiger, runder oder trapezförmiger Gestalt aus dem Felsen gehauen und im Allgemeinen mit aufrecht stehenden, großen Steinquadern verschlossen. Umfangreiche Grabbeigaben in diesen über Jahrhunderte benutzten Kollektivgräbern konnten bis jetzt nicht gefunden werden. Die von verschiedenen modernen Autoren geschilderten Bestattungszeremonien sind hingegen spekulativ, ebenso wie die Vermutung eines Austausches bzw. einer direkten Beeinflussung durch ähnliche zeitgenössische Begräbnisweisen auf Sardinien, Sizilien, Malta, Zypern oder in anderen Orten des östlichen Mittelmeers. Auch Brandbestattungen bzw. Reste von Urnenbestattungen sind nachgewiesen.

Mit Sicherheit kann jedoch angenommen werden, dass diese Bestattungsformen die Arbeitskraft größerer Gruppen und eventuell bereits Prozesse der Arbeitsteilung erforderten. Für diese Verbreiterung und Vergrößerung der Verbände und Gesellschaften spricht auch die etwa gleichzeitige Tendenz zur Aufstellung von Dolmen bzw. großen, teilweise tonnenschweren, aufrecht stehenden Steinen. Die Anlagen sind häufig in Kreisform angelegt. Bedeutende Fundorte für diese Monumente sind bei Son Bauló de Dalt bei Can Picafort, Colònia de Sant Pere bei Artá, aber auch auf den Nachbarinseln Menorca (Alcaidús, Binidalinet, Llisses, Montplé, Ses Roques), Ibiza (Can Sergent) und Formentera (Ca Na Costa).

Die ersten größeren, als Behausung genutzten Steinbauten, Konstruktionen in der Form von kieloben liegenden Schiffen oder länglichen Hufeisen, werden auf etwa 1700 v. Chr. datiert. Nach ihrer Form werden sie in der spanischen Forschungsliteratur »Navetas« (»schiffsförmige Bauten«) genannt. Sie boten bis zu 20 Personen Wohnraum. Die Mauern dieser Massivbauten verlaufen schräg nach oben. Die früheren dieser Bauten wurden vermutlich von einer Holzkonstruktion überdacht, mit der Zeit waren die Erbauer in der Lage, das Dach aus überwölbten Steinkonstruktionen zu formen. Das Innere wurde in verschiedene Kammern unterteilt; im Zentrum von den meisten der 16 bisher archäologisch untersuchten derartigen Anlagen wurden Feuerstellen gefunden. Die bekannten Bauten dieser Zeit befinden sich bei Felanitx, Can Pastilla und Magallouf. Der sogenannte Grab-Turmbau von Son Oms bei Can Pastilla in der Nähe von Palma ist archäologisch mittlerweile gut erschlossen. Die Anlage besteht aus zwei Ringmauern mit einem von großen Steinplatten abgedeckten zentralen Grabraum. Ob das durch einen steinernen Gang zu erreichende Dachplateau zur Sternbeobachtung und -deutung benutzt wurde, bleibt Spekulation.

Archäologische Untersuchungen der Doppel-»Navetas« von Es Rafal (Santa Eugènia) und der einfachen »Naveta« von Sant Jordí legten Verbindungsschächte mit künstlich angelegten Grabhöhlen frei. Forscher vermuten, dass die Wohnstätten der »Navetas« nachträglich über den Grabhöhlen errichtet wurden. Die Lebenden wollten damit gleichsam im räumlichen und wohl auch spirituellen Kontakt zu ihren Toten stehen. Viele der »Navetas« befinden sich in der Nähe von Buchten, und die Bedeutung der Schifffahrt scheint sich in der Anlage dieser Monumente zu spiegeln. Inwiefern auch der Tod als Schifffahrt in eine andere Welt begriffen wurde und mit dementsprechenden Riten gefeiert wurde, bleibt eine Vermutung. Dass die Bauten der mallorquinischen Frühzeit im Mittelalter und der Frühen

Neuzeit häufig als Steinbrüche genutzt wurden, erschwert eine vollständige archäologische Erschließung und Rekonstruktion.

Die Zahl der bekannten »Navetas« auf Menorca ist wesentlich größer, und auch ihre Funktion scheint auf der Nachbarinsel Mallorcas eine andere gewesen zu sein. Dienten die Gebäude auf Mallorca primär als Wohnanlagen, wurden sie auf der kleineren Nachbarinsel vor allem zu Begräbniszwecken genutzt. Das bekannteste und archäologisch am besten rekonstruierte Beispiel ist die Anlage von Es Tudons bei Ciutadella (katal., kast. Ciudadela). Entsprechend der unterschiedlichen Nutzung unterscheiden sich die »Navetas« auf Menorca auch baulich. Ihre innere, von einer flachen Decke abgedeckte Kammer wird durch einen Korridor erreicht. Sie schließen nicht wie auf Mallorca mit einem einer Apsis ähnlichen Halbbogen, sondern mit einer geraden Wand ab. In der Anlage von Es Tudons auf Menorca wurden die Toten in zwei Stockwerken beigesetzt. In den Kammern wurden Reste von Bronzeschmuck und Knochen gefunden.

Aus der Entstehungszeit der ersten »Navetas« um 1800 oder 1700 v. Chr. stammen auch die frühesten bisher entdeckten Höhlenmalereien. In der Cova de Belem bei Deià finden sich Darstellungen von Tieren und mit Bögen bewaffneten Menschen. In anderen als Grablege oder Wohnraum genutzten Höhlen wurden mit Feuerstein in die Wände geritzte und teilweise mit roter Pflanzenfarbe nachgezogene Figuren gefunden. Diese Figuren mit kreuzförmigen Körpern und dreieckigen Köpfen konnte bis heute nicht exakt datiert werden. In diesen Kontext passen die ältesten bisher auf Mallorca gefundenen Kleinplastiken (sogenannte »Idolos«) der Vor-Talayotischen Epoche. Wie Funde von in Ton eingeritzten Verzierungen und verschiedenen Metallgegenständen dokumentieren, hatten die damaligen Einwohner Mallorcas ihre Wohn- und Esskultur im Vergleich zu früheren Zeiten erkennbar verfeinert. Besonders die Funde von Metallgeräten verweisen auf die vielleicht entscheidende Ursache dieses Rhythmuswechsels bzw. der Dynamisierung der Kultur und Gesellschaft nach 2000 v. Chr.: Da die nötigen Bodenschätze zur Herstellung solcher Geräte auf Mallorca fehlen, müssen sie importiert worden sein. Von den Entwicklungen der maritimen Techniken in Ägypten, Palästina und Syrien und wirtschaftlicher Vernetzung und Prosperität befruchtet, hatten auch im westlichen Mittelmeer der Schiffsverkehr und Seehandel stark zugenommen.

Vom »Talayotikum I« bis zur römischen Eroberung

Ähnlich der Wende des 3. zum 2. Jahrtausend v. Chr. vollzog sich um 1300 v. Chr. erneut eine wichtige Zäsur in der Geschichte Mallorcas. Man nimmt an, dass um diese Zeit neue Siedler einwanderten. Als Hintergründe und Ursachen werden die Naturkatastrophen, die zum Untergang der Hochkulturen von Kreta und Mykene führten, Klimaveränderungen und Kriege im östlichen Mittelmeerraum angenommen. Auf Mallorca errichteten die Ankömmlinge »zyklopenartige« Bauten bzw. Megalith-Tempel aus riesigen Steinblöcken. Ob die neuen Einwanderer tatsächlich aus dem östlichen Teil des Mittelmeers oder aus Korsika und Sardinien kamen, wo ebenfalls Megalith-Bauten angelegt wurden, konnte bis heute nicht eindeutig geklärt werden. Die Theorie, dass die Neuankömmlinge direkt aus Malta, Gozo oder Kreta kamen, erscheint indes zweifelhaft. Die Megalith-Tempel auf diesen Inseln wurden bereits im 3. Jahrtausend v. Chr. errichtet. Dass die meisten der auf den Balearen, auf Sardinien, dem maltesischen Archipel, Kreta oder auf dem iberischen Festland vor allem in den Regionen der Atlantikküste und der südlichen Mittelmeerküste entstandenen neolithischen Bauten aus rohem Bruchsteinwerk im zyklopischen Mauerverband in zumeist runden Formen errichtet wurden, muss nicht immer auf direkten gegenseitigen Einfluss zurückzuführen sein. Es könnte auch an den ähnlichen geo-physischen und klimatischen Gegebenheiten des Mittelmeerraums liegen. Ferner mögen ähnliche – und nicht durch permanenten direkten Kontakt formierte – Sozialstrukturen und Hierarchien ähnliche architektonische Reflexe gefunden haben. Auch an diesen Orten machte sich allerdings um 1300 ein kultureller Umbruch bemerkbar.

Für die zwischen 1300 und 300 v. Chr. auf den Balearen entstandenen, zumeist kreisförmigen Megalith-Tempel wurde am Beginn des 19. Jahrhunderts von dem spanischen Gelehrten Juan Ramis y Ramis der Begriff »Talayot« geprägt. Davon abgeleitet, erhielt die gesamte Epoche von 1300 v. Chr. bis zur römischen Eroberung 123 v. Chr. den Namen »Talaiotikum« (katal. *cultura talaiòtica*). Der Begriff entstammt dem arabischen Wort *at-talayi* für »Nachtwache« oder »Schildwache« und kam als *talaia* in das Katalanische. Die über Mallorca und die Balearen im Hohen Mittelalter herrschenden Araber bezeichneten mit *talaya* runde Beobachtungstürme, aber auch die über die Insel verstreuten frühzeitlichen Steintempel. Ob die originalen »Talayot«-Bauten wirklich primär als Beobachtungsstationen dienten, ist indes fraglich. Als 1229 die Katalanen Mallorca eroberten, übernahmen sie den arabischen Begriff und übertrugen ihn in ihre Sprache.

Die moderne Forschung unterteilt die »talayotische« Epoche Mallorcas nach markanten architektonischen Umbrüchen in vier Abschnitte. Der erste Abschnitt umfasst die Jahrhunderte zwischen 1300 und 1000 v. Chr. (Talayotikum I) und läuft damit parallel zur späten Bronzezeit. Im um 1000 v. Chr. einsetzenden Talayotikum II wurde begonnen, die zuvor einzeln angelegten Steintürme zu ummauern. Das Talayotikum III setzt mit dem Beginn der Eisenzeit um 800 v. Chr. ein. Es zeichnet sich durch neue Bauformen im Inneren der Siedlungen sowie einer Zunahme von Feuerbestattungen aus und deckt die Zeit bis etwa 500 v. Chr. ab. Es folgt die sogenannte Periode des »Posttalayotico« (Talayotikum IV), die von einer deutlichen Öffnung der Insel für Einflüsse anderer mediterraner Kulturen gekennzeichnet ist und mit der römischen Eroberung der Balearen 123 v. Chr. endet. So bildeten die Mallorquiner des »Posttalayotico« etwa punische und römische Keramikformen nach.

Klammer zwischen diesen Abschnitten ist die zumeist durchgehende Besiedlung der »Talayot«-Siedlungen. In jedem Epochenabschnitt wurden die Siedlungen um-, und den jeweiligen Bedürfnissen entsprechend neugestaltet, ohne das vorgefundene Erbe zu zerstören. Die archäologisch am besten erschlossenen und bekanntesten Siedlungen der »Talayot«-Epoche sind jene von Ses Païsses bei Artá und Capocorb Vell zwischen dem Puig de Randa und dem Meer. Ihre Entstehung wird auf die Wende des 2. zum 1. Jahrtausend v. Chr. datiert. Die Siedlungen waren von dicken Mauern umgeben, deren Tore mit massiven, über drei Meter hohen Steinquadern gefasst waren. Sie enthielten etwa 30 Häuser mit meist viereckigem Grundriss. Daraus schließt man auf eine Einwohnerzahl von etwa 100 Personen. In der Mitte der Siedlungen, auf einer leichten Anhöhe, befinden sich die einstmals etwa sechs Meter hohen »Talayots«. Da viele ihrer Steine im 14. und 15. Jahrhundert nach Palma transportiert und zum Bau der Kathedrale verwendet wurden, haben sich von der Ringmauer von Capocorb Vell nur Fragmente erhalten. Über ähnliche Dimensionen verfügt die wohl etwa gleichzeitig entstandene, aber noch nicht vollständig erforschte Siedlung von Es Rossels bei Felanitx. Auch sie ist grob kreisförmig bzw. oval angelegt, besitzt einen Durchmesser von etwas mehr als 100 Metern und eine Mauerlänge von etwa 310 Metern. Damit umfasst die Anlage etwa 9800 Quadratmeter und gab über 200 Menschen Wohn- und Lebensraum.

Die in den weniger fruchtbaren Hochebenen und Bergen errichteten Siedlungen sind bescheidener und mit kleineren Steinen errichtet. Da man in ihnen nur wenige Reste von Keramik und Haushaltsgeräten fand, nimmt man an, dass sie nicht immer bewohnt oder nur je nach Saison benutzt waren oder im Kriegsfall als Zufluchtsorte dienten. Ob die Menschen der Talayot-Kulturen bereits Terrassen und Bewässerungssysteme anlegten, um die Erträge der Landwirtschaft zu steigern, wie manche Historiker vermuten, konnte bisher nicht bewiesen werden.

Der größte Teil der über 1000 auf Mallorca und über 100 auf Menorca nachweisbaren Megalith-Bauten entstammt den ersten beiden Abschnitten der Talayot-Epoche der Balearen. Der Grundriss der Gebäude ist häufig kreisrund, es gibt jedoch auch rechteckige Bauten. Der Durchmesser dieser aus großen, nur unregelmäßig behauenen Steinen errichteten, sich nach oben konisch verjüngenden Gebäude beträgt häufig zwischen 5 und 15 Metern. Im Gegensatz zu den Nuraghen auf Sardinien waren die balearischen Talayot-Bauten nicht mit spitz zulaufenden Kuppeln abgedeckt. Ihre Decke wurde aus Balken oder Steinplatten gebildet. Steinreste an den Außenmauern lassen vermuten, dass das Dach der bis zu acht Meter hohen Bauten durch eine Treppe erreicht und als Terrasse genutzt werden konnte. Die aus Steinplatten oder Holzbohlen gebildeten Decken wurden zur Stabilisierung von einem oder mehreren Pfeilern gestützt. Diese aus Steinbrocken zusammengesetzten Pfeiler verbreitern sich nach oben. Die Wände sind zweischalig, d.h. die äußere Wand ist aus großen, grob behauenen Steinen, die innere aus kleineren Steinen errichtet. Mörtel oder Füllmaterial scheint kaum benutzt worden zu sein.

Die ältere Annahme, dass es sich bei den mallorquinischen Zyklopenbauten um Begräbnisstätten handele, wurde revidiert. Im Gegensatz etwa zu den wohl ausschließlich zu Kultzwecken genutzten älteren Megalith-Tempeln auf Malta und Gozo wurden die ähnlichen, aber wesentlich später entstandenen Bauten der mallorquinischen Talayot-Epoche wohl vor allem zu Schutz-, Wach- und Wohnzwecken genutzt. Diese Funktion wird als Indiz für eine zunehmend von militärischen Konflikten geprägte Zeit herangezogen. Dies belegen auch die für diese Epoche gemachten Funde von Bronzeschwertern, Schilden und Körperpanzern. Unterstützung erhält diese These durch die Feststellung, dass viele der Bauten in der Nähe von Brunnen errichtet wurden. Manche modernen Forscher interpretieren Talayots mit runden Innenräumen als für Wohnzwecke genutzte Konstruktionen und gehen davon aus, dass die später errichteten eckigen Talayots vor allem zu Verteidigungs- und Begräbniszwecken dienten.

Aus der Konstruktion derart arbeitsintensiver Anlagen schloss man auf eine streng und effizient austarierte Hierarchisierung der Gesellschaft. Nur eine hierarchisierte Sozialstruktur hätte die logistische Planung und Durchführung derart monumentaler Bauten durchführen können, so ist der

Tenor der Forschung. Ob diese Zyklopenbauten Zentren von sich teilweise bekriegenden Sippen waren – wie in den letzten Jahren häufig vermutet –, ist eine Vermutung und lässt sich mangels Quellen wohl kaum endgültig beantworten. Letztlich ist auch ein Funktions- und Nutzungswechsel im Verlauf der Jahrhunderte denkbar. Indiz dafür wäre etwa die sich – wahrscheinlich unter phönizischem bzw. punischem Einfluss – verändernde Bauform im 7. und 6. vorchristlichen Jahrhundert. Für die damals errichteten rechteckigen, relativ niedrigen und nicht überdachten Gebäude werden kultische Zwecke angenommen. In diesen von der Fachliteratur als *santuarios* (»Heiligtümer«) bezeichneten Bauten wurden häufig Asche von verbrannten Tieren und auch kleine Kultfiguren gefunden. Spektakulärster bisher gemachter Fund in einer Talayot-Anlage sind die drei bei Costitx ausgegrabenen stilisierten Stierköpfe. Sie werden auf die Mitte des 1. vorchristlichen Jahrtausends datiert und befinden sich heute im Museo Arqueológico Nacional von Madrid. Die Ähnlichkeit dieser Stierköpfe mit ähnlichen Objekten in Susa in Persien wurde immer wieder als Unterstützung der These einer engen kulturellen Vernetzung der Welt des Mittelmeers mit den Hochkulturen Kleinasiens bis über den Euphrat und Tigris hinaus herangezogen.

Die Forschung geht von einem Kastensystem der damaligen Gesellschaften aus, dessen oberste Kaste über Macht und Mittel verfügte, um ihre Stellung im entsprechenden Lebensstil und in einem prestigeträchtigen Toten- und Begräbniskult zu dokumentieren. Neben der in der Talayot-Epoche nach wie vor existenten Tradition, die Toten in Höhlen zu begraben – wie in den Höhlen von Son Boronat bei Calvià nachgewiesen – entstanden nun auch umfangreiche Nekropolen wie jene von Son Real bei Can Picafort in unmittelbarer Nähe zur Küste. Ferner gab es neben den natürlichen und künstlichen Höhlen auch eigens angelegte Totenstädte; jene von Son Real in der Bucht von Alcúdia gleicht in verkleinertem Maßstab einer Talayot-Siedlung, mit Talayot-Tempeln, schlichten Wohnhäusern und einer ovalen Umfassungsmauer.

Die als Hirten, Bauern und wahrscheinlich auch bereits als einfache Handwerker lebende Mittelschicht hatte nicht den Status und die Mittel, einen derart beeindruckenden Totenkult zu betreiben. Diese Kaste bestattete ihre Toten in kleineren natürlichen oder künstlichen Höhlen. Die Toten wurden dabei häufig mit Kalk bestreut und, wahrscheinlich aus Gründen des Platzmangels, in gebückter Haltung zur Ruhe gelegt. Die Archäologie hat mittlerweile auch die Verbrennung von Toten nachgewiesen. Angesichts der gefundenen Grabbeigaben, des Aufwandes der Bestattungen und des damit verbundenen Kults wird für alle Kasten übergreifend der Glaube an eine Existenz nach dem Tod angenommen.

Für die unterste Schicht der Unfreien oder Sklaven scheinen lediglich einfache Erdbestattungen vorgenommen worden zu sein. Inwieweit die Hinweise von römischen und griechischen Autoren des 2. und 1. vorchristlichen Jahrhunderts auf die Sklavenhaltung und den Sklaventausch der Einwohner der Balearen auch schon für frühere Zeiten zutrifft, ist für Spekulationen offen.

Bekannte Monumente der Talayot-Kultur der mittleren und späteren Epoche sind Ses Païsses und Sa Canova de Morell bei Artà, Capocorb Vell bei Llucmajor, Son Ferrandell bei Valldemossa, Costitx, Hospitalet Vell bei Manacor, Llubi, Son Serra de Marina bei Colonia de San Serra, Can Jordí bei Santanyí, Son Fred bei Sencelles, Ets Antigors bei Ses Salines, Son Fornés bei Montuiri oder Son Oms bei Can Pastilla in der Nähe von Palma. Als eine der größten Anlagen umfassen die Außenmauern von Ses Païsses mit einem Umfang von 374 Metern eine Fläche von 13 500 Quadratmeter. Dementsprechend wird auf über 300 Einwohner geschlossen.

Die in diesen Anlagen gefundenen Steinwerkzeuge deuten darauf hin, dass die Gesellschaft von Land- und Viehwirtschaft lebte. Knochenfunde belegen, dass zum Speiseplan Schweine, Rinder, Ziegen, Schafe und andere Tiere gehörten. Anhand der gefundenen Mörser, Töpfe und Reibsteine wird auf eine umfangreiche Herstellung von Brot geschlossen. Unbestreitbar wurden im Handwerk und der Ton- und Steinbearbeitung, nicht zuletzt unter Einsatz der neuen Metallwerkzeuge, große Fortschritte gemacht. Neuere Forschungen geben wertvolle Auskünfte über die Kleidungsstücke, die die Menschen damals zumeist aus Tierhäuten, aber auch Pflanzenmaterialien herstellten.

Ebenfalls aus dem späten zweiten und Beginn des 1. vorchristlichen Jahrtausend stammen die sogenannten »Taulas« (katalanisch *taula*, »Tisch«). Sie bezeichnen bis zu vier Meter hohe Steinpfeiler, auf denen große, horizontale Steinplatten angebracht wurden. Man nimmt an, dass auf der Oberfläche dieser häufig in einem engen Umkreis zu findenden Taulas große hölzerne Dachkonstruktionen aufgelegt wurden; Beweise für diese Annahme gibt es jedoch nicht. Die Taula-Konstruktionen befinden sich fast ausschließlich auf Menorca, und zwar in der Mitte von Kreisen oder Hufeisen mit bis zu fünfzehn Metern Durchmesser, deren Umfang durch mannshohe Steinpfeiler markiert wird. Der Eingang zu diesen sogenannten Taula-Ringen befindet sich meistens an der Längsseite der Anlage. Diese Eingänge werden von zwei steinernen Pfostenstützen mit darübergelegten groben Steinbrocken gebildet. Die Forschung zieht Vergleiche mit den ebenfalls von einem Steinaufsatz besetzten Pfeilern bei Gorg Grau auf Mallorca. Die Steinkonstruktionen in der Nähe dieses vor einigen Jahrzehnten künstlich angelegten Sees im Gebirge geben den Archäologen bis heute Rätsel auf. Sie werden in das 4. oder 5. Jahrhundert v. Chr. und damit in die Endzeit der talayotischen Epoche datiert, waren wahrscheinlich in einigen Metern Abstand von einer runden Steinmauer umgeben und dienten kultischen Zwecken. Eine Siedlung wird in dieser vegetationsarmen und für den Ackerbau nicht geeigneten Umgebung nicht angenommen. Über den religiösen und spirituellen Hintergrund und die genaue Funktion dieser Konstruktionen können nur Vermutungen angestellt werden. Einige Forscher interpretieren die Taulas als überdimensionierte Opfertische, andere sehen in ihnen Ablagen zur Verwesung hochherrschaftlicher Leichen. Wieder eine andere Schule der Interpretation rückt die Taulas weg vom Totenkult hin zu Instrumenten eines Sonnen- oder Mondkults.

Siedlungslandschaft und -struktur Mallorcas wurden damals nach wie vor von Landwirtschaft und von Tierhaltung geprägt. Zwar war die Insel in der Fläche weitgehend umfassend besiedelt, dennoch verteilte sich die Bevölkerung noch nicht in Städten, sondern in kleineren Ansiedlungen von etwa 100 oder 200 Bewohnern. Viele dieser kleinen, zumeist kreisförmig angelegten Dörfer waren nicht weniger als etwa drei Kilometer voneinander entfernt, was für die Fruchtbarkeit des dazwischen liegenden Landes bzw. für effiziente Anbaumethoden spricht. Insgesamt scheinen über 50 dieser Siedlungen existiert zu haben. Von der Zahl der Einwohner dieser kleinen Dörfer ausgehend, nimmt man eine Bevölkerung von insgesamt etwa 10 000 Einwohnern auf Mallorca an. Über Organisation und Beziehungen zwischen diesen Ansiedlungen können mangels Quellen nur Mutmaßungen angestellt werden. Angesichts der großen Zahl dieser kleinen Siedlungen an der Küste oder in Küstennähe scheint in der Epoche der frühen Talayot-Kultur noch wenig Furcht vor Angriffen von der See geherrscht zu haben. Eine seit Jahrzehnten betriebene intensivere archäologische Erschließung dieser Siedlungen liefert wertvolle Hinweise über das von der Talayot-Kultur erreichte hohe technische Niveau, nicht nur im Bereich der religiösen Architektur und den Wohnbauten, sondern auch bei der Anlage von Brunnen und der Herstellung hochwertiger Keramik. In der Mitte des 1. vorchristlichen Jahrtausends macht sich – wahrscheinlich durch phönizischen bzw. punischen Einfluss – eine Veränderung bzw. Verfeinerung der Architektur der Siedlungen bemerkbar. Das Profil der Siedlungen änderte sich von der ovalen zur rechteckigen Form, die Dimensionen der Häuser und auch *Talayot*-Bauten wurde kleiner, die jeweiligen Mauern mit kleineren, genauer verarbeiteten Steinen gebaut, die Kultbauten *(santuarios)* mit Säulen versehen. Beispiele für diese Anlagen sind jene von Son Ferrandell bei Valldemossa und Capocorp Vell bei Llucmajor.

Echos der Funktion dieser häufig auf erhöhtem Terrain angelegten Siedlungen finden sich noch in den römischen Quellen des 2. und 1. vorchristlichen Jahrhunderts. Publius Anneus Florus notierte bezüglich der römischen Eroberungskampagne des Jahres 123 v. Chr., dass »die Römer mit einem Hagel von Steinen empfangen wurden; erst unter dem Eindruck der römischen Wurfspieße und Pfeile zogen sich die Einheimischen in die Sicherheit ihrer ›Tumuli‹ zurück«. Bereits antike Autoren des 5. und 4. vorchristlichen Jahrhunderts berichten, dass eine große Zahl von Männern aus Mallorca bzw. der Balearen in griechischen oder orientalischen Armeen diente; im Besonderen als Spezialtruppen der *honderos* (»Steinschleuderer«, katal. *foners balears*). Diese Tatsache deutet nicht nur auf die militärischen Fähigkeiten der Einwohner, sondern könnte auch ein Indiz für Überbevölkerung oder für einen durch Sklaven gedeckten Bedarf an Arbeitskräften in der Landwirtschaft und im Hirtenwesen sein. Die balearischen Steinschleuderer werden erstmals im 5. vorchristlichen Jahrhundert als Söldnertruppen im Dienst der Karthager bei den Kämpfen mit den griechischen Truppen Therons um Sizilien erwähnt. Der griechische Chronist Diodorus Siculus (5, 18, 3) zitiert im ersten nachchristlichen Jahrhundert einen aus dem späten 4. Jahrhundert v. Chr. stammenden Text des Timaios: »*Vor Iberia liegen verschiedene Inseln, welche die Griechen Gimnesias nennen, weil die Bewohner im Sommer keine Kleider tragen und nackt bleiben.* […] *Die Eingeborenen werden Balearen genannt, weil niemand auf der Welt außer ihnen so große Steine mit Schleudern werfen kann.*«

Die oben angedeutete Bedeutung der Tierhaltung und eventuell auch der Jagd spiegelt sich in der Kunst der Epoche wieder. In den Siedlungen von Costitx wurden – wie bereits erwähnt – kunstvoll gearbeitete bronzene Stierköpfe gefunden. Gemäß modernen Interpretationen sind sie Verkörperungen männlicher Gottheiten. In anderen Gebäuden und Höhlen der Talayot-Kultur fanden sich kleine Ganzkörperstatuen von Stieren, Vögeln und anderen Tieren. Besonders der Stierkult auf Mallorca wird auf Einflüsse des östlichen Mittelmeers zurückgeführt. Daneben existierte auch auf den Balearen wie in verschiedensten Kulturen der Jungsteinzeit und der Bronzezeit ein Sonnenkult. Mit der zunehmenden Vernetzung des westlichen mit dem östlichen Mittelmeerraum im Zug der Expansion der orientalischen und griechischen Völker im 1. Jahrtausend v. Chr. sind über den

Stierkult hinaus verschiedene weitere östliche kultische und religiöse Einflüsse auf Mallorca festzustellen; unter anderem wurden zahlreiche, wahrscheinlich aus der Ägäis importierte bronzene Statuen und Abbildungen des Kriegsgotts Mars (der sogenannte »Mars Balearicus«) gefunden. Einige dieser bei Son Favar (bei Capdepera), Es Pedregar und Son Taixaquet bei Llucmajor gemachten Funde werden heute im Museu de Mallorca von Alcúdia aufbewahrt.

Da die Mallorquiner über keine nennenswerten einschlägigen Bodenschätze verfügten, müssen Metalle und Metallgegenstände für sie von besonderem Interesse gewesen sein. Wie verschiedene Funde beweisen, existierten – eventuell durch Vermittlung punischer oder griechischer Händler – vielfältige Kontakte mit den großen antiken Zentren der Erzgewinnung und Metallverarbeitung in Andalusien, der Ägäis und Mittelitaliens (Etrurien); derartige Kontakte liefern gleichzeitig wertvolle Hinweise auf die von Mallorca ausgehenden bzw. dort hinführenden Handelsrouten. Mit den Olivenbäumen und den verschiedenen Verarbeitungstechniken der Oliven kam in der Mitte des 1. vorchristlichen Jahrtausends eine weitere Kulturpflanze auf die Insel, die ihr wirtschaftliches und auch landschaftliches Profil deutlich prägen sollte. Ob es Punier oder Griechen waren, die die den Olivenanbau auf Mallorca einführten, ist bis heute eine offene Frage. Darüber hinaus gibt es moderne Forschungsansätze, die den Menschen der talayotischen Kultur eine aktivere Rolle im Erwerb fremder Kulturgüter, landwirtschaftlicher und technischer Produkte und entsprechenden Wissens zuschreiben. Gemäß dieser Interpretation waren die Inselbewohner als geschickte Segler mitverantwortlich für den Austausch und Handel zwischen der iberischen Küste und Sardinien, Korsika und Sizilien.

Über die von den Mallorquinern zur Zeit der Talayot-Kultur gesprochene Sprache oder Sprachen sind wir mangels Quellen nicht informiert. Es existieren keine schriftlichen Zeugnisse, und auch die griechischen und römischen Autoren geben keine Hinweise über das von den Einwohnern der Insel bzw. den Balearen am Ende der Talayot-Kultur gesprochene Idiom. Manche Forscher nehmen für den Zeitpunkt der römischen Besetzung eine Mischung aus Punisch, Griechisch und aus dem iberischen Festland übernommenen kelt-iberischen Idiomen an. Das hieße, dass von den ersten Einwohnern keine eigene Sprache bis zu diesem Zeitpunkt überlebt hätte.

Die zunehmende Integration Mallorcas in das Netzwerk der vor allem von Griechen und Phöniziern befahrenen ost-westlichen Handelsrouten belebte sicherlich die mallorquinische Wirtschaft, Kultur und damit Gesellschaft, bewirkte jedoch gleichzeitig ein Zurückdrängen der alten talayotischen Kunst und Kultur. Griechen, Phönizier und Punier unternahmen im 7. und 6. Jahrhundert Kampagnen und Expeditionen, um Bodenschätze und kostbares Handelsgut zu finden und auch Handelsniederlassungen zu gründen. Das hatte langfristig drastische Veränderungen und kulturelle Umorientierungen in den betroffenen Regionen zur Folge.

Bisherige Grabungen dokumentieren griechische Ansiedlungen bzw. Handelsniederlassungen vor allem auf Mallorcas kleineren Nachbarinseln Ibiza und Menorca; aber auch für Palma und bei Pollença nimmt man griechische Kolonien an. Ihre Gründung wird auf die Mitte des 7. vorchristlichen Jahrhunderts datiert. Die Entdeckung griechischer Schachtgräber auf Ibiza und Funde von Bronzen, Keramiken, Münzen und Schmuck- und Gebrauchsgegenständen belegen diese hellenische Präsenz. Echos des hellenischen Einflusses finden sich noch bei Lykophron (320–280 v. Chr.), der in seinem Verswerk schiffbrüchige Böotier als erste Siedler Mallorcas beschreibt. Andere griechische Autoren verweisen auf Siedler von Rhodos, die nach dem Trojanischen Krieg nach Mallorca gekommen seien. Verschiedene Althistoriker, darunter Guillem Rosselló Bordoy, nehmen für diese Zeit eine sich von Kleinasien über Kreta bis in den Atlantik erstreckenden sogenannte griechische »Inselroute« an. Ihre Existenz wird vor allem von den Toponymen mit der Endung »oussa« gestützt. Sie führte über das sizilianische Syrakoussa, das in der Nähe von Ostia gelegene Pitheroussa, Ichnoussa (Sardinien), Meloussa (von einigen mit Menorca, von anderen mit Mallorca identifiziert), Kromyoussa (Menorca oder Mallorca), Pityoussa (Ibiza), Ophioussa (Formentera) nach Katinoussa (bei Cádiz).

Gleichzeitig stieg das 814 v. Chr. von Phöniziern gegründete Karthago zu einer Großmacht im zentralen und westlichen Mittelmeerraum auf. Eine großräumige, küstenunabhängige Durchquerung des Mittelmeers in nördlicher Richtung scheinen die Phönizier bzw. die karthagischen Punier allerdings erst im 7. Jahrhundert riskiert zu haben. Ihre Präsenz auf den Balearen, namentlich auf Menorca, ist seit dem mittleren 7. vorchristlichen Jahrhundert dokumentiert. Ibiza (katal. Eivissa) bzw. *Ebusim* (gr. Ebusos, lat. Ebusus) besetzten sie 654 v. Chr. Auf Menorca – in den Quellen der Punier als *Nura* (»Feuerinsel«) erscheinend, bei den Phokäern damals *Meloussa* (Ableitung von *mélon*, »Vieh«) genannt – gründeten sie im Westen die Städte Iamma bzw. Iamona, das heutige Ciutadella, und im Osten Maghen (Mago), das heutige Maó (katal.) bzw. Mahón (kast.). Tatsächlich scheint es sich bei Maó um eine der ältesten phönizischen Niederlassungen im westlichen Mittelmeer zu handeln. Die Gründung geht möglicherweise bis in das späte 2. vorchristliche Jahrtausend zurück.

Von dort und von anderen Hafenorten verbreiteten sich punische Kultur, Architektur, Götterkulte und auch Begräbnisriten über die Inseln. Die Lage von Maó mit seinem tief in das Land einschneidenden Naturhafen entsprach in idealer Weise der punischen Vorliebe für geschützte, leicht zu verteidigende Siedlungen. Bezeichnenderweise scheint der Name »Maghen« mit dem punischen Wort für Verteidigung und Schutz in Verbindung zu stehen. Während die Punier auf den kleineren Inseln Menorca und Ibiza anscheinend relativ problemlos ihre Siedlungen und Handelsniederlassungen errichten konnten, scheinen sie auf der größeren Insel Mallorca (punisch *Clumba*) von der zahlenmäßig größeren Bevölkerung einen gewissen Widerstand erfahren zu haben; größere phönizische bzw. punische Siedlungen konnten bis heute auf der Hauptinsel nicht ermittelt werden. Seit einigen Jahren werden Forschungen zu den phönizischen bzw. punischen Resten auf den kleinen Inseln bzw. Halbinseln En Sales vor der Küste von Portals Nous, Galera vor der Küste von Can Pastilla und Na Guardis vor dem Hafen von Sant Jordí betrieben. Diese Anlagen entsprechen in ihrer Geographie den Angaben des griechischen Geschichtsschreibers Thukydides (ca. 454 v. Chr.– ca. 396 v. Chr.), die Phönizier und Punier hätten aus Gründen der leichteren Verteidigungsmöglichkeiten vor allem Halbinseln und kleinere, dem Festland vorgelagerte Eilande als Stützpunkte ausgewählt.

Sicherlich mussten auch die Buchten von Pollença und Alcúdia bzw. die in das Meer hineinragende, mit dem Cabo de Pinar abschließende Landzunge zur Errichtung einer Niederlassung reizen, und es deutet vieles darauf hin, dass sich hier auf dem Boden des heutigen Alcúdia das phönizische Cunium befand. Ausgrabungen und archäologische Untersuchungen dürften weitere interessante Ergebnisse bringen. Ebenfalls phönizische und punische Relikte wurden an der Nordküste des Mallorca vorgelagerten Eilands Cabrera gefunden.

Die Einbindung Mallorcas in die Welt der Griechen und Phönizier gehört in den Zusammenhang der Erschließung der Bodenschätze und des Handels mit dem westlichen Nordafrika und der Iberischen Halbinsel. Eines der ersten und wichtigsten Zentren war Gadir bzw. Gades (Cádiz) am Fluss Guadalete. Die phönizische Gründung der auf das phönizische Wort für befestigter Ort zurückgehenden Stadt »am äußersten Ende der bewohnten Welt« (Diodorus Siculus) erfolgte angeblich bereits um 1100 v. Chr.

Die Phönizier bzw. Punier waren nicht die einzigen, welche dem westlichen Mittelmeer neue Handelswege, Kulturen und Techniken eröffneten. Nordost-Spanien stand zunächst unter starkem Einfluss der griechischen Kolonie von Marseille. Am Anfang des 6. vorchristlichen Jahrhunderts errichteten die Griechen die Handelszentren von Emporion (griech. »Marktplatz«), das heutige Ampurias, und Rhodae, das heutige Rosas. Über diese Orte und auch die Häfen von Mallorca und Menorca gelangten viele griechische Waren und griechisches Kunsthandwerk – etwa Keramik – auf die Iberische Halbinsel. Dieser griechische Handel geriet bald in die Hände der Phönizier. Wie in anderen Regionen des Mittelmeers fungierten die Phönizier auch auf den Balearen als zentrale Mittelsmänner des Handels zwischen Ost- und West. Die Eroberung der phönizischen Metropole und zentralen Basis Tyrus (Tyros) durch die Truppen von Nebukadnezar 573 v. Chr. bedeutete einen gewissen Einschnitt und schwächte die phönizische Präsenz im äußersten Westen des Mittelmeers. Deren Rolle wurde jedoch bald von Kaufleuten und Siedlern aus der ehemaligen phönizischen Kolonie Karthago in der Bucht von Tunis übernommen.

Entscheidender Durchbruch für die Öffnung des westlichen Mittelmeers für den punischen Handel und für punische Siedler war die um 535 v. Chr. vor dem korsischen Alalia (heute Aléria) gewonnene Seeschlacht gegen die Griechen (genauer Phokäer). Von nun an übernahmen auch die griechischen Kolonien und Händler im westlichen Mittelmeer punische Handelsgebaren und Maßeinheiten. Die Phönizier und später die Punier waren vor allem an den Bodenschätzen des metallreichen iberischen Hinterlands interessiert. Das dort geförderte Gold, Silber, Kupfer und Zinn wurde äußerst gewinnbringend im Nahen Osten weitergehandelt. Andere von den Phöniziern geschätzte Produkte waren Getreide, Salz und Fleisch. Im Gegenzug versorgten die Händler aus dem östlichen Mittelmeer bzw. später aus Karthago die Iberer mit Wein, Textilien, Öl und Luxusgütern wie Parfüm und kunstvoll gearbeiteter Keramik. Hier kam es neben den engen Handelskontakten relativ schnell auch zu fruchtbarem kulturellen Austausch zwischen der einheimischen Bevölkerung und den fremden Händlern. Über bewaffnete Auseinandersetzungen zwischen dem levantinischen Handelsvolk und den einheimischen Iberern, Kelt-Iberern und auch den Ureinwohnern der Balearen ist nichts bekannt. Die Siedlungspolitik der Phönizier war nicht auf Territorialgewinn ausgerichtet und versuchte im Allgemeinen einen Konfrontationskurs mit der lokalen Bevölkerung zu vermeiden.

Die enge Verbindung zwischen den Einheimischen und den phönizischen bzw. punischen Kolonien und Handelsniederlassungen wird durch die Durchdringung der Talayot-Kultur mit punischen Elementen dokumentiert. Sie kann auf architektonischen und kunsthandwerklichen Feldern nachgewiesen, auf kultischem und sozialem Terrain angenommen werden.

Die vermehrte griechische und punische Präsenz auf den Balearen führte interessanterweise nicht zu nachhaltigen Tendenzen allgemeiner Prosperität und einem Bevölkerungswachstum; im Gegenteil scheint im 4. und 3. Jahrhundert v. Chr. ein gewisser Exodus aus vielen Regionen Mallorcas stattgefunden haben. Siedlungen verkleinerten sich oder wurden ganz aufgegeben, frühere Wohngebäude wurden als Begräbnisstätten genutzt. Dies mag in einer allmählichen Konzentration der Bevölkerung in (Küsten-)Städten zu tun gehabt haben. Ein anderer Teil der Forschung glaubt an einen vermehrten Eintritt balearischer Männer in die Truppen Karthagos, Roms oder der griechischen Republiken und an Folgen der römisch-punischen Konflikte. Die Zahl von 8000 Balearen, die laut einigen Geschichtsbüchern im Zweiten Punischen Krieg (218–201 v. Chr.) auf Seiten Karthagos gekämpft haben sollen, scheint indes weit übertrieben. Realistischer scheint die von Titus Livius (59 v. Chr.–17 n. Chr.) genannte Zahl von etwa 2000 von den Karthagern auf Mallorca angeworbenen Männern. Titus Livius und andere berichten von der Beteiligung mallorquinischer Söldner in den Schlachten von Trebia, Cannae und am Lago Trasimeno. Im punischen Krieg griffen die Römer auch die karthargische Niederlassung auf Ibiza an; eine Eroberung gelang den von Gnaeus Scipio geführten Verbänden indes nicht.

II. Die römische Epoche und Latinisierung Mallorcas

Als es Rom 146 v.Chr. endgültig gelang, den ewigen Rivalen Karthago zu besiegen und die gleichnamige Stadt zu zerstören, waren daran ebenfalls Kontingente balearischer Söldner – vor allem im Heer des auf Seiten der Römer kämpfenden Nubier-Königs Masinissa – beteiligt. Mit dem Fall Karthagos und vor allem mit der seit dem späten 3. Jahrhundert v.Chr. eingeleiteten römischen Expansion auf die Iberische Halbinsel war langfristig an eine Unabhängigkeit Mallorcas nicht zu denken. 197 v.Chr. wurde von Rom die Einteilung des neu erworbenen iberischen Territoriums in zwei Provinzen beschlossen: Hispania Ulterior (die Region auf der westlichen Seite des Guadalquivir) und Hispania Citerior (der von Rom kontrollierte Teil südlich der Pyrenäen bis zur Sierra Morena). Ibiza bzw. die auf punischem Betreiben dort errichtete Niederlassung hatte bereits 202 v.Chr. von Rom den Status einer verbündeten Stadt *(civitas confoederata)* erhalten. Funde von römischen Amphoren und Keramikresten in Mallorcas Porto-Pi dokumentieren Handelskontakte bereits im 3. und frühen 2. vorchristlichen Jahrhundert. Nach römischen Quellen betrieben die Mallorquiner Piraterie gegen zwischen Spanien und Italien pendelnde römische Transport- und Handelsschiffe, was Rom zum Handeln zwang.

Die strategische Notwendigkeit, die wichtige Etappe zwischen der iberischen Levante und den sardischen bzw. italienischen Häfen unter strikter Kontrolle zu halten, kommt als wahrer Hintergrund der Eroberung wohl näher. Der als »Strafexpedition« verbrämten, vom Senat beschlossenen Eroberungskampagne unter Prokonsul Quintus Caecilius Metellus gelang 123 v.Chr. die Eroberung Mallorcas. Laut den Quellen befehligte Metellus eine Truppe von 3000 erfahrenen Legionären, die sich in den iberischen Häfen einschifften und höchstwahrscheinlich in der Bucht von Alcúdia an Land gesetzt wurden. Einige Forscher sind auch der Meinung, dass die Landung bei Sant Jordí stattfand. Metellus erhielt nach der Rückkehr vom römischen Senat den Ehrentitel »Balearicus«. In den Quellen erscheint nun der Name »Balearis Major«, ab dem 3. Jahrhundert n.Chr. schließlich »Maiorica« für Mallorca und »Balearis Minor« oder »Minorica« für das benachbarte Menorca. Die die Inseln umspülende See erscheint in den Quellen als »Mare Balearicum« oder »Sinus Balearicus«.

Nach dieser Eroberung wurden die Balearen in die Provinz Hispania Citerior bzw. später Hispania Tarraconensis integriert. Für Mallorca bedeutete die folgende jahrhundertelange Eingliederung in das Römische Reich tiefgreifende kulturelle, soziale und ökonomische Veränderungen. Zwar hat es anscheinend zunächst noch spezielle Abkommen der neuen Machthaber mit einigen regionalen Verbänden der Insel gegeben, so dass die Insel nicht tiefgreifend von der römischen Herrschaft durchdrungen wurde, dennoch belegen archäologische Funde, dass in dieser Periode talayotische Kultzentren zerstört und eingeäschert wurden. Neu entstehende Infrastruktur und Architektur zeigten deutlich die Handschrift der neuen Herren. Aus den zunächst an strategisch wichtigen Punkten der Insel errichteten Militärlagern und Militärbasen entstanden neue, bis heute die Insel prägende Städte wie Palmeria, das heutige Palma, und das damalige Verwaltungszentrum Pollentia, unweit des heutigen Alcúdia. Palma wurde wahrscheinlich deswegen an der Mündung des früher wesentlich mehr Wasser führenden Flusses Riera gegründet, weil dort eine ausreichende Versorgung mit Süßwasser möglich war. Aus Menorcas Zentrum Maghen wurde das römische Magona. Nicht selten benutzten die Römer Bauwerke der Talayot-Kultur als Steinbruch oder integrierten neolithische Bauten und Mauern in ihre Befestigungen.

Die Romanisierung Mallorcas vollzog sich in Schüben. Sie begann mit der Ansiedlung von etwa 3000 römischen Veteranen und Kolonisten – vor allem aus der römischen Provinz Hispania Citerior – wenige Jahre nach der Eroberung und konzentrierte sich zunächst um Alcúdia, Palma und Manacor. Sie setzte sich im 1. vorchristlichen und im 1. nachchristlichen Jahrhundert entlang der Römerstraße fort, die die über die Ebene Es Pla die Hauptorte der Insel Pollentia und Palmeria verband. Etwa in der Mitte des Wegs, an der Einmündung der von Manacor herführenden Straße, entstand das Verwaltungszentrum Inca; ein Name, der vermutlich von dem lateinischen Begriff *incola* (»Einwohner«) stammt. Dieser sich über Jahrhunderte erstreckende Prozess der Romanisierung prägte Mallorca bis heute entscheidend – insbesondere die auf der Insel gesprochene Sprache, das auf dem Lateinischen fußende Katalanisch (*català*) bzw. den katalanischen Dialekt »Mallorquín« (auf katal. *mallorquí*).

Wie das Kastilische entwickelte sich das Katalanische bzw. Mallorquinische nicht nur aus dem Vulgärlatein. Als Sprache der Verwaltung und später der Kirche nahm die lateinische Schriftsprache eine wichtige Rolle als Klammer zwischen den verschiedenen Dialekten ein. Erst mit dem Zerfall der römischen Zentralmacht, dem Niedergang der Bildung in den Wirrnissen der Völkerwanderungszeit und den Zeiten der germanischen Invasoren verwandelten sich die Dialekte der Iberischen Halbinsel allmählich in eigenständige Sprachen. In den mittlerweile zutage geförderten Inschriften Mallorcas, etwa auf Grabsteinen, erscheinen häufig latinisierte Namen der autochthonen Bevölkerung; etwa die Männernamen Isapto, Lascius, Maro, Vatro oder die Frauennamen Arguta, Asitio, Cila oder Cloi. Manche der vor allem bei Sa Carrotja (bei Ses Salines), Son Danús (bei Santanyí), Alcúdia und Pollença gefundenen Inschriften zeigen eine veränderte Schreibweise des Lateinischen und damit Einflüsse der wahrscheinlich niemals schriftlich gefassten Sprache der autochtonen Bevölkerung. Gemäß der Sprachwissenschaft deuten diese Fragmente auf eine von dem nichtrömischen Bevölkerungsanteil gesprochene indogermanische Sprache. Dass diese Sprache höchstwahrscheinlich nicht schriftlich fixiert war, trug natürlich wesentlich zu ihrem allmählichen Aussterben bei.

Die Einführung des römischen Rechts war ein weiterer Meilenstein im Integrationsprozess Mallorcas und der Balearen in die lateinische Hemisphäre. Wie insgesamt auch auf der Iberischen Halbinsel waren es zunächst wohl vor allem die neu gegründeten Städte und Orte – beziehungsweise deren Eliten – die sich an römischer Kultur und römischen Lebensweisen orientierten. Das neugegründete Palmeria war hier sicherlich auch als Gegengewicht zu den noch von »talayotischer«, griechischer und punischer Kultur geprägten älteren Zentren angelegt. Die Bewohner der Insel unterteilten sich in Personen mit römischem Bürgerrecht, Menschen mit lateinischem Recht *(minuto jure)*, Konföderierte und Fremde. In die römischen Bürgerkriege des ersten vorchristlichen Jahrhunderts wurden auch die Balearen hineingezogen. 81 v. Chr. versuchte Quintus Sertorius, Mallorca als maritime Basis seiner Kampagnen gegen Sulla zu nutzen. 47 v. Chr. besetzte Pompeius der Jüngere die Balearen im Zug seines Kriegs gegen Julius Caesar. An Caesars Gallischem Krieg (57 v. Chr.) nahmen auch auf den Balearen ausgehobene Soldaten teil.

Zum Zeitpunkt des Todes von Augustus (14 n. Chr.) war die Iberische Halbinsel weitgehend befriedet und sicherer Teil des römischen Imperiums. An der Spitze der römischen Verwaltung über die Balearen standen damals Präfekten *(praefecti pro legato)*. Inschriften aus den sechziger Jahren des 1. nachchristlichen Jahrhunderts verweisen auf drei Präfekten, die damals gleichzeitig die Balearen verwalteten, einer von ihnen *(praefectus insularum Baliarum orae maritimae)* war speziell für die Kontrolle der Küsten und den Schiffsverkehr verantwortlich.

Die sich nach Nordosten öffnende Bucht von Alcúdia begünstigte die wichtige Anbindung der Insel an die römischen Häfen Sardiniens und Italiens. Pollentia stieg im ersten vorchristlichen Jahrhundert zur bedeutendsten Stadt der Insel auf, die archäologischen Untersuchungen belegen die Existenz eines großen Forums, eines Jupitertempels, einer großen Halle für Handelsgeschäfte und verschiedener prächtiger Stadthäuser. Im 1. Jahrhundert n. Chr. wurde außerhalb der Stadt ein etwa 2000 Besucher fassendes Theater angelegt. Die bisher freigelegten Teile des Ortes zeigen die typisch geometrische Anlage einer römischen Stadt mit der Anordnung der Wohnhäuser und Geschäfte an zwei Hauptachsen. Einen an geraden Achsen ausgerichteten Grundriss konnten die Ausgrabungen der letzten Jahrzehnte auch für das aus einem Militärlager hervorgegangenen Palma nachweisen. Das Militärlager wurde am Ende des 2. vorchristlichen Jahrhunderts gegründet. Zu Augustus' Zeiten verfügte »Palmeria« (bzw. »Palmensis«) bereits über eine Stadtmauer, ein Forum, ein wie in Pollentia außerhalb der Stadtmauern liegendes Amphitheater und eine bebaute Fläche von sechs Hektar. Auf dieser Fläche sollte im Mittelalter die heutige Altstadt von Palma entstehen.

Wie schon erwähnt, verband eine heute noch in wenigen Resten erhaltene, über Inca verlaufende Römerstraße mit Pollentia und Palmeria die damals wichtigsten Zentren der Insel. Eine umfangreiche archäologische Erschließung dürfte weitere, die gesamte Insel vernetzende Straßen dieser Art freilegen. Die Architektur der Häuser der führenden Schicht lehnte sich an römische Vorbilder an; es entstanden rechteckige Gebäude mit einem Innenhof, nicht selten mit Mosaiken ausgestatteten Böden und Bädern. Die in Alcúdia und Palma vorgenommenen Ausgrabungen legten Wasser- und Latrinenrohre frei. Gleichfalls muss – nach den dort gemachten Schiffs- und Amphorenfunden – der Hafen von Campos (bei Colònia de Sant Jordí) eine bedeutende Rolle gespielt haben. Dafür spricht auch, dass sich in der Nähe von Campos die einzige Thermalquelle Mallorcas befindet, die Baños de San Juan. Sie wurde bereits von den Römern genutzt und entwickelte sich in der Renaissance zu einem der populärsten Bäder des Mittelmeerraums, wie Abbildungen und Beschreibungen in kartographischen Werken und Reiseberichten des 16. und 17. Jahrhunderts dokumentieren.

Römische Quellen berichten bereits für das ausgehende 2. Jahrhundert v. Chr. für Mallorca von römischen Kolonisationswellen. Die Ermittlung der direkten Herkunft dieser Kolonisatoren bereitet nach wie vor Probleme; laut römischen Historikern wie Tacitus (58–120 n. Chr.) waren es vor allem Personen vom iberischen Festland und aus Rom, doch dies kann kaum auf alle Neuankömmlinge zutreffen. Mit der Wende des 2. zum 1. vorchristlichen Jahrhundert hielten damit römische Methoden des Ackerbaus und der Kultivierung von Olivenbäumen auf Mallorca Einzug. Auch scheint damals die Salzgewinnung auf Ibiza im großen Stil eingesetzt zu haben. Da der römische Senat, um die einheimische Produktion zu schützen, zunächst den Anbau von Wein in den neu eroberten Gebieten untersagte, setzte der Weinanbau auf Mallorca im größeren Stil erst in der römischen Kaiserzeit ein. Die zeitgenössischen römischen und griechischen Quellen berichten ferner über die große Fruchtbarkeit der Erde und die Vielfalt der Nutzpflanzen auf der Insel, auch über den Reichtum an Vieh. Außerdem hätten die Mallorquiner keine giftigen Schlangen zu fürchten. Mit den Römern gelangten ferner neue Techniken der Keramikherstellung *(terra sigillata)* und der Produktion von Lehmziegeln und Amphoren nach Mallorca. Häufige Herkunftsregionen vieler auf der Insel gefundenen Keramiken, Glaswaren, Textilien und auch von Schmuck befanden sich in Nordafrika, Mittel- und Süditalien.

Bis heute ist der sich über Jahrhunderte hinziehende Prozess der Assimilierung der Bevölkerung der Talayot-Kultur an die römische Lebensart und Sprache nur in Bruchstücken erforscht. Wie im Fall von anderen Inseln des westlichen und zentralen Mittelmeerraums, wie etwa des Maltesischen Archipels, wird eine über längere Zeit existente Parallelgesellschaft bzw. -kultur angenommen. Besonders die Geschichte des von Plinius im 1. nachchristlichen Jahrhundert beschriebenen Ortes Bocchor(um) bzw. Bocchoris ist in diesem Zusammenhang von Interesse. Diese angeblich schon über fünfhundert Jahre vor der römischen Besetzung gegründete Stadt im Vall de Bóquer bei Pollença im Norden der Insel war bewohnt von Mallorquinern, die mit den neuen Herren ein Bündnisabkommen geschlossen hatten und den Status von Verbündeten *(civitas confoederata)* erhielten. Derartige Städte hatten keine direkten Steuern zu entrichten, hatten das Recht zur Selbstverwaltung, waren aber verpflichtet Soldaten, Schiffe und Lebensmittel zu stellen. Plinius berichtet, dass »Bocchorum« zu seiner Zeit schon nicht mehr bewohnt gewesen sei. Eventuell lag der Grund in der übermächtigen Konkurrenz des unweit gelegenen Pollentia, damals die bedeutendste Römerstadt auf Mallorca. Diese Interpretation wird gestützt durch die Tatsache, dass Augustus den Status der Bündnisstadt *(civitas confoederata)* generell abschaffte.

Mit der Integration in das Römische Reich vermehren sich auch die über Mallorca berichtenden römischen – und auch griechischen – Quellen. Dank Plinius und anderen römischen Autoren wissen wir, dass neben der Hauptstadt Pollentia (in der Nähe des heutigen Alcúdia) und dem oben erwähnten Bocchor(um) bzw. Bocchoris drei weitere bedeutende Orte auf Mallorca existierten. Dabei gelang allerdings bis heute nur die gesicherte archäologische Identifikation von Palmaria bzw. Palmensis mit Palma, die eindeutige Lokalisierung der ebenfalls von Plinius genannten Guium bzw. Cunium und Tuccis gelang noch nicht. Der Ort des römischen Cunium wird bei Manacor oder bei Ses Salines angenommen. Andere interpretieren Cunium (»Cunici«) als alten Namen für das heutige Alcúdia. Auf die Bedeutung der Stadt wird auch in mehreren Inschriften verwiesen, etwa in jener, die den Bürger und bedeutenden Amtsträger Gnäus Carius Ametystus als »Balearicus Palmensis et Guiuntanus« bezeichnet. Ferner existierten in römischen Zeiten noch die bedeutenden Siedlungen von Sinium, höchstwahrscheinlich das heutige Sineu, und Andrachium, das heutige Andratx. Nach dem heutigen Stand der Ausgrabungen müssen damals noch weitere größere römische Siedlungen existiert haben, etwa bei Son Peretó (bei Manacor), Son Fiol, Mainou (bei Consell), Son Cota (bei Porreres) oder Son Danús (bei Santanyí).

Nach Plinius hatten Guium bzw. Cunium und Tuccis im 1. nachchristlichen Jahrhundert das »lateinische Recht« (»Latinität«, *jus Latii*), besaßen also einen Mittelstatus zwischen dem vollen Bürgerrecht und dem Fremdenrecht. Pollentia und Palmaria besaßen das volle römische Recht. Diese Rechte wurden den mallorquinischen Orten höchstwahrscheinlich im Zuge von Kaiser Vespasians Verleihung von römischen Rechten an verschiedenste Städte auf der Iberischen Halbinsel im Jahr 75 n. Chr. gewährt.

Pollentia verfügte damals über die Dimensionen und Ausstattung eines bedeutenden römischen Mittelzentrums. Gemäß den Angaben von Diodorus Siculus war die Stadt im 1. nachchristlichen Jahrhundert immerhin Hauptstadt einer Insel mit über 30 000 Einwohnern. Ausgrabungen legten vor den römischen Mauern ein bereits im 1. vorchristlichen Jahrhundert errichtetes römisches Amphitheater frei. Die Stadt besaß ein Forum und wurde über ein System von Aquädukten und Kanälen mit Wasser versorgt, das sich über 14 Kilometer erstreckte. Dieses brachte das Wasser aus dem Ternelles-Tal in die römische Stadt. Raison d'être der Stadt war die große, sich nach Nordosten öffnende Bucht. Die Entwicklung Palmas (Palmaria) vollzog sich auf der Basis eines die gleichnamige Bucht (Bahía de Palma) kontrollierenden Militärlagers. Höchstwahrscheinlich bestand an diesem Ort bereits eine Siedlung der autochthonen Bevölkerung.

Als gesichert gilt, dass der in der Spätzeit der Talayot-Kultur bemerkbare Bevölkerungsrückgang in der römischen Epoche wieder aufgefangen wurde. So spricht ein relativ dichtes Raster von kleineren und größeren römischen Siedlungen sowie von Hofgütern im römischen Stil *(villae rusticae)* für eine erneut zunehmende allgemeine Prosperität. Während der

Herrschaft des Augustus (27 v.Chr.–14 n.Chr.) wird für Mallorca eine Bevölkerungszahl von etwa 30000 angenommen, welches im Vergleich zum 2. Jahrhundert v.Chr. eine Verdreifachung darstellt. Luftbild- und Bodenarchäologie zeigen die Kontinuität dieser Ansiedlungen bis auf den heutigen Tag; ein großer Teil der Kleinstädte, die in der Moderne in einem relativ dichten Netz die Insel überziehen, geht auf römische Militärlager oder Siedlungen zurück. Teilweise weisen auch Ortsnamen wie Muro oder Muro Vetera (von lateinisch *murus*, »Mauer«) auf Menorca oder Lluc, Lluc Alcari, Llucmassanes oder Llucmajor (von lateinisch *lucus*, »Hain«, »Wald«) auf den römischen Ursprung.

Nach über zweihundert Jahren relativer Ruhe setzte in der Mitte des 3. Jahrhunderts wie in vielen Teilen des Imperiums auch in den iberischen Provinzen eine Phase von innerer Zerrüttung und vom Rückzug der Zentralmacht ein. Zwischen 258 und 270 n.Chr. schlossen sich die iberischen Provinzen dem von Rom abgefallenen Gallien an. Die Situation wurde umgehend von germanischen Stämmen und Verbänden wie den Franken und Alamannen ausgenützt, die in den 260er Jahren in Nordostspanien einfielen und auch die Metropole Tarragona plünderten. Für die Zeit um 270 n.Chr. haben Archäologen Zerstörungen und Brandschatzungen der damals größten Stadt Pollentia nachgewiesen, doch gehen diese laut modernen Forschungen nicht auf das Eintreffen germanischer Verbände zurück. Es waren vielmehr Einheimische, eventuell Teile der Landbevölkerung oder mit ihnen in Verbindung stehende Sklaven, oder auch keinen Sold erhaltende Truppen, die durch wirtschaftliche Krisen zur Revolte getrieben wurden und einen Teil der Innenstadt und das Forum von Pollentia zerstörten und in Brand setzten. Offensichtlich kam es in er Folge dieser Ereignisse zu einer Stadtflucht oder einem Bevölkerungsrückgang. In den folgenden Jahrzehnten sah man von einem Aufbau des Stadtzentrums und des Forums ab und konzentrierte sich stattdessen auf die Erneuerung der äußeren Viertel. Die Errichtung einer neuen, enger gefassten Stadtmauer dokumentiert sowohl den Bevölkerungsrückgang als auch die verstärkte Notwendigkeit, die Einwohner zu schützen. Das nicht mehr aufgebaute Forum wurde später – im 4. und 5. Jahrhundert – teilweise als Friedhof genutzt, was eventuell auch mit dem Erstarken des Christentums zusammenhängen könnte.

Eine vollständige Niederschlagung der Aufständischen und Separatisten und eine Wiederherstellung der politischen Einheit erreichte erst Kaiser Diokletian nach 284 n.Chr. Mit Diokletians radikalen Maßnahmen zur Wiederherstellung von Ordnung und Ruhe gingen einige grundlegende Verwaltungsreformen einher. Die größte römische Provinz Hispania Citerior bzw. Hispania Tarraconensis – vorher Zentrum der Aufstände und Unruhen – wurde in drei kleinere Provinzen zerschlagen: Cartaginensis (Verwaltungszentrum Cartagena), Tarraconensis (Verwaltungszentrum Tarragona) und Gallaecia (Verwaltungszentrum Braga). Mallorca und die Balearen waren Teil der Provinz Cartaginensis. Jede der Provinzen hatte eine eigene straffe bürokratische Struktur. Diese Neuordnungen waren mit erhöhter Steuerbelastung verbunden. Zur nachhaltigen Stabilisierung des Landes trugen sie jedoch nicht bei.

In der Spätantike konzentrierte sich zu Ungunsten der alten Einheiten der Provinz und der *conventus* Macht und Verwaltung in der *civitas*. Dies stand im Widerspruch zu einer umfassenden, flächendeckenden und effizienten Verwaltung. Wie die Ausgrabungen der letzten Jahrzehnte belegen, vollzog sich im 3. und 4. Jahrhundert n. Chr. ein tiefer Wandel der gesellschaftlichen Orientierung. Standen die Jahrhunderte zuvor im Zeichen des Ausbaus öffentlicher Gebäude und Plätze, Theater, Badehäuser und Tempel, mit dem die lokalen Eliten ihre Identifikation mit dem römischen Staats- und Gesellschaftssystem demonstrierten, so erfolgte nun gleichsam der architektonische Rückzug in das Private. Die Begüterten investierten in prunkvolle Stadtresidenzen und Villen im Umfeld der Städte. Diese Tendenz lässt sich sowohl auf dem iberischen Festland als auch auf Mallorca beobachten. In diesen Krisenzeiten kam es 369 n. Chr. zu einer erneuten administrativen Neueinteilung der iberischen Teile des Reichs. Für die nun als eigene Provinz geführten Balearen entstand der Name »Balearica«. Die Hauptinsel erscheint als »Balearis Major«, die kleine Nachbarinsel Menorca als »Balearis Minor«.

Im seit dem 2. Jahrhundert auf der Iberischen Halbinsel nachweisbaren Christentum erwuchs dem Staat eine weitere, stetig mächtiger werdende Konkurrenz und Grundlage neuer Orientierung. Die iberische Kirche hat stets auf die angeblichen Besuche Spaniens durch den Heidenapostel Apostel Paulus zwischen 63 und 67 n. Chr. als Beginn des Christentums hingewiesen. Auch ein angeblicher Besuch Mallorcas durch den Heidenapostel erscheint in verschiedenen Kirchengeschichten. In seinen »Briefen an die Römer« hatte Paulus zwar seine Absicht zu einer Reise nach Hispania bekundet, und Theodoret von Kyrrhos (Nordsyrien) bestätigte in seiner Kirchengeschichte im 5. Jahrhundert einen Besuch Spaniens und der umliegenden Inseln durch den Apostel; ein derartiger Besuch ist indes nicht durch glaubhafte Quellen belegt.

Der Ursprung der christlichen Gemeinden auf Mallorca ist mangels zeitgenössischer Quellen nur schwer zu bestimmen. Verschiedene Historiker verweisen auf Traditionen und Überlieferungen, dass die mit einem Brunnen ausgestattete Höhle Sant Marti bei Port d'Alcúdia schon im 2. Jahrhundert und vor allem während der Verfolgungen durch Diokletian von Christen als geheimer Versammlungsort benutzt wurde, direkte archäologische Beweise gibt es dafür nicht. Die erste Erwähnung der Höhle in vertrauenswürdigen Quellen datiert erst auf das Jahr 1268. Im Anbetracht der wachsenden Verbreitung des Christentums an der iberischen Levante und der hoch frequentierten Handels- und Schifffahrtswege zwischen Cartago Nova (Cartagena), Dianium (Dénia), Alomae (Alicante) oder Tarraco (Tarragona) und Pollentia und Palmaris kann jedoch auch für das 3. Jahrhundert von der Existenz kleiner christlicher Nuklei auf Mallorca ausgegangen werden. Für das 4. und 5. Jahrhundert finden sich Hinweise auf relativ umfangreiche christliche Gemeinden in den Orten Ebussus auf Ibiza und Mago auf Menorca. In Ciutadella auf Menorca, damals Iamona genannt, gab es sogar schon ein Bistum.

Mit der Erklärung des Christentums zur römischen Staatsreligion durch Kaiser Theodosius nach 380 wurde auch auf Mallorca die Lehre Christi offiziell verbreitet und es wurden Kirchen errichtet. Im Verlauf des 5. Jahrhunderts wurden die Seelsorge und die kirchliche Verwaltung nach kanonischem Recht organisiert. Von einer universalen Einheit der Kirche konnte indes noch keine Rede sein. Bereits unter römischer Herrschaft gab es Abweichler und Splittergruppen. Im Norden der Halbinsel begründete etwa Priscillian von Ávila eine besonders strenge, asketische Form des Christentums und fand zahlreiche Anhänger. Aus unbekannten Gründen – wahrscheinlich weil er sich weigerte, die Staatsgewalt des Imperium Romanum anzuerkennen – wurde Priscillian 385 auf Veranlassung von Kaiser Magnus Maximus, selbst in Hispania geboren, hingerichtet. Eine Existenz dieser Splittergruppen ist auch auf Mallorca anzunehmen. Indizien dafür gibt es im Briefwechsel des wahrscheinlich mallorquinischen Geistlichen Consentius mit Augustinus von Hippo, der sich kritisch mit den Lehren des Priscillian auseinandersetzt.

Ebenso wie das frühe Christentum ist auch die Frühzeit des Judentums auf Mallorca aus den Quellen nur sehr lückenhaft rekonstruierbar. Die Quellen weisen darauf hin, dass bereits nach der ersten Zerstörung Jerusalems im Jahr 70 n. Chr. und massiven Verfolgungen in Palästina Personen jüdischen Glaubens in die großen Hafenstädte der iberischen Ostküste, Cartago Nova und Tarraco gekommen sind. Von den Häfen der iberischen Levante gelangten sie um und nach 100 n. Chr. auch nach Mallorca, so wird angenommen. Verschiedene Hinweise und archäologische Untersuchungen von Gräberfeldern weisen in den folgenden Jahrhunderten auf zu Wohlstand gekommene mallorquinische Kaufleute und Händler jüdischen Glaubens. In diesem Zusammenhang sind vor allem kunstvolle Grabplatten und Epitaphe jüdischer Gräber aus dem 4. Jahrhundert zu nennen. Die durch die Dekrete Kaiser Theodosius' für die Territorien des Römischen Reichs erfolgte offizielle Einführung des Christentums bedeutete natürlich nicht das Ende des Judentums auf Mallorca, dennoch scheint es zeitweise »Bekehrungsdruck« gegeben haben. Für 418 berichten die Quellen (»Epistula Severi«) beispielsweise von einer durch Bischof Severus von Menorca durchgeführten umfangreichen Bekehrungskampagne von jüdischen Einwohnern zum christlichen Glauben. Anscheinend war das Judentum auf Menorca besonders stark präsent.

Während Menorca schon früh über ein eigenes Bistum verfügte, zog Mallorca mit der Gründung eines – kurzlebigen – Bistums anscheinend erst 480 nach, unter dem nur durch sehr wenige Quellen bzw. Namenslisten von Konzilien fasslichen Bischof Elias (»Helies«). Häufig wird für diese Frühzeit vom Status eines Valentia (Valencia) untergeordneten Suffraganbistums Mallorca berichtet. Dies ist faktisch nicht zu halten, stammen doch die frühesten Quellen über ein Bistum von Valencia erst aus der Mitte des 6. Jahrhunderts. In den Listen der für 484 durch Wandalenkönig Hunerich nach Karthago zur Synode einberufenen Bischöfe erscheint neben Elias auch Bischof Macarius von Menorca und Bischof Opilius von Ibiza. Mit dem Tod des Bischofs Elias angeblich im gleichen Jahr verschwindet das Bistum Mallorca wieder im Dunkel der auch für die Balearen bewegten Geschichte der Völkerwanderungszeit. Laut den Quellen bestand bereits am Beginn des 5. Jahrhunderts auf der kleinen Insel Cabrera (lat. *Capraria*) an der Südküste Mallorcas ein Mönchskloster nach der augustinischen Regel.

III. Die Zwischenzeit der Wandalen und Byzantiner

Mallorcas politische Geschichte der Periode der Völkerwanderungszeit und der darauf folgenden Epoche der Wandalen ist quellentechnisch nur fragmentarisch dokumentiert. Ähnlich wie auf dem iberischen Festland spiegelt sie die unruhigen, von zahlreichen Herrschaftswechseln geprägten Zeiten des 4., 5. und 6. Jahrhunderts wieder. Mit dem Nachlassen der römischen Kontrolle bzw. ihrer mittlerweile im Süden Frankreichs angesiedelten westgotischen Verbündeten (die aus den Terwingen bzw. Vesiern hervorgehenden Westgoten (kast. *Visigodos*) gerieten auch die Balearen in das Visier der Plünderungszüge der Wandalen vom Stamm der Asdinger. Diese hatten sich zuvor in der Provinz Gallaecia im Nordwesten Spaniens aufgehalten. In den frühen zwanziger Jahren des 5. Jahrhunderts sind verschiedene Plünderungen der Inseln durch Verbände der Wandalen dokumentiert. Wichtige Voraussetzung dafür war die Eroberung Cartagenas durch König Gunderichs (katal. Gunderic) im Jahr 424.

Mit der Eroberung dieser wichtigen Hafenstadt und der dort wohl vorgefundenen technischen und logistischen Geräte und Voraussetzungen wurden die Wandalen in die Lage versetzt, auf eine Mittelmeerflotte zurückzugreifen und sich auch das technische und logistische Wissen der Römer zu ihrem Erhalt und Ausbau anzueignen. Bereits für das folgende Jahr sind Plünderungskampagnen der Wandalen zu den Balearen dokumentiert. 425 plünderten sie Pollentia, damals zwar immer noch größte Stadt Mallorcas, aber nur noch ein Schatten der bedeutenden Handelsstadt des 1. und 2. nachchristlichen Jahrhunderts. Der Niedergang der Stadt zeigt sich besonders deutlich in der damaligen Umfunktionierung des Amphitheaters in einen christlichen Friedhof. Bisher wurden dort etwa hundert in die Sitzreihen geschlagene Felsengräber gefunden.

Die Bedeutung der Balearen als Transit für eine nordafrikanische Herrschaft wurde auch von den Wandalen erkannt. Im Zuge von Geiserichs (katal. Genseric) Eroberungszügen nach Mauritania Tingitana (das westliche Nordafrika) nach 429 wurden neben Sardinien und Korsika auch die Balearen von den Wandalen unterworfen. Das exakte Datum der Integration Mallorcas und seiner Nachbarinseln in das Wandalenreich ist unbekannt.

Die Annahme eines starken Verfalls der römischen Infrastruktur und sozialen Hierarchien unter der Herrschaft der germanischen Völker ist ein alter Topos, doch dieser muss nicht unbedingt zutreffen angesichts des nach wie vor größtenteils von einer romano-iberischen Bevölkerung bewohnten Terrains der Iberischen Halbinsel und der Balearen. Im Gegenteil ist davon auszugehen, dass die neuen Herren die existenten Ortsgemeinden und Sozialstrukturen beließen und sich davor hüteten, die vorhandene Infrastruktur absichtlich zu zerstören. Nur so konnte ein steter und nachhaltiger Fluss von Tributen und Steuern weiterhin garantiert werden. Wie im Fall des iberischen Festlands ist anzunehmen, dass es auch auf Mallorca weiterhin mächtige römische Großgrundbesitzer und vollständig von Römern verwaltete Kommunen gab.

Inwieweit bei der limitierten Größe der wandalischen Streitkräfte eine umfangreiche Garnison auf Mallorca gehalten wurde, ist fraglich. Eventuell hatte die Insel lediglich Tribute abzuliefern, und ihre Häfen mussten der wandalischen Expansion und später militärischen Festigung des Reichs dienen. Dies würde auch die – nach bisherigem Stand der Untersuchungen – bis auf Münzen nahezu vollkommene Abwesenheit wandalischer Funde erklären. Es gibt jedoch verschiedene Hinweise auf Verfolgungen nicht-arianischer Christen während der Zeit wandalischer Herrschaft. Diese dürften sich allerdings auf die kurze Regentschaft von Geiserichs Sohn Hunerich (katal. Huneric) reduziert haben. Hunerich erließ 484 ein Edikt, welches das umfassende Bekenntnis seiner Untertanen zum arianischen Christentum einforderte. Hunerichs Nachfolger auf dem Wandalenthron, Gunthamund, Thrasamund, Hilderich und Gelimar, zeigten sich weniger strikt in Religionsangelegenheiten. Dies betraf auch die auf Mallorca und Menorca lebenden Personen jüdischen Glaubens – sie lassen sich auf Mallorca seit dem 2. Jahrhundert n. Chr. nachweisen. Unter Hunerich scheinen auch sie Repressalien ausgesetzt gewesen zu sein. Ebenso wenig gesichert ist die häufig geäußerte Annahme, es wären die Wandalen gewesen, welche die frühchristliche Basilika von Son Peretó bei Manacor eingeäschert hätten. Die von verschiedenen mittelalterlichen Quellen erwähnte und von modernen Autoren rezipierte Verschleppung von 5000 mallorquinischen Christen in die Sahara scheint eher auf mittelalterlichen Legenden als auf Fakten zu beruhen.

Angesichts der geringen Zahl germanischer Besatzer auf Mallorca kam es im Gegensatz zur vorhergehenden römischen Herrschaft kaum zu nennenswerten Vermischungen mit der einheimischen Bevölkerung. Dass die Wandalen und auf der iberischen Halbinsel herrschenden Westgoten arianische Christen und damit für das Papsttum in Rom Häretiker waren, spielt im Vergleich der Verwaltungsstrukturen vor und nach der »germanischen«

Machtübernahme nur eine untergeordnete Rolle. Der nach dem in Antiochien ausgebildeten Priester Arius benannte Arianismus entstand im 4. Jahrhundert. Die Goten hatten diesen Glauben während ihrer Wanderschaft auf dem Balkan angenommen. Aufgrund der Unterstützung von Kaiser Konstantin II. war der Arianismus in der Mitte des 4. Jahrhunderts offizielle Glaubenslehre des Römischen Reichs. Die Arianer vertraten den Glauben, dass Christus wesensähnlich mit Gottvater und diesem prinzipiell untergeordnet sei. Diese Ansicht war höchst umstritten, denn die orthodoxen Athanasier bestanden auf einem Trinitätsdogma, also eine in Gott vereinte Wesensgleichheit von Vater, Sohn und Heiligem Geist. 379 erkannte Kaiser Theodosius die auf dem Ersten Ökumenischen Konzil von Nicäa (325) ausgesprochene Verdammung des Arianismus an, und die arianische Lehre wurde im Römischen Reich verboten. Es war besonders Bischof Hosius von Córdoba, der energisch die Verbreitung der orthodoxen Lehre der Wesensgleichheit Christi mit dem Vater vorantrieb. Der Großteil der Mallorquiner war dieser Lehre gefolgt.

Die Angaben zu den angeblich gegen die mallorquinischen Christen ausgeübten Repressalien decken sich nicht mit den Ergebnissen der archäologischen Forschungen der letzten Jahrzehnte. So wurde die Bauzeit der bisher auf Mallorca archäologisch erschlossenen frühchristlichen Kirchen von Cas Frares bei Santa Maria del Camí, Sa Carrotja bei Porto Cristo und Son Peretó bei Manacor aus stilistischen Gründen in die Zeit der Wandalenherrschaft am Ende des 5. oder in das 6. Jahrhundert datiert. In die gleiche Periode werden die Basiliken von Fornas de Torello und Son Bou auf Menorca datiert. All diese Kirchen haben die Form einer dreischiffigen Basilika und eine Länge zwischen 23 und 31 Metern. Dabei wurde besonders auf die stilistische Verwandtschaft der Architektur und Mosaike mit den frühchristlichen Gotteshäusern in Nordafrika verwiesen. Ein Zusammenhang mit der damaligen Herrschaft der Wandalen über den Maghreb scheint übertrieben, es genügt darauf hinzuweisen, dass die schon vor der Wandalenherrschaft starke nordafrikanische Kirche das iberische Christentum liturgisch und administrativ stark beeinflusste. Auch die Katakomben von San Martí bei Alcúdia entstammen dieser Periode des frühen Christentums auf Mallorca. Aus den Standorten der bisher lokalisierten frühchristlichen Gotteshäuser auf ein vor allem in ländlichen Gemeinden präsentes Christentum zu schließen, scheint voreilig, da die einschlägigen Forschungen bis heute nur punktuell durchgeführt wurden.

Mit der Herrschaft über die Küsten des heutigen Algeriens und Tunesiens und der spätantiken Hafenstädte von Cartenna, Caesarea, Tipasa,

Saldae, Hippo Regius und Thapso sowie über Sardinien und die Balearen hindern die Wandalen über Jahrzehnte römische oder später byzantinische Flottenverbände am großräumigen und nachhaltigen Operieren im westlichen Mittelmeer. Eine vor den Küsten der Balearen und des iberischen Festlands erscheinende römische Flotte wurde um 460 von den Schiffen des Wandalenkönigs Geiserich vor Santa Pola vernichtet.

Das Ende der Herrschaft der Wandalen wurde mit den ambitionierten Versuchen von Byzanz eingeläutet, die alte römische Macht im westlichen Mittelmeer zu übernehmen. 533 gelang es im Zug der energischen Feldzüge des oströmischen Kaisers Justinian dessen Feldherr Belisar, Wandalenkönig Gelimar vor Karthago entscheidend zu schlagen. Im Sommer 534 segelte eine byzantinische Flotte unter der Führung von Apolinar von Cartenna (dem heutigen Mostaganem) nach Mallorca und brachte die Balearen unter oströmische Kontrolle. Über die exakten Geschehnisse während der Eroberung schweigen die Quellen. Höchstwahrscheinlich wurden die ohnehin sehr kleine verbliebene wandalische Führungsschicht oder deren Anhänger vertrieben oder gefangen gesetzt.

Truppenführer Apolinar wurde gleichzeitig Mallorcas erster Gouverneur und die Insel, zusammen mit Menorca und Ibiza, zunächst in die byzantinische Provinz Sardinien integriert. Die alten römischen Gesetze wurden wieder eingeführt. Nachdem Byzanz in den folgenden Jahrzehnten weitere strategisch wichtige Regionen an der südlichen iberischen Levante und in Andalusien besetzte, bildeten die Balearen eine wichtige Station der von Byzanz kontrollierten mediterranen Ost-West-Achse: Diese verlief zwischen Alexandria und dem Nahen Osten bis zu den wichtigen Hafenstädten Cartago Spartaria (Cartagena) und Malaca (Málaga) und weiter durch die Straße von Gibraltar nach Gades (Cádiz) in den Atlantik.

Mit diesen Herrscherwechseln und den militärischen und wirtschaftlichen Neuorientierungen verschoben sich auch die urbanen Zentren der Insel. Nicht erst unter islamischer Herrschaft, wie oft behauptet, sondern bereits zu byzantinischen Zeiten etablierte sich die nach Südwesten und damit an der Route von Sardinien nach Cartago Spartaria oder Nordafrika liegende Bucht von Palma zur wichtigsten Anlaufstation von Schiffen aller Art. Palma löste Pollentia als Hauptstadt der Insel ab. Dies sollte auch in den folgenden Jahrhunderten und nach erneutem Herrschaftswechsel so bleiben.

In einer Neustrukturierung der Verwaltungseinheiten unter Kaiser Maurikios (lat. Caesar Flavius Mauricius) am Ende des 6. Jahrhunderts bildeten die Balearen zusammen mit den iberischen Festlandsbesitzungen und dem nordafrikanischen Ceuta das byzantinische Exarchat Mauretania Secunda. Inwieweit die von Kaiser Herakleios am Anfang des 7. Jahrhunderts angeordnete Einsetzung des Griechischen als Amtssprache auch in den westlichen Randbezirken in die alltägliche Praxis umgesetzt wurde, ist fraglich. Von der immerhin über zweihundert Jahre andauernden byzantinischen Herrschaft über Mallorca haben sich keine nennenswerten sprachlichen Relikte erhalten.

Im Zug des islamischen Vordringens entlang der nordafrikanischen Küste und speziell während der islamischen Kämpfe gegen den byzantinischen Gouverneur von Karthago, Gregorios, sollen in der Mitte des 7. Jahrhunderts zahlreiche nordafrikanische Christen nach Mallorca emigriert sein. Wirklich stichhaltige Belege in den zeitgenössischen Quellen für diese aus religiösen Gründen erfolgte Migration gibt es nicht; die Ausschmückung und Übertreibung dieser christlichen Migration scheint aus den Zeiten eines schärfer definierten christlich-islamischen Antagonismus aus dem Späten Mittelalter zu stammen. Gesichert angenommen werden kann eine kirchliche Festigung und Durchdringung der verschiedenen Ortschaften der Insel unter byzantinischer Herrschaft. Die Diözese Mallorca war unter byzantinischer Herrschaft zeitweise dem 423 gegründeten Bistum von Cartago Nova bzw. Cartago Spartaria untergeordnet, der Hauptstadt des byzantinischen Teils der Iberischen Halbinsel. Die religiösen Abhängigkeiten zeichneten damit die zentralen wirtschaftlichen Linien und Kontakte nach. Es ist interessant zu beobachten, dass sich der Großteil der bisher archäologisch erschlossenen und in die Epoche des frühen Christentums, also ins 5. oder 6. Jahrhundert, datierten Kirchen in kleinen Siedlungen im Landesinneren der Insel befinden; doch dies könnte wie bereits angedeutet eine Momentaufnahme archäologischen Wissensstands sein. Bekanntestes Beispiel einer in byzantinischer Zeit gebauten oder veränderten Kirche ist die Basilika von Son Fiol in Santa Maria del Camí mit ihren kunstvollen Mosaiken, die biblische Szenen darstellen.

Mallorca und die Balearen blieben auch in byzantinischer Hand, als die Westgoten unter König Leowigild am Ende des 6. Jahrhunderts ihre Macht bis an die iberische Levante und die andalusische Küste ausdehnten und 616 mit Cartago Spartaria der letzte große byzantinische Brückenkopf auf dem iberischen Festland fiel. Mit diesen politischen Veränderungen untrennbar verknüpft ergaben sich auch kirchlich-administrative Verschiebungen. Das nun westgotische Bistum Cartagena verlor seine kirchenrechtliche Oberhoheit über das byzantinische Mallorca. Die westgotischen Konzilslisten der folgenden Jahrzehnte verzeichnen keine Teilnahme eines mallorquinischen Bischofs mehr, obwohl die westgotischen Könige inzwischen den Arianismus aufgegeben hatten. Als eine der letzten Enklaven byzantinischer Herrschaft im westlichen Mittelmeer scheinen Mallorca, Menorca und Ibiza eine eigene Kirchenprovinz gebildet zu haben. Genauere Angaben lassen sich aufgrund fehlenden zeitgenössischen Quellenmaterials kaum machen.

Pere Martell schlägt König Jaume I. die Eroberung Mallorcas vor, Buchmalerei aus: Llibre dels Feyts del Rey En Jacme (Mitte 13. Jhd.), Manuskript von 1343

IV. Mallorca im islamischen Orbit

Über die rasche islamische Eroberung der Iberischen Halbinsel in den Jahren zwischen 711 und 714 und den plötzlichen Zusammenbruch westgotischer Zentralgewalt wurde und wird gerätselt. Ein Schlüssel dafür könnte in der pragmatischen Haltung verschiedener westgotischer Führer gelegen haben, nachdem ihr König Roderich im Juli 711 am Fluss Guadalete bei der Niederlage gegen die Truppen Tāriq ibn Ziyāds gestorben war. Wie der im Territorium zwischen Lorca, Cartagena und Alicante herrschende Teudemir (Tudmīr) schlossen verschiedene von ihnen Separatfrieden mit den Arabern und Berbern ab. Diese Abkommen und die Zahlung von Tributen gestatteten westgotischen Magnaten und ihren Nachkommen für einige Zeit als regionale Fürsten weiterzuherrschen. Ähnliche Tributzahlungen scheinen zeitweise auch die nominell immer noch unter byzantinischer Herrschaft stehenden Balearen geleistet zu haben. Doch es gab auch andere Gründe, welche die Umayyaden-Kalifen bzw. deren von Damaskus oder Kairuan in Spanien installierten Statthalter und nach 750 die Abbāsiden zunächst von einer Eroberung der Insel absehen ließen.

Was blieb vom Reich und der Kultur der Westgoten? Können hier tiefgreifende kulturelle und ethnische Unterschiede zwischen der etwa dreihundert Jahre lang westgotisch regierten Iberischen Halbinsel und dem niemals westgotischer Herrschaft unterstehenden Archipel der Balearen festgestellt werden? Die Frage ist nur schwer zu beantworten, führt sie doch gleichzeitig zu der Frage, inwiefern sich vor dem Erscheinen der islamischen Invasoren eine westgotische Identität auf der Iberischen Halbinsel herausgebildet hatte. Wir haben in diesem Kontext bereits auf die geringe Zahl der westgotischen, wandalischen und suebischen Einwanderer im Vergleich zur ibero-römischen bzw. kelt-iberischen Bevölkerung in Hispania oder der autochtonen romanisierten Bevölkerung der Balearen verwiesen. Dass die westgotische Elite durch Annahme römischer, teilweise byzantinischer Sitten, Rechtsformen und auch Sprache sowie des katholischen Glaubens zwischen dem 5. und 8. Jahrhundert eine tiefgreifende Transformation durchlaufen hat, kann nicht bestritten werden. Immer wieder wurde darauf hingewiesen, dass sich die römische Identität vor allem auf rechtliche Grundsätze – etwa die Gewährung von Bürgerrechten für iberische Städte – stützte. Ein Großteil der modernen Historiker und Kulturwissenschaftler betrachtet aus guten Gründen die verschiedenen römischen und westgotischen Identitäten am Ende des 7. Jahrhunderts auf der Iberischen Halbinsel als aufgelöst und verschmolzen. Diese starke Absorption römischer Herrschafts- und Kulturformen und auch die Annahme der katholischen Religion sowie die nur relativ geringe Anzahl der germanischen Oberherren lassen – ungeachtet der verschiedenen Oberherren – die Bevölkerungsprofile des Festlands und der ihr vorgelagerten Balearen als nicht extrem stark divergierend erscheinen. Diese Komponenten und das Erbe einer über lange Jahrhunderte romanisierten Bevölkerung bildeten die Klammern zwischen dem Festland und den Inseln.

Obwohl gerade die ältere spanische Geschichtsschreibung häufig so verfuhr, erscheint es daher fragwürdig, die Westgoten als Vorfahren der modernen Spanier einzuordnen. Eine derartige Geschichtsverknappung ist leicht als Versuch zu erkennen, ähnliche Vorgänge in Frankreich – wo die Franken als Stammväter der Nation instrumentalisiert wurden – zu kopieren. Mallorca und die Balearen, auf denen die Westgoten niemals herrschten, stünden gemäß diesem Ansatz nicht auf dem Boden dieser »nationalen« Tradition.

Nach der arabischen Landnahme regierten zunächst Gouverneure *(wālis)* als Vertreter der umayyadischen Kalifen von Damaskus. Sie wurden im Allgemeinen von den Gouverneuren von »Ifrīqīya« (etwa das heutige Libyen, Tunesien, Algerien und Marokko) ernannt und, um sezessionistische Tendenzen in diesem westlichsten Vorposten des Reichs zu vermeiden, nach ein oder zwei Jahren wieder ausgetauscht. Regierung und Verwaltung von al-Andalus erwiesen sich nicht nur aufgrund der großen Distanz zur Residenz der Kalifen in Damaskus, sondern auch aufgrund permanenter Stammesfehden und Rivalitäten zwischen den verschiedenen Clans und Sippen als ausgesprochen schwierig. Darüber hinaus gab es Konflikte zwischen den Arabern und den erst wenige Jahrzehnte zuvor islamisierten Berbern Nordafrikas.

Ausgangspunkt einer erneut völlig veränderten Lage war der Umsturz am Kalifensitz im entfernten Damaskus. wohin die Banū Umayya nach ihrer Machtergreifung 660 ihren Regierungssitz von Medina in Südarabien verlegt hatten. Seit langem hatte ein anderer Clan, die Banū Abbâs, Ansprüche auf den Kalifenthron angemeldet. In einer Entscheidungsschlacht siegten die sogenannten Abbasiden 750 über die Umayyaden. Kurze Zeit später wurden der letzte Umayyaden-Kalif und nahezu seine gesamte Familie von den Anhängern der Abbasiden ermordet. Die Abbasiden übernahmen die Macht und verlegten den Kalifenthron von Damaskus nach Bagdad. Lediglich ein Familienmitglied der Umayyaden war dem Massaker entkommen:

ʿAbd ar-Rahmān, genannt »al-Dākhil« (»der Eintretende«). Durch großes diplomatisches und militärisches Geschick und durch seinen Status als letzter lebender Umayyade gelang es ʿAbd ar-Rahmān 756 in nur wenigen Monaten, seine Gegner auszuschalten und die Herrschaft in weiten Teilen von al-Andalus zu übernehmen. Mit ʿAbd ar-Rahmān wurde Córdoba endgültig zur Hauptstadt des iberischen Teilreiches. Damit verlagerte sich auch der politische und geistige Schwerpunkt der Halbinsel vom geographischen Zentrum der Westgotenresidenz Toledo in den Süden. Diese Wahl reflektierte nicht nur eine geographische Vorliebe für das durch ein mildes Klima bevorzugte Tal des Guadalquivir, sondern auch geo-strategische Interessen die Hauptstadt des Reiches in kurzer Distanz zur so wichtigen Straße von Gibraltar und damit zu Nordafrika zu halten. Nordafrika blieb entscheidende Bezugsregion für die Herrscher von al-Andalus. Von dort rekrutierte sich nach wie vor ein großer Teil ihrer Truppen; von Nordafrika gelangten wichtige Waren – vor allem das südlich der Sahara gewonnene Gold – auf die Iberische Halbinsel.

Mit diesen geo-strategischen und wirtschaftlichen Interessen in Nordafrika mussten auch Mallorca und die Balearen mehr und mehr in den Fokus der Herren über al-Andalus geraten. Dabei war ihnen wohl bewusst, dass sie damit in Konkurrenz zum mittlerweile im westlichen Europa zur Großmacht aufgestiegenen Frankenreich traten. Islamische Versuche, die Gewässer um Mallorca zu kontrollieren, gab es bereits vor dem Regierungsantritt ʿAbd ar-Rahmāns. Während die Araber- und Berbereinheiten in den 720er Jahren weiter nach Südfrankreich und in die Provence vorrückten, ist über konkrete Kampagnen zur Eroberung der Balearen noch nichts bekannt. Ursache dafür könnte das Fehlen einer geeigneten Flotte und/oder versierter Seeleute gewesen sein. Den byzantinischen Herren über Mallorca war diese maritime Schwäche der Berber und Araber bekannt, unterbanden sie doch nicht das im 8. Jahrhundert massiv ausgeweitete Piratengeschäft mallorquinischer Familien. Diese Piraterie richtete entlang der iberischen Levante massive Schäden an und musste auch den in Córdoba residierenden Emir provozieren. Die Seeräuber kannten indes keine religiösen Grenzen, sondern behinderten sowohl die islamische als auch die christliche Seefahrt und drangen im Verlauf des 9. und 10. Jahrhunderts auf umfangreichen Plünderungszügen entlang der katalanischen, provençalischen und italienischen Küsten vor.

Auf der anderen Seite wurden die Häfen von Almeria, Cartagena, Dénia, Alicante oder Valencia Heimathäfen islamischer Piraten. Bereits 708 wird über eine Razzia islamischer Piraten aus nordafrikanischen Häfen in mallorquinischen Gewässern berichtet. Seit der Mitte des 8. Jahrhunderts häuften sich die islamischen Angriffe auf mallorquinische Schiffe und die Plünderungen balearischer Küstenorte.

Die exakten Hintergründe des auf 798 datierten Schutzersuchens einer mallorquinischen Abordnung bei Karl dem Großen bzw. fränkischen Magnaten sind nach wie vor ungeklärt. Als Motiv, die Insel unter den Schutz der Franken zu stellen, werden von der Forschung zunächst die verschärften islamischen Plünderungszüge genannt. Ungeklärt bleibt, wer dieses Schutzersuchen stellte: Waren es – was kaum denkbar erscheint – byzantinische Militärs, die im Fall eines größeren islamischen Angriffs nicht auf ausreichende Hilfe aus dem nach wie vor byzantinischen Sizilien hoffen konnten, oder handelte es sich um Abordnungen einflussreicher mallorquinischer Familien, die um ihre wirtschaftliche Existenz bangten? Diese Wendung zu den Vertretern des Frankenreichs lässt einige Historiker vermuten, dass die Balearen damals de facto – möglicherweise auch de jure – einen vom byzantinischen Kernland weitgehend unabhängigen Status erlangt hatten. Nach der islamischen Eroberung Nordafrikas schienen die Balearen als westlichster Vorposten von Byzanz ohne weitreichende Zugeständnisse an die lokale Führungsschicht und Eigenverantwortung der Einwohner nicht mehr zu verteidigen. Wie sich die administrative Situation der Insel damals gestaltete und wer welche Führungskompetenzen hatte, lässt sich mangels Quellen kaum bestimmen. Insgesamt wird von den Historikern eine im ökonomischen, kulturellen und technischen Niedergang begriffene Inselgesellschaft mit stark entvölkerten Städten und Küsten und einem wirtschaftlichen Profil angenommen, das sich auf die Landwirtschaft im Binnenland und die Piraterie konzentrierte.

Zwar hat der britische Historiker John Haywood in einer neuen Untersuchung über das Potential frühmittelalterlicher maritimer Verbände herausgestrichen, dass der Besitz Mallorcas den Franken die Möglichkeit bot, die Schifffahrtsroute vom iberischen Festland zur Provence und nach Sardinien, Korsika und Norditalien zu kontrollieren; Quellen und bisherige archäologische Befunde sagen jedoch nichts aus über die konkrete Präsenz fränkischer Flotten oder Garnisonen auf den Balearen. Hinsichtlich der fränkischen Beziehungen mit Mallorca ist zwischen häufig von späteren christlichen Chronisten und patriotisch gesinnten Historikern gesponnenen Legenden und den wenigen gesichert dokumentierten Fakten zu unterscheiden. Im Allgemeinen wird für die zweite Hälfte des 8. Jahrhunderts eine Art fränkischer Schutzherrschaft über die Balearen angenommen. Die genaue rechtliche und politische Natur der Schutzherrschaft lässt sich mangels Quellen allerdings kaum rekonstruieren. Definitive Hinweise auf eine fränkische Oberhoheit über die Balearen gibt es nicht. Ebenso archivalisch unbelegt sind die von manchen Historikern vertretenen Theorien, Karl der Große habe seinen Enkel, König Bernhard (Bernat) von Italien, auch zum König von Mallorca ernannt. Die hier und da erwähnten siegreichen Kampagnen großer fränkischer Flottenverbände gegen islamische Schiffe in mallorquinischen Gewässern gehören eher in das Reich der Fabeln. Dass 799 fränkische Verbände die Mallorquiner in der Abwehr islamischer Attacken und Razzien unterstützten, erscheint indes plausibel. Ebenso verweisen die fränkischen Quellen auf die Beteiligung des Grafen von Ampurias (katal. Comte d'Empúries), Armengol, im Jahr 813 bei der Abwehr arabischer Attacken auf Mallorca. Dabei müssen arabische Schiffe in die Hände der Christen gefallen sein, heißt es doch, dass 500 Christen aus islamischen Händen befreit worden seien.

Im Gesamtkontext der Geschehnisse ungleich bedeutender – auch für die spätere Geschichte Mallorcas – sind die erfolgreichen Gegenschläge fränkischer Landheere gegen die Berber- und Araberverbände in Südfrankreich und Katalonien an der Wende des 8. zum 9. Jahrhundert mit der anschließenden Gründung der sogenannten spanischen Mark (Marca Hispánica), das Territorium der späteren Grafschaften von Katalonien (Condados Catalanes). Hier gilt es, die besondere Natur katalanischer Herrschaft zu berücksichtigen. Während sich die in raumgreifenden Schritten nach Süden ausdehnende leonesisch-kastilische Gesellschaft als nur bedingt feudalistisch beschreiben lässt, waren die sich im 9. Jahrhundert als fränkische Vorposten gegen das maurische al-Andalus konstituierenden katalanischen Grafschaften bereits feudalistisch geordnet.

Die Konturen der rechtlichen bzw. politischen Situation Mallorcas im 9. Jahrhundert bleiben also unklar. Einige Quellen berichten von einem 813 geschlossenen Abkommen zwischen den Magnaten Mallorcas und den Umayyaden, das eine maritime Nichtangriffsklausel enthalten habe. Dass dieses Stillhalteabkommen zwischen den Einwohnern Mallorcas und dem iberischen Umayyaden-Reich nach wie vor gültig war, zeigte sich etwa 838, als islamische Korsarenverbände aus Tarragona die mallorquinischen Häfen als Stützpunkte für eine Plünderungskampagne gegen Marseille und die südfranzösische Küste nutzten. Von einem einheitlichen, an seinen Grenzen stabilen islamischen Reich von al-Andalus kann durch die Aufstände im Norden und inneren Rebellionen auch im 9. Jahrhundert keine Rede sein. In diesem Zusammenhang ist ferner die stete Gefahr der iberischen und auch balearischen Küsten und Flussmündungen durch normannische Plünderungszüge zu berücksichtigen. Prominentes Opfer der Wikinger war 844 Sevilla. Für 859 und 860 sind auch Plünderungen mallorquinischer Schiffe und Küstenorte durch Wikinger überliefert. Noch 1110 plünderte eine von König Sigurd Jorsalfar geführte Flotte der Nordmänner auf ihrer Route von Gibraltar nach Syrien Formentera.

Mallorca taucht erneut in den Quellen auf mit dem Versuch des Umayyaden-Emirs ʻAbd ar-Rahmān II., die nordöstlichen Teile seines Reichs gegen das Frankenreich zu konsolidieren und auszudehnen. Nachdem die mallorquinischen Freibeuter ungeachtet zuvor geschlossener Friedensabkommen ihre Aktivitäten fortsetzten, sandte er 848 von Valencia aus eine umfangreiche Flotte unter Aufsicht des Gouverneurs *(ummāl)* von Valencia, Ibn Maymūn, zur endgültigen Ausräucherung der mallorquinischen Piraten und zum Erzwingen von permanenten Tributzahlungen. Ohne Hoffnung auf fränkische Entsatztruppen stimmten die christlichen Vertreter den Tributforderungen und der nominellen Anerkennung der Oberherrschaft der Umayyaden zu. Entgegen den Angaben in manchen Geschichtsbüchern kam es indes nicht zu einer direkten und umfassenden Unterwerfung und Besetzung Mallorcas. Die umsichtige Bündnispolitik ʻAbd ar-Rahmāns II. mit dem byzantinischen Kaiser Theophilus – seit 839 bestand ein gegen die Abbasiden von Bagdad gerichtetes Abkommen – und sein Absehen von einer aggressiven Expansionspolitik in das zentrale Mittelmeer schützten die Balearen – wenigstens vorübergehend – vor einer vollständigen Eroberung und Besetzung. Bezeichnend für ʻAbd ar-Rahmāns Regierungsstil ist, dass der Emir nach der Rückkehr der Flotte einen seiner *fatās* (wörtl. »Sklavensöldner«) auf die Balearen sandte, um die von Ibn Maymūn mit den Mallorquinern vereinbarten Abkommen und Tributforderungen durchzusetzen. Vor allem sollte sichergestellt werden, dass der fünfte Teil der Beute an den Herrscher abgeführt wurde.

In den nächsten Jahrzehnten wurde Mallorca bzw. die Häfen von Palma und Pollença integriert in ein Handelsnetz zwischen den ebenfalls in der Hand der Umayyaden befindlichen Häfen Valencia, Dénia, Almeria, Málaga, Ceuta, Melilla und Tanger. Mit der Eroberung Siziliens kamen weitere Punkte zu diesem Handelsnetz hinzu. Die christliche Seite behielt indes ihren Anspruch auf den Besitz der Inselgruppe. Für 892 und 897 existieren Urkunden, in denen Papst Romanus dem Bischof von Girona Rechte auf die Inseln Mallorca und Menorca verlieh, die damals bereits seit Jahrzehnten Tribute an die Umayyaden entrichteten. Auch wenn einige Historiker die hier erwähnten Inseln mit den kleinen Medes-Eilanden identifizieren, scheinen doch die Balearen gemeint zu sein.

Am Beginn des 10. Jahrhunderts setzte schließlich die konkrete islamische Landnahme und Besetzung Mallorcas ein. Der Eroberungszug im Jahr 903 ist von verschiedensten – oft wesentlich später hinzugefügten – Legenden umrankt. Angeblich waren es die Anregungen des Mekka-Pilgers Īsām al-Jawlani, die Emir ʿAbdallāh zu dieser Kampagne veranlassten. Īsām al-Jawlani habe sich auf der Rückreise von Mekka längere Zeit auf Mallorca aufgehalten und eingehende Erkundungen über den schlechten Zustand der Verteidigungsanlagen eingeholt. Nach seiner Rückkehr nach Córdoba sei er auf eigenes Verlangen vom Emir mit der Führung der Eroberungskampagne betraut worden. Innerhalb eines Jahres hätten al-Jawlanis Truppen Mallorca mit Ausnahme der Burg von Alaró und einigen Bergfestungen vollständig unter Kontrolle gebracht. Al-Jawlani selbst soll sich im Folgenden zum Statthalter *(walī)* der Insel ausgerufen und eine lokale Dynastie von Machthabern begründet haben. Sein Sohn Abdallāh folgte dem Vater als Statthalter der Insel nach.

Die Errichtung des heute unter dem Namen »Almudaina« bekannten Palasts in Palma geht angeblich auf Īsām al-Jawlani zurück. Archäologische Forschungen haben indes ergeben, dass das Gebäude auf römischen Fundamenten ruht und auch bei der Konstruktion verschiedene Bauteile römischer Herkunft verwendet wurden. Das heute etwas versetzt vom Ufer liegende Terrain des Palasts lag vor dem späteren Ausbau des Hafens direkt am Ufer des Meeres, an der Mündung des durch die Stadt fließenden Flusses Riera.

Über die Einbeziehung der umliegenden Inseln Menorca und Ibiza in den Eroberungszug des Jahres 903 liegen keine Nachrichten vor. Menorca behielt seinen Tributstatus und wurde erst über hundert Jahre später, 1025, systematisch besetzt. Das als Hauptstadt Mallorcas beibehaltene Palma erscheint in den arabischen Quellen als Madīnat Mayūrqa, Menorcas Kapitale Ciutadella als Madīnat Minūrqua. Der arabische Name »Medina« bezeichnet ein mit Mauern befestigtes städtisches Zentrum. Ebenfalls auf römischen Resten wurde das zwischen den Buchten von Pollença und Alcúdia gelegene Al Kudia (»der Hügel«) gebaut. Besonders der dort errichtete maurische Alcazar verdankt seine Entstehung dem Gebrauch alten römischen Baumaterials. Ebenso haben sich mit den Font y Roig in Palmas Calle Serra Reste von arabischen Bädern erhalten – wenngleich mit verschiedenen nachträglichen baulichen Veränderungen. Die Gärten von Son Raxa und Son Alfabia gehen ebenfalls auf arabische Anlagen zurück. Arabische Bautechniken, speziell die von Hohlziegelstücken unterbrochenen Mauerkonstruktionen, wurden auch unter der nachfolgenden christlichen

Herrschaft übernommen. So gehen die älteren Bauteile des Santuario de San Salvador bei Felanitx auf diese Bauweise zurück.

Insgesamt dürfte sich die arabische Landnahme und Administration auf Mallorca nicht wesentlich von der des iberischen Festlands unterschieden haben. Zurzeit der islamischen Besetzung blieb hocharabisch die offizielle, vor allem in Dokumenten und den Kanzleien verwendete Sprache. Im Alltag gebrauchten die Berber und Juden ihre Sprachen, während die noch nicht von der arabischen Kultur assimilierten Christen ihre Form des sogenannten »Proto-Romanisch«, aus dem später das Katalanische hervorgehen sollte, beibehielten.

Im Islam waren Juden und Christen als Angehörige einer »Religion des Buches« *(dhimmīs)* berechtigt, ihren Glauben weiter auszuüben. Solange sie eine jährliche Kopfsteuer *(jizya)* entrichteten und sich an die allgemeinen Vorschriften hielten, konnten sie ein ungestörtes Leben führen. Die Kontinuität christlicher Präsenz auf Mallorca wird ersichtlich, wenn etwa der islamische Herrscher Alí ibn Mujāhid in der Mitte des 11. Jahrhunderts dem Bischof von Barcelona erlaubt, geistliche Jurisdiktion über die auf der Insel lebenden Christen auszuüben.

Mit dem zunehmenden Nordafrika-Handel scheint die jüdische Bevölkerung auf Mallorca gewachsen zu sein. Als die Almohaden im 12. Jahrhundert eine zunehmende Intoleranz gegenüber Andersgläubigen zeigten, folgten weitere Wellen jüdischer Migration nach Mallorca. Die Quellen berichten über umfangreiche Aktivitäten und Besitzungen in Palma und darüber hinaus auch über von Bauern und Unfreien bewirtschafteten Landbesitz. Die jüdische Gemeinde in Madīnat Mayūrqa verfügte bereits im 11. Jahrhundert über mindestens zwei Synagogen.

Hafen und Bucht von Madīnat Mayūrqa wurden in den folgenden Jahrzehnten und Jahrhunderten zu einem wichtigen Ankerplatz der arabischen Flotte; zweifellos konnten die bisher so aktiv im Piratengeschäft tätigen Familien Mallorcas ihre Geschäfte – nun unter arabischer Führung – weiter ausüben. Die Insel blieb Ausgangspunkt von erfolgreichen Plünderungszügen an die katalanischen und provençalischen Küsten. Ferner unternahmen arabische Flottenverbände mehrmals – letztlich erfolglos – Eroberungszüge nach Sardinien. Palma bzw. Madīnat Mayūrqa erlebte nicht zuletzt dank der durch die Piraterie angehäuften Güter und dem Sklavenhandel eine Epoche großer Prosperität. Besonders lange im katalanischen Gedächtnis blieb die mallorquinische Unterstützung der arabischen Truppen bei der Belagerung von Barcelona im Jahr 986 und den Razzien im Hinterland der Stadt. Dabei wurden unter anderem die Abtei von Sant Pere de les Puelles geplündert und die Äbtissin Madruina und andere Ordensschwestern und Mönche nach Mallorca versklavt.

Wie auf dem iberischen Festland zeichneten die Araber für den Ausbau und die Verbesserung des bereits von den Römern angelegten kunstvollen und effizienten Bewässerungssystems verantwortlich, ebenso für die Terrassierung von Anbauflächen (besonders bei Bañalbufar oder Estellenchs), für neue Anbaumethoden, eine weitflächige Errichtung von Windmühlen, Einführung von Früchten wie Aprikose und Pfirsich, die Anlage von Weinbergen und von Plantagen mit Zitrusbäumen, die weiträumigen Pflanzung von Mandelbäumen und die Herstellung hochwertiger Keramikprodukte (mit den Zentren Felanitx und Inca). Wahrscheinlich war es in dieser Epoche, als die aus Mallorca stammenden bzw. über die Insel verhandelten Keramikwaren den Begriff »Maiolica« prägten. Die nach der Insel benannte Keramik wurde allerdings in den folgenden Jahrhunderten in noch größeren Mengen in Valencia oder Andalusien hergestellt.

Diese Neuerungen und Veränderungen prägen das Profil der Insel bis heute. Wie in vielen einstmals von den Arabern beherrschten mediterranen, landwirtschaftlich geprägten Regionen sind die Felder Mallorcas von mehr oder weniger hohen Mauern – den sogenannten *tancas* – aus Feldsteinen begrenzt. Ob diese zum Schutz vor Winden, Erosion und Wasser errichteten Anlagen bereits vor dem 10. Jahrhundert, also vor der herrschaftlichen Durchdringung der Insel durch die Araber existierten, konnte bisher nicht ermittelt werden. Ähnliche Konstruktionen beherrschten beispielsweise die ebenfalls von Kalkstein bestimmten Böden Siziliens und Maltas. Die sich auf Trauben- bzw. den Weinanbau konzentrierenden Ortschaften wie Binissalem oder Biniamar tragen Namen, die auf das Arabische zurückgehen. Die Kulturen von Mandelbäumen und die Windmühlen bestimmen die Landschaft der Insel bis heute. Gerade die Mühlentechnik, die die Römer auf der Insel eingeführt und die Araber intensiviert hatten, wurde bis zur Neuzeit vielfältig und nicht nur zum Mahlen von Getreide, sondern auch zur Tabak-, Schießpulver- und Tonstaubherstellung benutzt. Windmühlen trieben ferner die für die Bewässerung höher gelegener Landstriche notwendigen Wasserhebemaschinen an. Der quantitative und qualitative Ausbau der Herstellung von Ton- und Keramikwaren belebte einen wichtigen Handelszweig mit sowohl lokaler als auch überseeischer Bedeutung. Hinzu kamen Seiden- und Lederverarbeitung. Später folgte die Prägung eigener Münzen mit der Inschrift »Madīnat Mayūrqa«, von denen sich einige erhalten haben. Insgesamt ist für die islamische Epoche jedoch auch festzuhalten, dass die für das Mallorca des Späten Mittelalters und der

Frühen Neuzeit so prägende extensive Kultivierung von Olivenbäumen, der Anbau von Weizen und der Weinbau noch wenig entwickelt waren. Arabische Reisende wie Al-Zūhri berichten noch in der Mitte des 12. Jahrhunderts über die Notwendigkeit des Imports von Olivenöl aus Andalusien. Demgegenüber haben anscheinend Schaf- und Ziegenhaltung eine große Bedeutung gehabt, und es gab einen umfangreichen Export von Maultieren auf das iberische Festland.

Nicht zuletzt aufgrund seiner Rolle als Exil für an den Höfen der iberischen Umayyaden, später der Almoraviden und Almohaden, nicht gelittene oder vertriebene Intellektuelle verfügte Mallorca bzw. Palma zeitweise über hochstehende Gelehrtenschulen und Zentren der Wissenschaft. Dies lag auch in der hohen Bildung und Kultur verschiedener dort wirkender Statthalter und Beamter begründet, wie etwa des Leiters der Steuerbehörden und bekannte Dichter, Ibn Rasiq. In Palma wirkte Anfang des 11. Jahrhunderts der aus Córdoba emigrierte Philosoph und Dichter Abu Muhammad Ali ibn Ahmad ibn Sa'id ibn Hazm, genannt Ibn Hazm. Die erste Geschichte Mallorcas wurde in der Mitte des 13. Jahrhunderts von Ahmad ibn 'Abd Allāh al-Makhzūmi verfasst und ist heute nur noch in Fragmenten erhalten. Mit As-Sakandi, Ibn Alabana, Idris ibn al-Yamān oder Al-Maquari wirkten im 11. und 12. Jahrhundert weitere bedeutende Intellektuelle auf der Insel. Als arabisches Erbe blieben wie im gesamten iberischen Raum auch auf Mallorca verschiedenste topographische Bezeichnungen und Ortsnamen, darunter Alcúdia, Alfàbia, Alfuri, Algaida, Almudaina, Aparte, Artuig, Bendinat, Biniamar, Biniali, Biniaraitx, Binisalem, Bini Argull, Bunyola, Marratxí, Randa, Sóller, Albarca, Son Bennàssar, Son Mesquida oder Son Alfabia. Auch die verwaltungsmäßige Einteilung der Insel in dreizehn Distrikte wirkte bis nach dem Ende der islamischen Periode nach: Al-Ahwaz (die Region im Südwesten um die Hauptstadt Madina Mayurqa), Muntuy (die Ebene um Campos), Manaqur (Manacor), Vartan (das Hinterland des Cabo Farruch im Nordosten), Yiynau-Bitra (Sineu), Muruh (Muro), Albuhaira (das Hinterland der Bahía de Alcúdia), Bulansa (Pollença), Al-Yibal (die Bergregion um den Puig Mayor), Sulyar (Sóller), Inkan (Inca), Qanarusa (Sancellas) und Bunyula-Musu (nordwestlich von Palma).

An der Spitze der Verwaltung Mallorcas standen vom Emir in Córdoba eingesetzte Gouverneure oder Statthalter. Die Statthalter entstammten unterschiedlichsten Milieus, hierin zeigt sich die soziale Durchlässigkeit der islamischen Hierarchie in dieser Zeit. An der Spitze dieser Hierarchie im arabischen Spanien stand seit 912 für fast fünfzig Jahre 'Abd ar-Rahmān III., genannt »al-Nāsir« (»der Sieger«). In dieser Zeit behauptete sich 'Abd ar-Rahmān III. nicht nur gegen die Bedrohung durch die sich in Nordafrika festsetzende schiitische Dynastie der Fatimiden, sondern auch gegen die allmählich in Galicien, Kantabrien, León und Navarra einsetzenden christlichen (Rück)-Eroberungsbestrebungen. Bereits 909 hatte sich der Fatimidenherrscher in Nordafrika zum Kalifen (»amīr al-mu'minīn«, »Beherrscher der Gläubigen«) ausrufen lassen und den Allmachtsanspruch der Abbasiden in Bagdad damit infrage gestellt. Der Kalifentitel dokumentierte, dass der Herrscher für sich das Recht reklamierte, als Nachfolger Mohammeds die gesamte Gesellschaft der Gläubigen zu regieren. Ein weiteres Erstarken der Fatimiden musste auch eine Bedrohung der Autonomie von al-Andalus bedeuten. Als Reaktion ließ sich 'Abd ar-Rahmān III. im Januar 929 seinerseits zum Kalifen ausrufen und setzte damit nicht nur ein politisches, sondern auch ein theologisches Zeichen des sunnitisch-orthodoxen Anspruchs auf Führung der islamischen Gemeinschaft.

Einer der bekanntesten Statthalter Mallorcas war Ja'far ibn 'Uthmān al-Mushafī, ein früherer Leutnant von Kalif Al-Hakam. 'Uthmān al-Mushafī enstammte einer weitgehend unbekannten Berberfamilie aus der Region von Valencia. Sein Vater war Lehrer für Literatur für den jungen Al-Hakam II., den Nachfolger 'Abd ar-Rahmāns III. auf dem Kalifenthron. Aus diesem Hintergrund entstand die Freundschaft zwischen dem Kalifen und 'Uthmān al-Mushafī, der schließlich zum Sekretär Al-Hakams und zum Präfekten *(sāhib al-madīna)* des Regierungssitzes Córdoba aufstieg.

Nach dem Zusammenbruch des Umayyaden-Kalifats von Córdoba am Beginn des 11. Jahrhunderts kam es zur Gründung verschiedenster Kleinreiche (»Taifas«) durch ehemalige führende *ṣaqāliba* (*ṣiqlabī*, Plural *ṣaqāliba*; »Sklavensoldaten«, »Leibwächter«) der Kalifen. Diese »ṣaqāliba« konnten als *mawla* bzw. *mawali* den Status völliger Freiheit erlangen. Für die Geschichte Mallorcas von besonderer Bedeutung waren zunächst die Āmiriden, Nachkommen des berühmten Feldherrn und Kalifenstellvertreters Ibn Abi Āmir, in den christlichen Quellen Almansor genannt, und seiner Anhänger, die sich um die Kontrolle des Ostens von al-Andalus, der Levante mit Almería, Murcia, Dénia mit den Balearen, Valencia, Tortosa und Lérida bemühten. Dénia und die Balearen wurden nach 1013 zur Herrschaft des Mujāhid, eines ehemaliger Sklavensoldaten im Dienst der Familie des Almansor und Christen. In den katalanischen Quellen erscheint Mujāhid als »Modgeid« bzw. »Rex Mugettus«, letzterer Name dokumentiert seine Lösung von der Umayyadenherrschaft.

Wie später die Herrscher von Aragon nutzte Mujāhid die Balearen als Brückenkopf für eine aggressive Expansionspolitik in den zentralen Mittelmeerraum; 1015 wird über eine Eroberung Sardiniens berichtet. Die Pisaner und Genuesen sahen damit wichtige Routen ihres mediterranen Handelsnetzes bedroht, sie schlugen im folgenden Jahr zurück und vertrieben die islamischen Verbände aus Sardinien. Auf den Balearen konnten sich Mujāhid und seine Nachfahren in den nächsten Jahrzehnten halten. Den Quellen zufolge hatte der mit einer Christin verheiratete Mujāhid mehrere Söhne, unter ihnen Alí, sein Nachfolger als Herr über Mallorca. Alí ibn Mujāhid wird als umsichtiger und milder Herrscher beschrieben, immer auf Ausgleich mit den erstarkenden Grafen von Barcelona bemüht. Auch über Übergriffe gegen die christlichen Bewohner Mallorcas wird nicht berichtet. Alí ibn Mujāhids ungefähr dreißigjährige Herrschaft endete mit der Expansion des Clans der Tujībī aus Saragossa. Der Emir von Saragossa verleibte 1060 Tortosa seinem Reich ein; 1075/76 gelang es ihm auch in Dénia die Herrschaft an sich zu reißen. Mit diesen politischen Veränderungen kam es auch auf Mallorca zu Herrschaftsveränderungen. Neuer Machthaber *(walī)* wurde Al-Murtāda, der sich später selbst zum Emir von Mallorca ausrufen lassen sollte und eine Lösung von Dénia anstrebte.

Im Gesamtkontext der Geschichte von al-Andalus ist anzumerken, dass im Zuge dieser Konsolidierungstendenzen von den ursprünglich dreißig existierenden Taifa-Reichen um 1080 nur noch neun existierten; dabei handelte es sich um Albarracin, Almeria, Alpuente, Badajoz, Granada, Zaragoza, Sevilla, Toledo und Mallorca. Die mit Dénia verbundenen Balearen blieben ein unabhängiges Taifa-Reich bis zu den Eroberungszügen der Almohaden 1115.

Bevor wir die Geschicke Mallorcas während der Epoche der Almohaden diskutieren, erscheint es angebracht, noch etwas ausführlicher auf die legendenumrankte Herrschaft des Mubāshir al-Dawla (katal. Mobaxir) einzugehen. Mubāshir war Adoptivsohn von Al-Murtāda und erhielt von diesem 1093 die Herrschaft über Mallorca. Besonders während seiner Herrschaft wurden die Befestigungen Palmas und seines Hafens umfassend ausgebaut, ebenso die Festungen von Castell de Rey, Castell d'Alaró, sowie die später zum Castell de Santueri umgebaute, südlich von Felanitx liegende große Festungsanlage. Insgesamt verfügte Palma damals über sieben Stadttore, acht Moscheen, fünf große Badeanlagen, fünf Brücken, einen großen Abwasserkanal und mit Almudaina und Almudaina de Gomera zwei Festungen. Ein großer Teil der heute aufgrund späterer christlicher Veränderungen oder Überbauungen nur noch in Teilen oder Fundamenten erhaltenen Stadtpaläste Palmas – prominentestes Beispiel ist der Almudaina-Palast – entstanden in dieser Zeit. Kunst- und Architekturhistoriker haben auf die stilistische Verwandtschaft dieser Bauten mit der Berberarchitektur des Maghreb verwiesen.

Der Ausbau der Festungsanlagen der Insel deutet bereits an, inwiefern sich am Ende des 11. Jahrhunderts der Status des von modernen Historikern als »islamisches Meer« bezeichneten westlichen Mittelmeers änderte. Aus ihrer Sicht wären es vor allem Venedig, Genua und Pisa gewesen, die diese Vorherrschaft aufgebrochen und mit ihrem Handel mit Sizilien, Tunis, Tripolis, Sardinien, Korsika, der iberischen Levante und den Balearen dieses islamische »Monopol« aufgebrochen hätten. Im Gesamtzusammenhang wird dabei das Erscheinen der Normannen in Süditalien, ihre Eroberung von Sizilien und weitere Expansionsversuche auf nordafrikanisches Terrain und die Inseln des westlichen Mittelmeers unterschätzt.

Mit dem Erstarken der Almoraviden wurden Katalonien und die nördliche iberische Levante in den ersten beiden Jahrzehnten des 12. Jahrhunderts Schauplätze bewegter Auseinandersetzungen. Nach der Beendigung der Taifa-Herrschaften bzw. der Absetzung der meisten ihrer Kleinkönige (arab. *mulūk at-tawā'if*) widmeten sich die Almoraviden der erneuten Ausdehnung islamisch kontrollierten Territoriums. Unter den Almoraviden und später Almohaden besaßen Mallorca und die Balearen den Status einer Provinz (ähnlich Sevilla, Córdoba, Jaén, Granada, Málaga, Murcia, Baza, Almería, Beja, Silves, Badajoz, Valencia).

Das religiöse Sendungsbewusstsein und der Eroberungsdrang der Almoraviden stießen auf erstarkte christliche Reiche im Norden Spaniens. Dabei schien zunächst die militärische Konfrontation von christlicher Seite auszugehen. In diesem Zusammenhang gelangten auch Mallorca und die Balearen am Beginn des 12. Jahrhunderts wieder vermehrt in das Licht christlicher Quellen, etwa durch den Beginn aragonesischer bzw. katalanischer Expansionspolitik, aber auch durch die Genuesen und Pisaner, die im westlichen Mittelmeer energisch ihre Handelsinteressen verfolgten.

Im Zuge der pisanischen Ambitionen wurden bereits zu Beginn des 12. Jahrhunderts Überlegungen für eine Eroberung der wichtigsten Häfen der Balearen angestellt. Im Konsens mit den Grafen von Barcelona und dem aragonesischen Königreich kam es 1113 zu konkreten Entscheidungen. Nach dem Konflikt des über Mallorca herrschenden Mubāshir al-Dawla mit den Almoraviden schien die Zeit für eine militärische Expedition günstig. Wie in den folgenden Jahrhunderten war es für die Krone Aragons beziehungsweise die Grafen von Barcelona bereits damals entscheidend, sich mit den italienischen Handelsmetropolen und Stadtrepubliken, vor allem mit Genua und Pisa abzustimmen. Historiker haben die Bedeutung von Graf Ramon Berenguers III. (»el Gran«) von Barcelona ersten maritimen Unternehmungen herausgestrichen. Zwar zeigte sich der katalanische Küstenhandel um 1100 deutlich intensiviert, dennoch waren größere Unternehmungen, die über die Küstengewässer hinausgingen, ohne das nautische Wissen, die logistischen Fähigkeiten und Schiffskapazitäten der Pisaner und Genuesen kaum erfolgversprechend. Auf die energische Rolle Pisas und Genuas bei dem Zurückdrängen der Verbände Mujāhids aus Sardinien im Jahr 1016 wurde bereits hingewiesen.

Die Quellen deuten auf Pisa als treibende Kraft eines Planes zur Eroberung der Balearen. Papst Paschalis II. war schnell bereit, den Teilnehmern einer derartigen Expedition die Vorteile eines Kreuzzuges, darunter einen Kreuzzugsablass, zu garantieren. Der Flottenführer Atho wurde mit einer päpstlichen Fahne, der ihn begleitende Erzbischof von Pisa, Pietro Moriconi, mit einem Vortragskreuz und dem Status eines päpstlichen Legaten ausgestattet. Für die folgenden Ereignisse besitzen wir mit dem »Liber Maiolichinus de gestis Pisanorum« einen Augenzeugenbericht. 1113 erschienen vor Barcelona Teile der pisanischen Flotte unter dem Kommando von Ugo da Parlascio Ebriaco, begleitet von Erzbischof Pietro Moriconi von Pisa. Es erfolgte die Aufnahme der Verhandlungen mit dem im »Liber Maiolichinus« als »dux pyrenus« und »Catalanicus heros« gepriesenen Grafen Berenguer III. über eine Beteiligung an dem Unternehmen. Pisa erklärte sich bereit, das Gros der Schiffe für die Überfahrt zu stellen. Die Flotten der Katalanen und der beteiligten provençalischen Magnaten waren für derartige Unternehmungen noch zu klein und nicht geeignet. Um einen Vergeltungsschlag gegen die von Mallorca ausgehende Piraterie – wie von verschiedenen Historikern kolportiert – handelte es sich bei diesem sorgsam vorbereiteten und mit großem logistischen Aufwand durchgeführten Unternehmen sicherlich nicht.

Leider berichten die Quellen nicht über vorher ausgehandelte pisanische Privilegien für den Handel mit einem unter christlicher Oberherrschaft stehenden Mallorca. Sicherlich gab es ein derartiges Abkommen, gewährte doch Graf Ramon Berenguer IV. dreißig Jahre später den Genuesen als Gegenleistung für die Unterstützung ihrer Flotte bei der Eroberung Almerías – der damals wichtigste Hafen der südlichen iberischen Mittelmeerküste – und Tortosas ein Drittel der Beute, Stadtbezirke zur Errichtung von Konsulaten und Handelskontoren und die Befreiung von jeglichen Zöllen. Ähnliche Rechte dürften 1114 auch den Pisanern eingeräumt worden sein. Gleichzeitig erfolgten Unterredungen mit Graf Guillaume VI. von Montpellier, dem Markgrafen von Narbonne und anderen Magnaten von Languedoc und Provence. Dem Grafen Ramon Berenguer, der das Gros der Truppen stellte, wurde die Führung des Unternehmens angetragen. Im Frühsommer 1114 waren die Vorbereitungen abgeschlossen, und im Juni segelte das christliche Heer nach Mallorca. Die von manchen Geschichtsbüchern (etwa die »Història de Mallorca« von Pere Xamena Fiol) genannten 500 Schiffe, 75 000 Ritter, Knechte und Söldner und 900 Pferde sind jedoch weit übertrieben. Der Transport von derartigen Massen schwer bewaffneter und teilweise berittener Truppen war im Hohen Mittelalter kaum möglich. Tatsächlich dürften sich die Größenordnungen auf etwa ein Drittel dieser Angaben belaufen zu haben. Gleiches trifft auf die angebliche Größe der Verbände Mubāshir al-Dawlas mit 60 000 Bewaffneten, darunter 3000 Reiter und 4000 Bogenschützen, zu. An dieser Stelle scheint eine kurze Bemerkung zu dieser Form von hochmittelalterlichen Kampagnen angebracht. Sie entsprechen nicht den frühmodernen Eroberungszügen. Derartige Kampagnen, stets abhängig von Wetterverhältnissen, Dürren oder Epidemien, zielten auf die Rechte der Oberhoheit, der Tributpflicht und Unterwerfung der jeweiligen weltlichen und kirchlichen Führungsschicht. Im Fall von Mallorca wird dies offensichtlich, insofern nicht die gesamte Insel erobert und auch keine sofortige Landnahme und Landverteilung eingeleitet wurde. Im Allgemeinen beließ man in den eroberten Städten oder Burgen eine relativ kleine Garnison von Soldaten und Verwaltern. Die Hauptstadt Madīnat Mayūrqa und auch die Nachbarinsel Ibiza konnten im Winter 1114/15 erobert werden. Laut den Quellen gelang es dabei, tausende von christlichen Sklaven zu befreien. Mubāshir war unterdessen unter unbekannten Umständen verstorben, sein Nachfolger Abu Rabī Suleiman von den Pisanern gefangen gesetzt und nach Italien verschleppt worden.

1114 nutzten Ibn al-Hājj und Ibn A'isha von Valencia die Konzentration der katalanischen Kräfte auf die Eroberung Mallorcas zu ausgedehnten Plünderungszügen in katalanisches Gebiet. 1115 belagerte der neue, von den Almoraviden eingesetzte Statthalter von Saragossa Abū Bakr ibn Ibrāhīm ibn Tīfilwīt sogar Barcelona. Dabei erwiesen sich allerdings die almoravidischen Kräfte als zu schwach, eine Belagerung der katalanischen Metropole aufrecht zu erhalten. Dennoch erschien die nachhaltige Verteidigung der Territorien auf dem Festland als zu wichtig, um – wenigstens für den Moment – weitere Übersee-Unternehmungen zu riskieren. 1115 kehrte Graf Ramon Berenguer mit dem Gros seiner Truppen auf das Festland zurück. Für eine gleichzeitige Verteidigung der Festlandsterritorien und der Balearen waren die christlichen Kräfte zu schwach. Einige Monate nach dem christlichen Entsatz von Barcelona besetzten die Truppen des Almoraviden-Kalif Alī Ibn Yûsuf erneut die Balearen. Als neuer Statthalter wurde von den Almoraviden Wanur eingesetzt, der jedoch mit seiner despotischen Herrschaft verschiedene Rebellionen der führenden einheimischen Familien provozierte.

Insgesamt scheinen diese Konflikte der Prosperität Palmas (»Madīnat Mayūrqa«) nicht wesentlich geschadet zu haben. Einige Historiker nehmen die Angaben des in der zweiten Hälfte des 13. Jahrhunderts aktiven katalanischen Chronisten Bernat Desclot wörtlich und schätzen die damalige Einwohnerzahl auf etwa 80 000; damit wäre Palma größer als das zeitgenössische Barcelona oder Köln gewesen. Doch auch wenn wir nur etwa 40 000 oder 50 000 Einwohner annehmen, bleibt der Eindruck einer der wichtigsten Seemetropolen des 12. Jahrhunderts.

Auf dem iberischen Festland sank indessen der Stern der Almoraviden. In den folgenden Jahrzehnten führte eine Reihe von Aufständen gegen die Almoraviden eine zweite Periode von Kleinkönigreichen herbei; die Almoraviden vermochten nur Sevilla, Granada und die Balearen zu behaupten. Die direkte Herrschaft über die Inseln lag seit den 1120er Jahren in den Händen der mächtigen Familie der Banū Ghānīya, die entfernt mit dem almoravidischen Herrscherhaus verwandt waren. Auf den von den Almoraviden als Statthalter eingesetzten Wanūr folgte Muhammad ibn Ghānīya, der sich 1127 – ermutigt durch den sichtbaren Zerfall der Macht der Kalifen auf dem iberischen Festland und in Nordafrika – zum unabhängigen Herren Mallorcas ausrufen ließ. Mallorca wurde im Folgenden häufiges Ziel von Anhängern der Almoraviden, die vor der Machtergreifung der neuen Herren über al-Andalus, den Almohaden, flohen. Durch verschiedene Abkommen mit Genua und Pisa versuchte Muhammad ibn Ghānīya Mallorca vor christlichen Angriffen zu schützen.

Ibn Ghānīyas Herrschaft endete 1155, als er – angeblich von seinem eigenen Sohn Ishāq – ermordet wurde. Ishāq ibn Muhammad ibn Ghānīya setzte sich in der Nachfolge gegen seinen zum Herrscher vorgesehen Bruder Abdallāh durch und regierte Mallorca mit energischer Hand und Sinn für die von seinem Vater begonnene pragmatische Bündnispolitik für fast dreißig Jahre. Zu diesem Pragmatismus gehörte die Erlaubnis für die verschiedenen in Palma ansässigen italienischen, französischen und katalanischen Händler und Agenten, eine christliche Kirche zu errichten.

Die von den Almoraviden und den Statthaltern von Mallorca mit Pisa und Genua geschlossenen Friedens- und Handelsabkommen versprachen für den weiteren Verlauf des Jahrhunderts eine – wenn auch fragile – Versicherung gegen ein erneutes Paktieren der italienischen Seestädten mit dem Haus Aragon bzw. den Grafen von Barcelona gegen ein islamisches Mallorca. Darüber hinaus versprachen derartige Abkommen weitere lukrative Geschäfte. Im besonderen Augenmerk Pisas und Genuas lag der Edelstein- und Goldhandel aus der Sahara nach Zentraleuropa. Mallorca blieb wichtige Drehscheibe für diesen Handel mit der lediglich etwas mehr als 250 Kilometer entfernten nordafrikanischen Küste. Auch für den katalanischen und nordafrikanischen Wollhandel war Mallorca bedeutendes Zwischenhandelszentrum. Während die landeseigenen Produkte Mallorcas damals für den globalen Handel nur von begrenzter Bedeutung waren, blieben die Salinen und Minen von Ibiza und Formentera nach wie vor wichtige Produzenten und Exporteure von Salz.

Eine Garantie für das Ende der italienischen – vor allem genuesischen und pisanischen – Begehrlichkeiten, die Insel unter christlicher Herrschaft zu sehen und sie damit zu einem noch berechenbareren und einträglicheren Handelszentrum und Brückenkopf zur Iberischen Halbinsel und Nordafrika zu machen, boten die Verträge zwischen mallorcinischen Statthaltern und den italienischen Städten nicht. 1146 kam es als Präludium für den konzertierten Angriff auf die bedeutende Hafenstadt Almería zu Plünderungen Menorcas durch christliche Verbände. Für 1162 wird über Pläne Kaiser Friedrichs I. berichtet, Mallorca, unter anderem mit Schiffen und logistischen Mitteln aus Genua zu erobern. Diese Pläne wurden jedoch nicht in die Praxis umgesetzt. Die vom Normannenkönig Wilhelm II. von Sizilien 1181 unternommene Kampagne zur Unterwerfung und Tributerzwingung der Balearen schlug vor allem wegen mangelnder maritimer Unterstützung durch Genua fehl.

Genua hatte damals bereits ein neues Friedens- und Handelsabkommen mit dem islamischen Herrscher Mallorcas, Ali Ghānīya, abgeschlossen. Im »Archivio di Stato« von Genua befinden sich allein für das Jahr 1182 zehn von dem Notar Oberto de Mercato beglaubigte Handelstransaktionen mit Mallorca. Ebenso interessant sind die im gleichen Jahr ausgearbeiteten 23 Verträge mit Kaufleuten aus dem nordafrikanischen Ceuta und 6 Verträge mit Händlern aus Bejaia (Bougie). Dass für dieses Jahr keine anderen Verträge mit iberischen Städten vorliegen, verdeutlicht die Bedeutung der Route von Genua über Mallorca zu den Häfen des Maghreb. Das Abkommen mit Genua wurde nach dem Tod Ali Ghānīyas von seinem Nachfolger Abd-Allah Ghānīya 1188 erneuert. Zwei Jahre zuvor war ein ähnliches Abkommen mit Pisa geschlossen worden. Mit dem Erstarken Barcelonas kam es einige Jahrzehnte später sogar zu genuesischen Vereinbarungen mit Statthalter Abu Yahya, die lästige katalanische Konkurrenz aus den lukrativen Geschäften fernzuhalten.

Die oben erwähnten Notariatsakten der Archive Genuas, Pisas und Pratos liefern auch Hinweise auf die, auf der Rückfahrt vom Maghreb, in Mallorcas Haupthafen von Porto-Pi geladenen Waren: Leder, Wachs, Kümmel, Feigen, Datteln, Käse, Indigo, Pergament, Handwerksprodukte wie Schuhe und Kleidung sowie der rote Färbstoff *grana* (aus Kermesläusen). Indigo, Pergament und *grana* waren sicherlich keine Produkte der Insel, sondern wurden aus anderen Regionen zur Weiterverhandlung importiert. Diese Produkte erscheinen auch in den nächsten Jahrhunderten in den Registern. In der Zusammenschau erscheint Mallorca in der Zeit der islamischen Herrschaft als »offshore«-Brückenkopf nordafrikanischen Handels; eine Situation, die sich auch nach der christlichen Eroberung, natürlich nun unter anderen politischen Vorzeichen und Kontrollinstanzen, zunächst nicht grundsätzlich ändern sollte. Die damals auf Mallorca zirkulierenden Münzen waren in Gold geprägte Dinare, silberne Dirhem und die auf arabisch *flus* genannten Kupfermünzen.

Die Führung Mallorcas sollte sehr bald mit erneuten Veränderungen und Konflikten im Spannungsfeld des islamischen al-Andalus konfrontiert werden. Wie im Fall der Almoraviden war es wieder der Süden von Marokko, wo eine Umwälzung begann. Es war der charismatische Ibn Tūmart, Angehöriger des im südmarokkanischen Sūs lebenden Berber-Stammes der Masmūda, der die militärisch-religiöse Bruderschaft der Almohaden begründete. Das Ziel der Eroberung von al-Andalus wurde allerdings erst von seinem Nachfolger Abd al-Mu'min nach dem Tod des letzten Almoraviden-Kalifen Ali ibn Yūsuf 1147 erreicht. Am Ende des 12. Jahrhunderts war Mallorca zu einem der letzten islamischen Zentren des Widerstands gegen die Almohaden geworden. Zunächst hatte eine weitgehend friedliche Koexistenz zwischen den auf dem iberischen Festland regierenden Almohaden und den die Balearen kontrollierenden Banū Ghānīya geherrscht. Clanführer Ishāq ibn Muhammad ibn Ghānīya und später sein nur kurz regierender Sohn Muhammad schienen großes Interesse an einem guten Verhältnis mit den Almohaden-Kalifen gehabt zu haben und sandten Teile der von mallorquinischen Korsaren im Mittelmeer eroberten Beute an die Kalifen. Gemäß einem liberalen Modus Vivendi schien damit eine formale Oberhoheit der Kalifen über die Balearen anerkannt. Mit dem Tod Kalifs Abū Ya'qūb im Jahr 1184 während seiner Kampagne gegen die Portugiesen vor Santarem, und der zeitgleichen Enthebung Muhammads als Clanführer der Banū Ghānīya durch seine Brüder änderte sich die Situation grundlegend. Der neue Führer Alī weigerte sich die Oberhoheit der Almohaden anzuerkennen und begann die engen Kontakte seiner Familie und mallorquinischer Händler zu den Metropolen Nordafrikas für Intrigen zum Sturz der Almohaden zu nutzen. Besonders enge Kontakte bestanden mit der Hammadid-Dynastie in Bejaia, wie die Almoraviden Berber vom Stamm der Sanhāja. Maritime Kenntnisse und eine gut funktionierende, über beachtlichen Schiffsraum verfügende Flotte waren eine Stärke der Banū Ghānīya. Mit der Expedition von etwa 4000 Mann Fußtruppen und 200 Reitern nach Bejaia trug Alī den Kampf gegen die Almohaden auf das nordafrikanische Festland (Ifrīqiya). Wenige Wochen später befand sich die gesamte Küste zwischen Tlemcen und Tunis in Aufruhr.

Inwiefern Alī ibn Ghānīya mit diesem Schritt gleichzeitig eine Verlegung seines Herrschaftsraums nach Ifrīqiya anvisierte oder ob er einen Gegenschlag der Almohaden gegen Mallorca unterschätzte, bleibt mangels eindeutiger Quellen spekulativ. Fakt ist, dass der Gegenschlag der Almohaden bereits im Jahr 1185 erfolgte. Sie wurde von dem Sohn des auf Seiten der Almohaden kämpfenden Katalanen Reverter, in den arabischen Quellen als Abū'l-Hasan 'Alī ibn Reverter erscheinend, geführt. Die Rekonstruktion der von ihm geleiteten Besetzung Mallorcas ist komplex und bis heute nicht völlig geklärt. Das Vorgehen scheint mit der religiös ambivalenten Figur des Führers verknüpft. Gemäß verschiedenen Quellen suchte Abū'l-Hasan 'Alī ibn Reverter zunächst den Kontakt mit den zahlreichen auf der Insel lebenden christlichen Gefangenen und Sklaven. Gemeinsam wurde die Hauptstadt Madīnat Mayūrqa belagert und eingenommen. Der die Verteidigung für den abwesenden Bruder Alī leitende Muhammad ibn Ishāq ibn Ghānīya und weitere Mitglieder der Familie wurden gefangengesetzt. Weiterer Widerstand der auf Mallorca verbliebenen Banū Ghānīya und ihrer Anhänger schien ohne bald eintreffende Entsatztruppen aus Nordafrika wenig aussichtsreich. Das Kommen dieser Entsatztruppen war nicht zu erwarten, und im Folgenden kam es zu einem Abkommen zwischen beiden Parteien; Ibn Reverter wurde ein umfangreiches Lösegeld für die gefangenen Mitglieder der Banū Ghānīya zugesichert, diese sollten die Oberhoheit der Almohaden anerkennen. Ferner waren alle christlichen Gefangenen in die Freiheit zu entlassen. Muhammad ibn Ishāq wurde von Ibn Reverter als Geisel auf das Festland genommen.

Bereits im Sommer des folgenden Jahres war mit der Rückkehr eines Verbands der Banū Ghānīya aus Nordafrika unter Führung von Abdallāh ibn Ghānīya das von Ibn Reverter geschlossene Abkommen wieder nichtig geworden. Die Mitglieder der Banū Ghānīya in Mallorca präsentierten sich erneut als energische Parteigänger der Almoraviden und wiesen almohadische Oberhoheit über die Balearen zurück. Die Verwicklung in die Ereignisse im Maghreb und dort und auf dem iberischen Festland gebundene Truppen verbaten für den Moment eine erneute bewaffnete almohadische Expedition. Noch im Frühjahr 1187 sah sich der Kalif selbst veranlasst, von Marrakesch nach Tunis zu reisen; dies verhinderte jedoch nicht die schwere Niederlage der almohadischen Armee gegen die Truppen von Alī ibn Ghānīya bei Gafsa im westlichen Tunesien. Die weiteren Geschehnisse in Ifrīqiya können im Rahmen dieses Buches nicht weiter berücksichtigt werden. Festzuhalten bleibt, dass ungeachtet der allmählich wieder die Oberhand gewinnenden Kräfte der Almohaden, ihre maritimen Resourcen zu stark gebunden waren, um in absehbarer Zeit eine erneute Unterwerfung Mallorcas in Angriff zu nehmen.

Das Absehen von einer militärischen Intervention lag zum anderen auch an der geschickten Bündnispolitik und Diplomatie des mittlerweile über Mallorca herrschenden Abdallāh ibn Ghānīya. Der Führer der Banū Ghānīya unterhielt enge Wirtschaftsbeziehungen zu den Städten und dem Königshaus von Aragon und hatte ein Handelsabkommen mit der auch im westlichen Mittelmeer aufstrebenden Seemacht Genua abgeschlossen. Auf diese Art abgesichert und ermutigt von dem stets neue sichere Hafenstationen und Handelsniederlassungen entlang der iberischen Levante suchenden Genua riskierte er im Herbst 1199 eine Expedition gegen das nach wie vor von almohadischen Kräften besetzte Ibiza, wurde aber zurückgeschlagen. Abdallāh ibn Ghānīyas Ambitionen und militärische Ressourcen waren damit keinesfalls erschöpft, bereits 1201 leitete er eine – diesmal zunächst erfolgreiche – Expedition gegen Menorca.

Das endgültige Ende der Herrschaft der Banū Ghānīya über Mallorca war dennoch nicht mehr allzu fern. Bereits 1202 gelang einer almohadischen Flotte unter dem Kommando des *sayyid* Abū'l-Ùlā dem Älteren die Wiedereroberung Menorcas. Diese Unternehmung war ein Test und eine Übung für eine geplante Eroberung Mallorcas und gleichzeitig ein Zeichen, welche strategische Bedeutung die Balearen für die Almohaden besaßen. Direkte Planung und Führung der Unternehmung lag in den Händen von Abū'l-Ùlā und dem Hafsiden Abū Sa'īd Uthmān ibn Abī Hafs. In den Häfen von Dénia und Valencia wurden 15 000 Mann Fußtruppen, 1200 Reiter und ihre Pferde, sowie 700 gut ausgebildete Bogenschützen und verschiedenste Belagerungsmaschinen auf 130 Schiffe verladen. Die Überfahrt erfolgte Anfang September 1203, bevor die Herbststürme einsetzten. Gemäß der

Quelle Ibn Idhāris (»Al Bayān«) leistete Abdallāh ibn Ghānīya erbitterten Widerstand, und erst nach seiner tödlichen Verwundung ergab sich Madīnat Mayūrqa gegen die almohadische Übermacht. Die Kapitulationsbedingungen waren überraschend milde, den meisten früheren Anhängern und Kämpfern der Banū Ghānīya wurde Ammnestie gewährt. Die Eroberung Mallorcas sollte der letzte große militärische Erfolg der Almohaden sein. Die Insel wurde in den folgenden Jahren unter die Kontrolle von almohadischen Statthaltern gestellt.

Die Zeit der direkten Herrschaft der Almohaden über Mallorca endete mit dem Tod des Kalifen Yūsuf II. al-Mustansir 1224; unter Statthalter Abu Yahyā Muhammed ibn Ali ibn Abi Iman al-Tinmalali beanspruchten die Balearen eine erneute – den frühen Taifas ähnliche – Unabhängigkeit. Insgesamt regierten Mallorca bis zur christlichen Eroberung im Jahr 1229 vier almohadische Statthalter. Es gibt Hinweise, dass es diesen Statthaltern nicht wenig Mühe bereitete, die nach wie vor vorhandenen Anhänger des Clans der Ghānīya, den früheren Herrschern der Insel, auf eine gemeinsame politische Linie einzuschwören.

V. Die christliche Wende

Eroberung, Herrschafts- und Landnahme

Die christliche Eroberung Mallorcas bzw. der Balearen war bereits von verschiedenen Königen Aragons angedacht worden. König Pere II. hatte sich schon 1204 für eine derartige Unternehmung päpstliche Autorisation und Unterstützung eingeholt. Die Annektierung der Balearen wurde dabei von der modernen Forschung zumeist in den Kontext der Entstehung des sogenannten katalanisch-aragonesischen Imperiums gestellt. Die Eroberung Mallorcas wird damit als Beginn einer neuen Ära katalanischer bzw. aragonesischer Geschichte interpretiert, sie erscheint verschiedentlich sogar als Auftakt bzw. Vorbote der überseeischen Expansion des späteren spanischen Weltreichs.

Das Kernland Aragons war mit seinem Zentrum entlang des Ebrotals mit dem Hauptsitz in Saragossa ursprünglich binnenorientiert. Der Anschluss der Grafschaften von Katalonien um die Hafenstadt Barcelona erfolgte erst später. Die Genese des sogenannten aragonesisch-katalanischen Imperiums, das sich im 14. Jahrhundert bis nach Griechenland ausdehnen sollte, wird in den letzten Jahrzehnten kontrovers diskutiert. Während Historiker wie Jerome Lee Shneidman diese Expansionsbestrebungen primär an den wirtschaftlichen Interessen der katalanischen Kaufleute orientiert sehen, interpretieren Forscher wie Jocelyn Hillgarth und David Abulafia die Kampagnen zur Eroberung der Balearen, Siziliens, Maltas, Djerbas, der Kanaren oder der nordafrikanischen Küstenstädte direkt aus dem königlichen Machtbestreben und der häufigen Eigeninitiative von Mitgliedern des Königshauses oder profit- und machtorientierter »Condottieri«.

Abulafia und andere haben die Eroberungs-Kampagne des Jahres 1229 unter dem Begriff »Kreuzzug« umschrieben, bei dem »merkantile Überlegungen« nur an zweiter Stelle gestanden hätten. Schon im Anbetracht der Beteiligung genuesischer und pisanischer Partner, sowie der Kaufmannschaften von Perpignan, Barcelona, Marseille oder Montpellier an diesem Unternehmen scheinen Zweifel an der realen Priorität eines Kreuzzugsgedankens angebracht. Die Zweitrangigkeit des konfessionellen Aspekts dokumentiert sich neben der im Vergleich zur pisanisch-katalanischen Kampagne des Jahres 1114 zurückhaltenderen religiösen Propaganda auch in der Tatsache, dass König Jaume I. nach der Eroberung umgehend langfristige Handelsabkommen mit verschiedenen Herrschern des Maghreb abschloss.

Tatsächlich war das Schicksal des islamischen Mallorca erst besiegelt, als es König Jaume I. gelang, eine Übereinkunft mit Genua und Pisa zu treffen. Wir haben bereits zuvor auf die Bedeutung Mallorcas für den genuesischen und pisanischen Handel mit dem Maghreb und dem iberischen Festland und auf die entsprechenden Abkommen mit den jeweiligen islamischen Herren über Mallorca verwiesen. Eine Eroberung der Insel durch Aragon schien für die italienischen Handelsmetropolen nur im Fall der Garantie zumindest ebenso weitgehender Handelsrechte und Privilegien akzeptabel. Ferner gibt es verschiedene Hinweise auf finanzielle Unterstützung von Jaumes I. Kampagne durch jüdische Kaufleute. Die Forschung nimmt an, dass die katalanisch-aragonesische Eroberung der Insel von der lokalen jüdischen Gemeinde aufgrund der teilweise fundamentalistischen Haltung der Almohaden gegen Nicht-Muslime willkommen geheißen wurde.

Es gibt verschiedene Quellen, die sich mit den im Folgenden zu schildernden Ereignissen auseinandersetzen. Die aragonesische »Crònica o Llíbre dels feits del rei En Jacme«, die »Crònica de Bernat Desclot« und die berühmte, im 14. Jahrhundert von Ramon Muntaner abgefasste Chronik liefern Einblicke in die Geschehnisse aus christlicher Sicht. Mit dem in einer Abschrift bei dem im 17. Jahrhundert aktiven Historiker al-Maqqarī überlieferten Bericht des Ahmad ibn ʿAbd Allāh al-Makhzūmi besitzen wir auch einen islamischen Augenzeugenreport der Ereignisse von 1229/30. Gemäß al-Makhzūmi waren es vor allem die häufigen Angriffe des Almohaden-Statthalters und sich später zum unabhängigen Herrscher erklärenden Abu Yahyā Muhammed ibn Ali ibn Abi Iman al-Tinmalali auf katalanische Handelsschiffe und die christliche Zivilbevölkerung an den Küsten der iberischen Levante, welches die Krone von Aragon zum Angriff provozierten. Abu Yahyās undiplomatischer und rücksichtsloser Führungsstil hätten ihn ferner der Unterstützung weiter Kreise der führenden Familien der Insel beraubt.

Im Gegensatz zu der Kampagne Graf Ramon Berenguers III. hundert Jahre zuvor war Jaume I. (»el Conqueridor«) nicht mehr auf umfassende logistische Unterstützung Pisas oder Genuas angewiesen. Das Expeditionscorps wurde weitgehend auf katalanischen Schiffen transportiert, eine Tatsache, die natürlich auch Auswirkungen auf das Landvergabe-Verfahren *(repartimiento)* und die Einbindung der Balearen in die Krone Aragons hatte. Die dynamische eigenständige Entwicklung katalanischer Seemacht wurde in den Verordnungen Jaumes I. von 1227 offenkundig. In ihnen setzte der König fest, dass der katalanische Handel mit den Überseehäfen von Alexandria, Ceuta oder Tunis soweit wie möglich mit katalanischen Schiffen und nicht mit solchen aus Genua oder Marseille abgewickelt werden sollte. Die katalanischen Handelsherren hatten im 11. und 12. Jahrhundert ihr Handelsnetz zunächst in nördlicher und nordöstlicher Richtung ausgebaut, namentlich in die Regionen von Languedoc und Provence. Das unter der Oberherrschaft der Könige von Aragon stehende Montpellier war strategisches – wenngleich verwundbares – Zentrum dieses Handels. Die Kaufleute von Montpellier waren auf den unter französischer Herrschaft stehenden Hafen von Aigues-Mortes angewiesen. Diese Fragilität ging so weit, dass sich König Sanç von Mallorca als Herr von Montpellier 1311 genötigt sah, König Philipp dem Schönen von Frankreich Treue zu schwören.

Im Verlauf des 12. Jahrhunderts hatten sich die ohnehin schon bedeutenden Handelsverbindungen mit Genua und Pisa noch einmal verstärkt. Die Hintergründe dafür waren bilateraler Natur; besonders Genua bemühte sich massiv, seinen Handel mit den islamischen Teilkönigreichen entlang der spanischen Levante zu intensivieren. Die katalanischen Häfen waren hier wichtige Bindeglieder. In diesem Kontext einer mehr und mehr auf dem Mittelmeerhandel basierenden katalanischen Wirtschaft ergeben al-Makhzūmis Hinweise auf die Provokationen durch das von Abu Yahyā geförderte Korsarenwesen durchaus einen Sinn. Primärer Grund für den christlichen Eroberungszug waren sie nicht. Historiker haben ferner auf Jaumes I. Kalkül hingewiesen, mit seiner energischen Expansionspolitik den Adel enger an das Königshaus zu binden und ihn zu beschäftigen. Dass der damals erst zwanzigjährige König – und auch die Mitglieder der »Corts« (kast. *cortes*, eine Versammlung der Repräsentanten des Klerus, des Adels und der Städte) – auf einem Bankett von dem reichen Kaufherren Pere Martell aus Barcelona zur Eroberung Mallorcas angeregt worden seien, ist eher zum Reich der Legenden zu rechnen, dokumentiert jedoch den zweifellos vorhandenen bedeutenden strategisch-ökonomischen Faktor bei den Eroberungsplänen.

Im Dezember 1228 berief Jaume I. die katalanischen »Corts« ein. Sein Plan einer Eroberung Mallorcas wurde angenommen und mit der Genehmigung einer Steuer *(bovatge)* zur Finanzierung der Expedition unterstützt. Gleichzeitig war die Kurie über das Vorhaben in Kenntnis gesetzt worden. Papst Gregor IX. übertrug Kardinal Jean d'Abbeville die Aufgabe, die Unternehmung als außerordentlicher Legat zu begleiten, und den Teilnehmern wurden päpstliche Sündenerlasse und Privilegien in Aussicht gestellt. Im

Sommer 1229 wurde eine von den Quellen mit 155 Schiffen angegebene Expeditionsflotte zusammengestellt. Das Gros der objektiv auf ungefähr 12 000 Mann Fußtruppen und etwa 2000 Reiter geschätzten Armee bestand aus mit Hilfe des Erzbischofs von Girona und der Bischöfe von Tarragona und Barcelona angeworbenen Katalanen und Provenzalen sowie aus Söldnern in Diensten Genuas und Pisas. Hinzu kamen kleine, kampferprobte Einheiten der Templer und Johanniter. Aragonesen stellten nur einen relativ kleinen Anteil. Die Kämpfer versammelten sich in den Häfen von Tarragona, Salou und Cambrils und stachen am 5. September 1229 mit ihren Befehlshabern, König Jaume I., den Grafen Guillem und Ramon de Montcada und dem Grafen von Roussillon (katal. Roselló), Nunyo Sanç, in See. An Bord befand sich auch Berenguer de Palou, Bischof von Barcelona.

In der Nacht vom 8. auf den 9. September erreichte die Flotte die Bucht von Pollença im Nordosten der Insel. Dort waren bereits zuvor durch Emissäre Vereinbarungen mit Ibn Abet, einem regionalen Clan-Führer, zur Kollaboration mit der christlichen Seite geführt worden. Ungünstige Wetterverhältnisse veranlassten die Führung jedoch, von einer Landung abzusehen und den Befehl zum Weitersegeln in südwestlicher Richtung bis zur Isla Dragonera und dem Kap von Llebet zu geben. In den folgenden Tagen wurden in der Bucht von Santa Ponça und bei Sant Telm Truppen an Land gesetzt. Die Besetzung strategisch wichtiger Punkte auf der Südwestseite der Insel fand relativ geringen Widerstand. Zur ersten großen bewaffneten Auseinandersetzung kam es am 12. September am Coll de Sa Batalla (»Berg der Schlacht«) bei Sa Porrassa in der die Grafen Guillem und Ramón de Montcada an vorderster Front kämpften und ihr Leben verloren. Über weitere Schlachten berichten die Quellen in den folgenden Wochen nichts. Offensichtlich hatte Abu Yahyā die Kräfte innerhalb der Mauern von Madīnat Mayūrqa konzentriert. Übergabeverhandlungen scheiterten, und auch einen freien Abzug Abu Yahyās, seiner Soldaten und der Bürger der Stadt lehnten König Jaume I. und seine Berater ab. Im Spätherbst des Jahres hatten die Belagerer einen engen Ring um die Stadt gezogen. Der endgültige Sturm erfolgte Ende Dezember, und am letzten Tag des Jahres 1229 gelang die endgültige Eroberung von Madīnat Mayūrqa. Die Quelle »Crònica de Jaume I.« schmückt im Stil der Zeit die Eroberung mit der Hilfe des heiligen Georgs, der sich in weißer Rüstung am Kampf beteiligt habe, aus. Abu Yahyā scheint im Zuge der Kampfhandlungen gefangen worden und kurz danach, angeblich aufgrund von Folter, verstorben zu sein.

Der Wahrheitsgehalt der von verschiedenen Autoren beschriebenen achttägigen zügellosen Plünderung der Stadt und ihre angeblich blindwütige Zerstörung ist mit Vorsicht zu genießen. Ein derartiger Verlust von wertvoller Bausubstanz und Abfluss von Edelmetall und Wertgegenständen zuzüglich der dabei stets latenten Brandgefahr hätte kaum das Gefallen des Königs und der beteiligten Magnaten finden können. Ebenso wenig glaubhaft sind die in der königlichen Chronik genannten 20 000 Muslime und Christen, die in den Kämpfen gefallen seien. Insgesamt seien 30 000 islamische Einwohner von Madīnat Mayūrqa und der Umgebung in die Berge zwischen Valldemossa und Pollença geflohen; auch diese Zahl scheint übertrieben. Die Kapitulationsverhandlungen fanden im maurischen Palast von Almudaina statt. Der am 1. Januar 1230 in der großen Moschee von Madīnat Mayūrqa gehaltene Neujahrsgottesdient wurde gleichzeitig zum Symbol der Zeitenwende der Insel. Jaume I. ließ sich zum König Mallorcas ausrufen. In dem ab diesem Zeitpunkt ausgestellten Diplomen und Edikten Jaumes I. erscheint neben dem Königstitel von Aragon, dem Grafentitel von Barcelona und der Herrschaft über Montpellier nun auch der Königstitel über Mallorca (»regni Majoricarum«).

Die Quellen streichen heraus, wie der junge König bereits an diesem Tag »den Zehnten der ersten Ernten aus allen neu eroberten wie noch zu erobernden Ländern Mallorcas, Menorcas und Ibizas« zum Umbau der Hauptmoschee in eine christliche Kirche stiftete. Wenige Monate später übergab der arabische Provinzstatthalter von Inca und Pollença mit der von einer starken Garnison ausgerüsteten Bergfestung von Alaró einen zentralen Punkt islamischer Verteidigungsanlagen.

Nach den Quellen war die Besetzung und Befriedung der Insel am Palmsonntag 1231 weitgehend beendet. Ein großer Teil der in die Berge geflüchteten Muslime hatte sich ergeben. Der bis Sommer 1232 andauernde Guerillakrieg einiger versprengter islamischer Kämpfer in den Bergen östlich von Sòller und Valldemossa beeinträchtigte die politische Neuordnung kaum. Es wird allerdings über einen beträchtlichen Exodus der islamischen Bevölkerung auf die umliegenden Inseln und nach Nordafrika berichtet. Der Prozess der Landvergabe (katal. *repartiment*; kast. *repartimiento*) begann unmittelbar nach der Eroberung; katalanische Sprache und Gewohnheitsrechte (die *usages* bzw. *usatges* von Barcelona) und ein Gebrauch des Lateinischen in den Amtsdokumenten wurden verbindlich. Der in 37 Abschnitte gegliederte Rechtskodex sollte die Übernahme des islamischen Grundbesitzes, der Salzanlagen, Mühlen, Fischereirechte, Bodennutzung und die Gerichtsbarkeit regeln. Aus Madīnat Mayūrqa wurde im katalanischen Idiom »Ciutat de Mallorca« (kastil. Ciudad de Mallorca).

Zwecks einer effizienten Systematisierung der Landverteilung wurde die Insel in acht Teile unterteilt. Die Hälfte der eroberten Ländereien fiel an den König, der übrige Teil an die Kirche, an der Kampagne beteiligte Magnaten, an die Ritterorden und die an der Finanzierung der Kampagne beteiligten Handelsherren von Montpellier und Marseille; Genua und Pisa wurden wie vorher vereinbart die Anlegung rechtlich nahezu exemter Handelsniederlassungen eingeräumt. Königsland bzw. direkt dem König unterstehende Ländereien konzentrierten sich auf die Regionen von Montuïri, Artà, Petra, Pollença, Almaruig, Inca und einen Teil der Hauptstadt Palma. Der Bischof von Barcelona erhielt einen weiteren großen Teil der Ciutat de Mallorca. Dem Grafen von Ampurias und seiner Entourage wurden Ländereien bei Muro und ein großer Teil von Sóller zugewiesen. Der übrige Teil von Sóller und die Region um Canarrossa fielen an den Grafen von Bearn. Graf Nunyo Sanç und seine direkten Gefolgsleute erhielten Territorien um Manacor, Bunyola und einige Häuser in Palma. Templern und Johannitern wurden ebenfalls Häuser in Palma, sowie Land bei Pollença, in anderen Regionen im Norden der Insel und bei Almudaina de Gomera zugesprochen. Die Präsenz der ebenfalls mit Gütern ausgestatteten Ritter vom Heiligen Grab auf Mallorca dauerte lediglich von 1232 bis 1280. In den diese Landverteilungen beurkundenden Dokumenten erscheinen auch die jeweils von den Landbesitzern und Haltern zu stellenden Kräfte und Pferde zur Landesverteidigung. Ferner finden sich Angaben über die den neuen Landbesitzern zuerkannte Rechtsprechung *(jurisdiccions senyorials)* und Gewalt zur Ernennung von Ortsvorstehern, Räten und Richtern.

Diese Land- und Besitzverteilung von an der Eroberung beteiligten Adeligen, Ritterorden, Prälaten und Nichtadeligen wurde im Auftrag des Königs von einer genau bestimmten Gruppe von Verwaltungsbeamten ausgeführt. Im Fall von Streitigkeiten über Grenzen und Eigentumsrechte wurden Zeugen, auch islamischen Glaubens, herangezogen. Im Anbetracht der begrenzten Fläche der Insel war die Landverteilung auf Mallorca kleinteiliger als jene im »Reino de Valencia« oder »Reino de Murcia«. Die von Jaume I. 1230 erlassene »Carta Pobla« zielte darauf, das Land an möglichst effiziente und kompetente Hände zu vergeben, sie ermöglichte die Bewirtschaftung des fruchtbaren Landes und der Äcker durch freie (und unabhängige) Bauern. Da weite Regionen, besonders im Norden und Nordosten der Insel, in den Dokumenten des *repartiment* nicht erscheinen, nimmt man an, dass sie weiterhin von islamischen Bauern bzw. Pächtern bewirtschaftet wurden. Ziel der damaligen »Reconquista«-Politik auf der Iberischen Halbinsel war es im Allgemeinen, die hierarchische Struktur der islamischen Gesellschaften zu zerschlagen, nicht jedoch ihre Arbeitskraft zu schwächen. Besonders direktes Königsland wurde häufig weiterhin von islamischen Bauern und Landarbeitern bewirtschaftet.

Historiker haben zu Recht die auffallende Begünstigung der Patrizier bzw. Stadtbürger bei der Landverteilung Mallorcas herausgestrichen. Adelige herrschten über keine Stadt Mallorcas. Es wurde angenommen, dass diese Art der Verteilung die Städte als Gegengewicht gegen die häufig sich den Zielen der Krone widersetzenden Magnaten einsetzte.

Den später als »Gran i General Consell« (»Großer und Allgemeiner Rat«) bezeichneten Ratsversammlungen stand ein Vertreter des Adels vor, ferner konnte das Patriziat und die Kaufmannschaft jeweils zwei Vertreter, die Handwerkerschaft einen Vertreter entsenden. In Friedenszeiten war der Handel mit islamischen Partnern gestattet. Als neuer christlicher Statthalter *(lloctinent)* der Insel wurde vom König zunächst provisorisch Bernat de Santa Eugènia ernannt. Insgesamt brachte die Eroberung Mallorcas und der Balearen der Krone von Aragon zunächst mehr Ruhm als Einnahmen, und zwar einerseits aufgrund der umfangreichen Vergabe des Landes an die an der Eroberung beteiligten Magnaten, Finanziers, Ritter und Soldaten sowie andererseits wegen der Steuerfreiheiten und Privilegien, die den ausländischen Kaufleuten garantiert wurden. Wie in vielen damaligen Grenzregionen lagen die Bewirtschaftung und der Schutz des Landes in den Händen halbfreier Grundherren, die für diesen Status dem König Treue und Loyalität schworen.

Vergleichbar zu den anderen Regionen der Iberischen Halbinsel sahen sich die neuen Besitzer vor die Aufgabe gestellt, ihre Ländereien und Besitztümer effizient zu bewirtschaften; Arbeitskraft, technisches und landwirtschaftliches Wissen wurden zu entscheidenden Faktoren, um die Wirtschaftskraft der neuen Territorien zu erhalten. Auf die neu angekommenen christlichen Siedler war dabei nicht immer Verlass; ihnen fehlten häufig das Wissen und der Wille, das Land nachhaltig zu bearbeiten. Ein umfassender Exodus der islamischen Einwohner musste daher vermieden werden.

In diesem Kontext muss man nach der Rolle der Sklaverei fragen, um die Sozial- und Wirtschaftsgeschichte der Insel richtig einschätzen zu können: Für die Historiker bleibt es bis heute unentschieden, ob das Mallorca des 13. Jahrhunderts eine vor allem auf Sklavenarbeit basierende Gesellschaft war oder ob das Phänomen der Sklaverei lediglich einen Nebenaspekt ausmachte. Für die Mitte des Jahrhunderts nimmt man 8000 muslimische Sklaven auf Mallorca an. Der Großteil dieser Sklaven entstammte nicht den früher auf der Insel ansässigen muslimischen Familien, sondern Kaper-

und Plünderungsfahrten der einheimischen Korsaren und der katalanisch-aragonesischen Flotte. Die meisten dieser muslimischen Gefangenen wurden anschließend auf dem großen Sklavenmarkt von Palma verkauft. In Palma waren damals nach modernen Schätzungen etwa 2000 bis 3000 Sklaven in reichen Haushalten und im Hafen tätig. Dies entsprach bei einer angenommenen Gesamtbevölkerungszahl der Stadt von etwa 15 000 Einwohnern immerhin über 15 Prozent.

Derart hohe Sklavenzahlen bargen Gefahren. 1374 wurden auf Mallorca die Vorbereitungen zu einem großangelegten Aufstand maurischer und tartarischer Sklaven entdeckt und 14 der Verschwörer hingerichtet. Besonders gefürchtet war eine Verständigung der islamischen Sklaven mit den nordafrikanischen Korsaren. 1392 war beispielsweise ein Verband nordafrikanischer Schiffe in den Hafen von Palma eingedrungen und hatte drei mallorquinische Schiffe geplündert und versenkt. Mit der Insellage und der permanenten Möglichkeit der Anlandung größerer islamischer Verbände im Blick ordnete König Pere IV. im Jahr 1400 an, die Zahl der Sklaven auf Mallorca zu reduzieren. Die Gefahr der Wiederholung eines Aufstands schien zu groß. Gleichzeitig erfolgten Anordnungen, islamische Sklaven nicht mehr in der Nähe der Küsten zu beschäftigen. Laut Zensus des Jahres 1428 lebten auf der Insel immer noch etwa 5000 Sklaven; davon verteilten sich etwa 2700 auf die ländlichen Gebiete, der Rest auf Palma.

Im Jahr 1231 trat ein Vetter Jaumes, Pedro (katal. Pere) von Portugal (»dominus regni Majoricarum«), als Stellvertreter des Königs die Regierung *(senyoriu)* über Mallorca an. Er war der Sohn von König Sancho I. und verheiratet mit der ehemaligen Maitresse von Jaume I., der Gräfin Aurembiaix von Urgell. Neben ihm war vor allem der Graf von Roussillon, Nunyo Sanç, einer der großen Nutznießer bei der Vergabe von Land und Einkommen. Pedro von Portugal hielt sich ungeachtet seines Amtes die meiste Zeit in Valencia auf, und es scheint, dass seine Hauptfunktion darin bestand, die Regierung über die Insel so lange in seinen Händen zu halten, bis Jaume I. die Zeit reif fand, einen seiner Söhne als Regenten einzusetzen. Dies geschah 1256, als Infant Jaime die Verwaltung der Insel übernahm. Er lebte jedoch nicht dauernd dort, sondern ließ sich vertreten.

Die Kompetenzen der im Folgenden von den Königen von Aragon jeweils auf Mallorca und Menorca eingesetzten Statthalter bzw. Gouverneure waren genau geregelt. Der Statthalter und sein Stellvertreter hatten permanent an ihrem Einsatzort zu residieren und standen an der Spitze der Hierarchie der Inselverwaltung. Dem Statthalter unterstanden verschiedene Berater, die Richter für das Land- und Seerecht, die in Palma, Pollença,

Manacor, Inca und anderen größeren Orten und Distrikten eingesetzten Landvögte, die die königlichen Märkte kontrollierenden Eichmeister, die Verwalter der königlichen Festungen und Burgen, die zur Registrierung der Viehherden eingestellten Stallmeister, die mit der Verwaltung und Pflege der königlichen Gärten und für die Wasserverteilung und -versorgung verantwortlichen Gartenaufseher, sowie die für die nächtliche Sicherheit in den Städten zuständigen Nachtwächter.

Während auf der Hauptinsel der Balearen die christliche Herrschaft dem Land ein neues politisches und gesellschaftliches Profil gab, stellte sich die Situation auf den Nachbarinseln anders dar. Die von dem *alfaqui* Abu Abdāllah Muhammad angeführten Repräsentanten der islamischen Einwohner von Menorca hatten 1231 am Kap von Pera (Capdepera) einen Vertrag mit Jaume I. abgeschlossen, in dem sie gegen die Erlaubnis zur weitgehenden Selbstverwaltung die Oberherrschaft des Königs von Aragon (»dominum naturalem et proprium«) anerkannten und jährlichen Tributzahlungen (»3000 Scheffel Weizen, 100 Kühe, 300 Stück Ziegen und Schafe, 4 Zentner Fett und 200 Boote zur Beförderung der Tiere«) zustimmten. Ferner reklamierten die Aragonesen das Recht, die strategisch wichtigsten Burgen und Kaps der Insel mit Garnisonen zu besetzen. Die Menorquiner durften weiterhin ihren *alfaqui* frei wählen und genossen nun Steuerfreiheit im Handel mit anderen Territorien der Krone von Aragon. Unter der umsichtigen und diplomatischen Herrschaft von Sa'id ibn al-Hakam al-Qurashī, der sogenannte »almoxerif«, entwickelte sich die Insel in den folgenden Jahren zu einer nicht unbedeutenden Enklave islamischer Kultur und Lehre. Bereits damals erscheint in den Quellen der christliche Name der Hauptstadt von Mallorcas Nachbarinsel, Ciutadella, eine Verkleinerungsform des katalanischen Begriffs für Stadt, *ciutat*.

Im Gegensatz zu Menorca ist für das kleinere Ibiza eine direkte christliche Eroberung dokumentiert. Der Fall Ibizas wird von den Historikern als »letzte private Kampagne der Reconquista« beschrieben. Sie wurde nach 1234 vom Sakristan der Kathedrale von Girona, Guillem de Montgrí, Bruder des ehemaligen Statthalters von Mallorca Bernat de Santa Eugènia, unter dem Schutz des Erzbischofs von Tarragona und des Verwesers von Mallorca, Pedro (Pere) von Portugal, energisch vorangetrieben. Zwar beanspruchte König Jaume I. die Oberherrschaft, ließ aber ansonsten Pedro von Portugal, Guillem de Montgrí und dem Erzbischof nahezu freie Hand in der weiteren Belehnung des neuerworbenen Lands und der Vergabe von Privilegien. Im Jahr 1235 war die gesamte Insel in aragonesischer Hand. Nach der Flucht und kontinuierlichen Abwanderung großer Teile der islamischen Bevölkerung diktierte Pedro von Portugal den verbliebenen Muslimen einen Vertrag, den wir uns ob seiner pragmatischen – und paradigmatischen – Natur etwas genauer ansehen wollen. In ihm ist festgesetzt, dass den »Mudéjares« der Insel die Niederlassung in speziellen Ansiedlungen *(alcherias)* im Osten *(exarq)* gestattet wurde. In dieser Region sollten sie das Land bestellen und die Hälfte des Geernteten oder Erwirtschafteten an Pedro von Portugal und seine Nachfolger abgeben. Sie hatten zusätzlich bei Bedarf (»cum opus fuerit«) dem Herrn jederzeit für Dienste zur Verfügung zu stehen, sollten dafür aber Unterhalt erhalten (»faciemus vobis expensas dum in nostro servitio fueritis«). Diese relativ milden Vereinbarungen zeigen das Interesse Pedros daran, einen kompletten Exodus der islamischen Bevölkerung mangels geeigneter christlicher Arbeitskraft zu verhindern. Selbst im Fall ausreichend qualifizierter und arbeitsfähiger christlicher Siedler hätte Pedro ein für ihn derart günstiges Arrangement nicht erzielen können. Wenig später kam es zum Abschluss eines Abkommens, in dem Jaume I. Ibiza und Formentera dem Erzbischof von Tarragona zum Lehen gab. Mittlerweile hatte ein Vasal von Guillem de Montgrí, Berenguer Renart, die Kontrolle über Ibizas Nachbarinsel Formentera erhalten. Nach der Flucht und kontinuierlichen Emigration weiter Teile der

Ritter und Kriegsknechte Jaumes I. bei der Eroberung Mallorcas, Wandgemälde im Salon de Tinnell, Barcelona, 13. Jhd.

islamischen Bevölkerung, gab es Schwierigkeiten, die brachliegenden Gebiete in den Randbezirken der Balearen wieder zu bewirtschaften. Dies zeigt sich in Renarts Zugeständnis an neu ankommende Siedler, die lukrativen Salinen nahezu abgabenfrei zu bewirtschaften, während er sich mit einem vor allem aus den Abgaben der Fischerei gezogenem Einkommen begnügte.

Der kulturelle Kontext – neue und alte Determinanten

Mit der neuen Herrschaftsordnung und religiösen Orientierung entfaltete sich eine kulturelle Tätigkeit, welche das Fundament des modernen Mallorca legte. Gleichzeitig ist zu beobachten, wie tief auch ältere Kulturformen, etwa in der Architektur, Landwirtschaft, Musik oder Literatur, nachwirkten.

Der föderative Charakter der weitgespannten Länder der Krone von Aragon trug bis zum 14. Jahrhundert zur Beibehaltung des Lateinischen als Amtssprache bei, private Dokumente wurden allerdings häufig im jeweiligen Idiom des Landes oder der Region abgefasst. Im Verlauf des 14. Jahrhunderts setzte sich das aragonesische und katalanische in den jeweiligen Territorien, Kanzleien und Höfen durch. Allmählich bildete sich aus dem Katalanisch der Einwanderer das heutige »Mallorquin« heraus.

Ähnlich dem Verlauf der Reconquista auf dem iberischen Festland setzte auch auf Mallorca in den unmittelbaren Jahrzehnten nach der Eroberung keine umfassende Neubautätigkeit ein. Dies ist Indiz dafür, dass es keine demographischen, ökonomischen und funktionalen Gründe für diesbezügliche drastische Neustrukturierungen gab. Die Einwohnerzahl hatte sich nach der Ankunft der christlichen Soldaten, Siedler und Funktionäre und dem teilweisen Exodus der islamischen Bevölkerung nicht wesentlich verändert; Mallorcas Moscheen wurden in christliche Gotteshäuser umfunktioniert. Ein gutes Beispiel dafür ist die bis zum Ende des 14. Jahrhundert dauernde Weiternutzung der großen Moschee Palmas als Domkirche. Der erst um 1300 begonnene Bau der Kathedrale (»La Seu de Mallorca«) war ein Prestigeprojekt König Jaumes II. Neben ihrer religiösen Funktion sollte die Kathedrale, die an Größe die meisten damaligen Bischofskirchen übertraf, gleichzeitig Symbol der Macht des Königreichs Mallorca sein. Der Bau sollte vielleicht nicht zuletzt deshalb mit seinen mächtigen Strebepfeilern und kleinen Fensterflächen einen wehrhaften Charakter ausstrahlen. Der für einige Zeit von dem Dombaumeister von Barcelona Jaume Fabre, einem Mallorquiner, geleitete Bau ist der Muttergottes gewidmet. Entgegen der Intention der Bauherren erlebte er allerdings niemals die Krönungszeremonie eines eigenen Königs von Mallorca, ist dafür aber die Grablege der Könige Jaume II. und III. Für die Vollendung des Langhauses der Kathedrale wurde in den 1380er Jahren die Hauptmoschee Palmas abgebrochen. Wie in den gleichzeitig errichteten Sakralbauten in Katalonien und Südwestfrankreich sind dekorative Elemente auf die Portale, Fensterrosen und Blendarkaden beschränkt.

Während die über das Land verstreuten Gemeinden noch keine ausreichenden Mittel für Kirchenneubauten hatten, konnten die großen Mönchsorden in dieser Richtung aktiv werden. Verschiedene der frühen Konvente und Klöster haben im Lauf der Zeit massive Umbauten erhalten. Beispiel dafür ist des 1256 mit Privileg von König Jaume I. gegründete Kloster von Santa Clara in Palma. Es wurde unter Einbeziehung maurischer Bauten und Bauteile errichtet und in den folgenden Jahrzehnten und Jahrhunderten immer wieder gemäß romanischen und gotischen Stilrichtungen verändert. Einziger größerer erhaltener, bis in das mittlere 13. Jahrhundert zurückreichender Kirchenbau ist die Franziskanerkirche (heute Santa Margalida) von Palma. Ihr Bau wurde am Ende der 1230er Jahre begonnen. Wenige Jahre später begann man mit der Errichtung des Prämonstratenserklosters Bellpuig in der Nähe von Artá. Die Kirche des Klosters hat eine ähnliche Bauweise wie die der Franziskaner in Palma. Die ebenfalls auf die 1230er Jahre zurückgehende Templerkirche im Palast von Almudaina wurde am Ende des 19. Jahrhunderts grundlegend »neo-romantisiert« und ist daher in ihrem Ursprungszustand kaum erkennbar.

Die wenigen erhaltenen Kirchenbauten des 13. Jahrhunderts verfügen über einen einheitlichen »mallorquinischen« Stil; sie sind einschiffig, verfügen über vier einfach gehaltene Gurtbögen und sind ungewölbt. Dieses einfache Profil war weniger den limitierten finanziellen Mitteln als den Prinzipien der großen Bettelorden geschuldet und findet seine Parallelen in den zuvor gebauten Klosterkirchen in Katalonien und in Südwestfrankreich. Dieses Modell findet sich noch in verschiedenen größeren Pfarrkirchen in mallorquinischen Landstädten, wie etwa der um 1300 entstandenen Pfarrkirche El Roser in Santanyí. Mit der am Ende des Jahrhunderts einsetzenden ökonomischen Erholung verstärkte sich auch die Baukonjunktur, sichtbar am 1281 erfolgten Baubeginn der Dominikanerkirche von Palma. Der am Beginn des 14. Jahrhunderts größere Wille zur Repräsentation zeigt sich nicht nur an der Kathedrale, sondern auch am reicher dekorierten und nun mit einem Chor und Seitenkapellen versehenen Umbau der 1280 von den Augustinerinnen übernommenen, oben erwähnten Kirche der Franziskaner in Palma. Die Franziskaner waren in das Zentrum Palmas umgezogen und begannen dort mit dem Bau von San Francesc. Mit der Errichtung der größeren gotischen Pfarrkirchen, etwa jenen von Santa Eulàlia, Sant Nicolau, Sant Jaume, San Miquel oder Santa Creu, alle in Palma, begann man erst nach 1300. Viele dieser in der Nähe der Küste liegenden Kirchen besaßen aufgrund der steten Gefahr von Piraten- und Korsarenüberfällen einen wehrhaften Charakter mit dicken Mauern und relativ kleinen Fensterflächen.

Auch auf dem Feld der Profanarchitektur griffen die neuen Machthaber zunächst vor allem auf die vorgefundenen maurischen Bauten zurück. Der Aus- bzw. Umbau der maurischen Festungsanlagen von del Rei bei Pollença, Santueri bei Felanitx, auf dem Berg von Alaró und der Stadtbefestigungen von Palma und Alcúdia begannen erst nach 1300. Die Entstehungszeit und die Datierung der Umbauphasen der vier bzw. zwei heute noch erhaltenen großen Wehrtürme (Torre de Paraires und Torre de Porto-Pí), die Palmas Haupthafen von Porto-Pí bewachen, bleiben umstritten. Die Fundamente scheinen auf römische Zeiten zurückzugehen.

Eine umfangreiche Modernisierung und Erweiterung der Festungen und der öffentlichen Gebäude setzte um 1300 mit der energischen Regentschaft König Jaumes II. ein, sowie mit der Integration Mallorcas in das sich stetig nach Nordafrika, Südspanien und in den Atlantik ausdehnende Handelsnetz. Damals wurden das Kastell von Sant Elm, die Festung von Capdepera, der Burgen bei Manacor und die umfangreichen Stadt- und Hafenbefestigungen von Alcúdia errichtet. Einige dieser Bauten wurden nicht vom König angeregt oder gefördert, sondern von lokalen Großgrundbesitzern bzw. adeligen Magnaten. Allein auf Initiative König Jaumes II. erfolgte seit 1305 der umfangreiche Umbau seiner Residenz in Palma, des ehemaligen Palasts der maurischen Statthalter. Die Architekten Jaume Salvat und Ponç Descoll veränderten die maurische Fassade und die Innenräume nach hochgotischem Stil. Im gleichen Stil ist die neu errichtete Königskapelle von Santa Anna mit ihrem Kreuzrippengewölbe gehalten. Die meisten der alten quadratischen Türme des Palasts wurden beibehalten. Die etwa gleichzeitig am Stadtrand auf erhöhtem Grund entstandene Königsburg von Bellver ist ein vollkommener Neubau. Sein Grundriss zeigt eine interessante, auf Kreisen und Halbkreisen basierende Konstruktion. Der Bau diente nach dem Ende des unabhängigen Königreichs Mallorca als Gefängnis für Witwe und Nachkommen König Jaumes III. König Sanç hielt sich vorzugsweise im Königspalast von Sineu auf, der wenige Jahre zuvor von Jaume II. auf den Fundamenten einer maurischen Burg errichtet worden war.

Vielleicht augenfälligster architektonischer Reflex für Mallorcas bzw. Palmas Bedeutung als Handelsplatz war die von dem bekannten, zuvor bereits in Perpignan und Girona tätigen mallorquinischen Architekten Guillem Sagrera in den 1420er und 1430er Jahren errichtete Handelsbörse (katal. La Llotja) am heutigen Paseo Maritimo von Palma. Das auf schlanken Säulen ruhende engmaschige Kreuzrippengewölbe gehört zu den bedeutendsten in Spanien. In seiner äußeren Gestalt und mit den auf Maßwerkskonsolen aufgestellten Heiligenfiguren besitzt das Gebäude eine sakrale Aura; mallorquinischer Handel und Kommerz wurde unter den Schutz Gottes gestellt. In Architektur, Plastik und Malerei machte sich auf Mallorca im 13. und 14. Jahrhundert katalanischer und französischer Einfluss bemerkbar, im 15. Jahrhundert wurde mehr und mehr Italien zum artistischen Orientierungspunkt. Zu den bekanntesten auf Mallorca tätigen Architekten gehörten der für die Konstruktion der Dominikaner-Kirche in Palma verantwortliche Jaume Febrer und der das Kastell von Bellver errichtende Pere Salvà. Für die Freskos und Malereien in Bellver und dem Königspalast von Palma zeichnete Francesc Cavaller verantwortlich. Der aus Perpignan stammende und im Palast von Almudaina tätige Bildhauer Francesc Camprodó belegt die engen kulturellen Bindungen zwischen der Insel und den südfranzösischen Teilen des »Reino de Mallorca«. Insgesamt

König Jaume I. und seine Ritter im Feldlager vor Palma, Fresco aus dem Palacio Aguilar, 1280

kann man sagen, dass sich die christliche Baukunst, Skulptur und Malerei des unabhängigen Königreichs Mallorcas vor allem an französischen Vorbildern orientierte, während in der darauf folgenden Periode der festen politischen Re-Integration Mallorcas in das Königreich Aragon im ausgehenden Mittelalter auf Betreiben der Herrscher vor allem in Katalonien und Valencia tätige Architekten, Künstler und Kunsthandwerker beschäftigt wurden. Es machte sich damit ein über verschiedene Regionen des Reichs übergreifender »katalanischer« Stil bemerkbar.

VI. Der »Reino de Mallorca« – ein Königreich unter Druck

Nach verschiedenen Anläufen wurde am 21. August 1262 die Aufteilung von Jaumes I. Königreich an seine beiden noch lebenden legitimen Söhne beschlossen. Der König übergab seinem ältesten Sohn Pere III. (kast. Pedro) – dem Sohn aus seiner zweiten Ehe – Aragon, Katalonien und Valencia; sein zweitältester Sohn Jaume (II.) – der älteste Sprössling aus seiner dritten Ehe mit Violante von Ungarn – erhielt die Balearen (Mallorca, Menorca, Ibiza, Formentera), die Grafschaften (kast. *condados*, katal. *comtats*) von Roussillon (kast. Rosellón, katal. Roselló), Cerdagne (kast. Cerdaña; katal. Cerdanya), Colliure, Conflent, Vallespir, Carladès und die Herrschaft (kast. *señorío*, katal. *senyoriu*) über Montpellier (katal. Montpeller). Stadt und Herrschaft Montpellier besaß Jaume allerdings nur teilweise und in Lehensabhängigkeit vom Bischof von Maguelonne. Der Bischof stand selbst wieder unter – allerdings nicht immer anerkannter – Oberhoheit des französischen Königs. 1293 kaufte der französische König schließlich den Stadtteil Montpelliers, der zuvor dem Bischof gehört hatte. Die Vergabe der Grafschaft von Roussillon stand durch den 1258 zwischen Jaume I. und Louis IX. von Frankreich geschlossenen Vertrag von Corbeil auf sicherem juristischem Grund. In diesem Vertrag verzichtete der französische König auf jegliche, noch aus den Zeiten Karls des Großen herkommenden Ansprüche auf Katalonien und Roussillon.

Das Königreich Mallorca (»Reino de Mallorca«) sollte unabhängig, aber mit katalanischer Münze und Barceloneser Verfassung regiert werden. Im Fall der Regentschaft eines Herrschers, der kein Sohn oder direkter Nachkomme des Königs von Mallorca war, sollte das Reich lehensabhängig von Aragon werden. Pere III. ließ bald erkennen, dass er diese Teilung des Reichs für einen Fehler hielt, er war der Überzeugung, dass ein strategischer, dauerhafter Fortbestand der Krone Aragons nur mit einem geeinten, ungeteilten Reich zu garantieren sei. Dieses sollte von ihm, dem ältesten lebenden Sohn Jaumes I., geführt werden. König Jaume blieb bei seinen Vereinbarungen, und in seinem Testament vom 26. August 1272 wurde der Teilungsvertrag bestätigt. Darin wurde die Unabhängigkeit der beiden Reiche noch deutlicher formuliert.

Historiker haben sich häufig die Frage gestellt, ob Jaume die in seiner Reichsteilung enthaltene Problematik nicht sah oder sehen wollte. Glaubte er, die in den südfranzösischen und balearischen Territorien innewohnende Wirtschaftskraft könne ausgleichen, dass dieses Königreich, dessen Teile über große, von einem Meer getrennte Flächen verteilt waren, fast zwangsläufig zu politischer Schwäche verurteilt war? Glaubte er an einen durch Blutsverwandtschaft garantierten Corpsgeist zwischen einem über Aragons Kernland und einem über die »Außenbezirke« regierenden König? War die sich von der Auvergne bis nach Ibiza erstreckende Melange von Besitztümern ein strategisch ausgeklügeltes Konstrukt: ein Schild gegen französische, italienische und islamische Begehrlichkeiten? War damals ein durch die großen Einwandererzahlen aus Südfrankreich erkennbares »okzitanisches« Profil Mallorcas innere Klammer, um diese Territorien zusammenzulegen? Immerhin war Jaume II. mit Esclarmonda, einer Schwester des mächtigen Grafen von Foix, verheiratet. Der britische Mediävist David Abulafia umschrieb die Situation des neugegründeten Reichs mit »unity and diversity« und benutzt den Begriff eines »commenwealth« von sich gegenseitig stützenden und durch dynastische Bindungen vernetzten Königreichen, auf die Jaume seine Hoffnungen setzte.

Aus politischer Sicht war ein weiterer struktureller Defekt des neugegründeten »Reino de Mallorca« das Fehlen eigener *corts*; eine Einrichtung, welche die Eigenständigkeit des Königreichs betont und bei geschickter Leitung durch den Königs seinem Reich auch Identität und innere Stabilität hätte geben können. Die Mallorquiner hatten also ihre Repräsentanten an die »Corts« von Katalonien zu schicken. Wichtig ist herauszustreichen, dass nach dem Willen Jaumes I. beide Königreiche absolute Parität erhalten sollten. Der Reino de Mallorca war nicht – im Gegensatz zur später von Pere III. (»el Gran«) erzwungenen Richtung – als Lehen der Krone von Aragon-Katalonien geplant. Dass Jaumes Wille für die zum Königreich Mallorca gehörende Grafschaft Roussillon die Gültigkeit der *usatges* von Barcelona und den Gebrauch der katalanischen Währung vorsah, spricht nicht gegen die oben angesprochene Parität.

König Jaume II. von Mallorca muss sich von Anbeginn bewusst gewesen sein, dass ein derartiges Konglomerat von Herrschaften ob seiner geographisch unzusammenhängenden Gestalt, uneinheitlichen politischen, kulturellen und vor allem juristischen Traditionen und wirtschaftlichen Interessen nur schwer zu regieren und noch schwerer zu verteidigen war. Zur Lösung dieses Problems eröffneten sich für Jaume zwei Wege, entweder eine enge, vasallenartige Anlehnung an den stärkeren Bruder oder eine flexible Bündnispolitik mit den umliegenden Fürsten und Herren. Ein Mittelweg schien – zumindest aus heutiger Sicht – aufgrund der divergierenden Interessen Peres III. bezüglich seiner und des Königreichs Mallorcas

Nachbarn und Partner kaum möglich, und dennoch war es dieser lavierende Mittelweg, den Jaume einschlagen sollte. Unter anderem suchte er Unterstützung bei seinem französischen Schwager, dem Grafen von Foix.

Die fatalen Konsequenzen des »Mittelwegs« und der damit verbundenen Entfremdung von seinem Bruder sollten sich bald zeigen. Nach der Königskrönung Jaumes II. im September 1276 in Palma erscheint zunächst das südfranzösische Perpignan (katal. Perpinyà) als zentraler Verwaltungssitz, Palma war lediglich zweite Hauptstadt. Montpellier wurde kulturelles und wirtschaftliches Zentrum des neugegründeten Reichs. Pere III. sollte in den folgenden Jahren die Geschicke Mallorcas entscheidend mitbestimmen. Das große Zeremoniell bei seinem Herrschaftsantritt 1276 deutete bereits diese Ambitionen an. Die Verkündigung bei der Thronbesteigung in Saragossa bezog sämtliche Länder mit ein, über die auch sein Vater geherrscht hatte; Aragon, Valencia, Mallorca, die Grafschaft Barcelona, Montpellier und Urgell.

Auch ohne die Oberherrschaftsansprüche kollidierten die Interessen Peres III. und Jaumes II. massiv. Dies zeigte sich besonders in der Nordafrikapolitik. Während Jaume von Mallorca 1278 mit den Hafsiden ein Bündnis geschlossen hatte, bereitete Pere III. einen Feldzug gegen das Hafsidenreich im heutigen Algerien und Tunesien vor. Strategisches Ziel war eine Dreier-Achse Aragon, Sizilien, Tunesien. Gleichzeitig versuchte Jaume II. halbherzig, dem Druck seines älteren Bruders zu begegnen, indem er einem von Frankreich, dem Königreich Neapel und dem Papsttum formierten Bündnis beitrat. Dies scheiterte an der mangelnden direkten militärischen Unterstützung der Partner. Die auf aragonesisches Territorium vorrückenden Verbände des Grafen Roger Bernat von Foix waren zu schwach und wurden von Pere III. bald zurückgeschlagen.

Pere III. und seine Nachfolger sahen sich – ob berechtigt oder nicht – in einem Wettlauf mit den Königen von Frankreich um die Vereinnahmung des Reino de Mallorca. Diese Lage des Königreichs als Objekt der Begehrlichkeiten von Aragon und Frankreich und die zeitweise Abhängigkeit von Genua ließen es niemals die Rolle als Brückenkopf und Bindeglied einer aragonesischen Expansion nach Nordafrika spielen, die ihm Jaume I. bei seinen Teilungsplänen wohl zugedacht hatte. Nach dem Einmarsch Peres III. in Jaumes provençalischen Gebieten sah sich der König von Mallorca im Vertrag von Perpignan im Januar 1279 zur Anerkennung der Lehnsabhängigkeit des Reino de Mallorca von der Krone Aragons gezwungen. Peres Forderung, Jaume solle den katalanischen »Corts« beiwohnen, führt die paradoxe Situation des Reino de Mallorca gut vor Augen. Der

König von Mallorca sollte also am Parlament der Grafschaft Katalonien teilnehmen, gleichzeitig sollte er Vasall des Königs von Aragon sein. War das Königreich von Mallorca damit ein Teil der Grafschaft Katalonien oder Aragons? Pere III. hatte aus seiner eigenen Sicht als Graf von Barcelona auch die Lehnsoberhoheit über das Roussillon und die Cerdagne.

Das Konstrukt des Reino de Mallorca blieb auch in den folgenden Jahren im Spannungsfeld aragonesisch-katalanischer und französischer Interessen verhaftet. 1282 eskalierte der Konflikt mit dem Haus Anjou um den Besitz Siziliens, aus dem Pere III. als Sieger hervorging. Der auf der Seite des Hauses Anjou stehende Papst Martin IV. hatte Pere III. nach der Besetzung Siziliens und Maltas exkommuniziert. Mit der Exkommunikation war im Verständnis der katholischen Kirche gleichzeitig die Entbindung von allen an Pere geleisteten Lehns- und Treueschwüren verbunden. Der Neffe des von Pere aus Sizilien vertriebenen Karl von Anjou, König Philipp III. (katal. Felip l'Ardit) von Frankreich, schmiedete im Folgenden weitgespannte Pläne zu einem Angriff auf Aragon und einen Sturz von Pere III.

Ungeachtet der militärischen Erfolge in Übersee blieb der heimatliche Rückhalt für Peres ambitionierte Ziele gespalten und uneinheitlich. Während die Katalanen und Valencianer Peres Expansionspolitik begrüßten, zögerte der Adel im weiten aragonesischen Hinterland, ihm Unterstützung zu gewähren. Auf Druck des französischen Königs und der mit den katalanischen Handelsstädten in Konkurrenz stehenden französischen Handelsherren hielt sich auch König Jaume II. von Mallorca bei der Unterstützung seines älteren Bruders zurück. Laut Jaumes Hofjuristen war ihr König nach der päpstlichen Exkomunikation nicht mehr an seinen Lehnseid gebunden. Er schloss in Carcassone heimlich ein Waffenbündnis mit Philipp III. von Frankreich.

Damit war aus Sicht Peres III. der Vasalleneid gebrochen. Er besetzte Perpignan, die Kapitale des festländischen Teils des Königreichs Mallorca. König Jaume II. entkam durch eine Flucht aus seinem Palast nur mit knapper Not einer Festnahme. Als Gegenmaßnahme kollaborierte Jaume mit Peres Feinden und überließ ihnen strategisch wichtige Burgen in seinen südfranzösischen Besitzungen, um ihnen einen Feldzug gegen das katalanische Girona zu erleichtern. Der folgende Feldzug Philipps III. gegen Aragon war zunächst durchaus erfolgreich, nach langer Belagerung gelang die Eroberung von Girona, und der Vormarsch auf Barcelona kam erst zum Halten, als Nachrichten von der Vernichtung der französischen Flotte und der schweren Erkrankung des französischen Königs bei der kämpfenden Truppe eintrafen.

Alfons (kast. Alfonso) III. (»el Liberal«) führte 1285 aus, was sein damals bereits tödlich erkrankter Vater Pere III. geplant hatte: Als Strafe für König Jaumes Unterstützung der Franzosen besetzte er das Reino de Mallorca und verleibte es vollständig dem unmittelbaren Besitz Aragons ein. Mallorca – mit Ausnahme der Festungen von Santueri, Pollença und Alaró – und Ibiza leisteten relativ wenig Widerstand. Dank der geschickten Verhandlungen von König Alfons' Ratgeber Asbert de Mediona kapitulierten schließlich Santueri und Pollença. Die nach langem Widerstand gefangen gesetzten und exekutierten Befehlshaber der Festung von Alaró, Guillem Cabrit und Guillem Bassa, wurden zu heute noch bekannten Märtyrern eines eigenständigen Mallorcas.

Die Quellen verraten nicht, ob im Zuge der Vorbereitung dieser Maßnahmen von Alfons III. bereits eine Besetzung des bisher nur tributpflichtigen Menorcas geplant war; was erwähnt wird, ist ein angeblicher Verrat des islamischen Herrschers von Menorca, während Alfons Jaume angriff. Den Menorquinern wurde sowohl Loyalität gegenüber König Jaume als auch ein Paktieren mit dem Herrscher von Tunis vorgeworfen. Wahrscheinlich war es ein Vorwand, der genügte, um im folgenden Jahr die islamische Epoche Menorcas mit einem Eroberungszug zu beenden. Wirklicher Grund war wohl Alfons' Furcht vor einer Öffnung der guten Naturhäfen Menorcas für französische Flottenverbände.

Menorcas Herrscher (»almoixerif«) Abū 'Umar ibn Hakam wurde zur Übergabe aufgefordert. 'Umar ibn Hakam lehnte ab, und im Winter 1286/1287 griffen aragonesisch-katalanischen Verbände Menorca an. Die Truppen landeten bei Maó und drängten in den folgenden Wochen die islamischen Kräfte relativ rasch zurück. Nach dem Fall der letzten Bastion von Santa Àgueda und dem Unterwerfungsabkommen vom 21. Juni 1287 emigrierten rasch große Teile der islamischen Bevölkerung. Laut verschiedenen Historikern wurde fast die Bevölkerung der Insel von 40 000 Personen versklavt und verkauft, doch diese auf Ramón Muntaners »Crónica« zurückgehende Zahlenangabe scheint übertrieben. Sicher scheint indes der Verkauf eines großen Teils der Bevölkerung nach Mallorca, Katalonien und Sizilien. Wer finanziell dazu in der Lage war, konnte sich von der Sklaverei freikaufen, musste dann aber doch die Insel verlassen. Abū 'Umar ibn Hakam und seiner Familie wurde die Ausreise nach Nordafrika gestattet.

Peres Sohn Alfons III. wurde zusätzlich zu seinem Titel eines Königs von Aragon zum »neuen« König von Mallorca ausgerufen. In der Titulatur der Kanzleien führte er von nun an ausdrücklich auch den Titel »rex Maioricarum«. Tatsächlich gab es zwischen 1285 und 1298 zwei Könige von Mallorca: Alfons, König von Aragon, der diesen Titel erneut für sich beanspruchte, und Jaume II., Graf von Roussillon und Herr über Montpellier, der sich nach wie vor als legitimer Herrscher über die Balearen fühlte.

Diese Besetzung Mallorcas führt uns gleichzeitig zur Frage der Identität der Inselbewohner. Fühlten sie sich bereits als Untertanen eines unabhängigen Königreichs mit klar konturiertem, eigenem Profil oder fühlten sie eine allgemeine Zugehörigkeit zum Königreich Aragon? Die relativ problemlose Eroberung der Insel deutet – zumindest bei dem die Geschicke lenkenden Patriziat und den Magnaten – auf eine eher pragmatische Haltung hin; ein ökonomisches Prosperieren ihrer Insel schien ohne einen engen Austausch mit Katalonien kaum denkbar. Bei der Frage der Identifikation der Inselbewohner mit dem neu gegründeten Königreich ist ferner zu berücksichtigen, dass die Regierung Jaumes II. ihren zentralen Sitz nicht auf der Insel, sondern in Perpignan gehabt hatte; Mallorca war lediglich von einem königlichen Statthalter verwaltet worden. Ciutat de Mallorca verfügte damit lediglich de jure über den Status einer Hauptstadt.

Zwischen 1285 und 1298 war das Territorium des Reino de Mallorca – zumindest in den Augen des Königs und der Hofjuristen von Aragon – wieder direkt in die Besitzungen des Königreichs Aragon integriert. In der Zwischenzeit gab es Verhandlungen über den Status des Reino de Mallorca zwischen dem Papst, Frankreich, Aragon und Sizilien. Besonders die römische Kurie zeigte großes Interesse, Jaume wieder als offiziellen König Mallorcas eingesetzt zu sehen. Für Jahre blieben die Fronten der Verhandlungen indes verhärtet. König Alfons III. starb 1291 im Alter von erst 27 Jahren. Sein Nachfolger wurde Jaume II. (»el Just«); damals bereits König von Sizilien. Bereits kurz nach seiner Krönung intensivierten sich die Verhandlungen über eine erneute Selbständigkeit des Reino de Mallorca. Hintergrund der päpstlichen Bestrebungen, Jaume erneut als offiziell anerkannten Herrscher eines unabhängigen Königreichs Mallorca einzusetzen, war die Hoffnung, damit wieder einen Puffer gegen die aggressiven aragonesisch-katalanischen Bestrebungen in Italien zu schaffen.

Der am 12. Juni 1295 geschlossene und in seinen Eckpunkten wesentlich von Papst Bonifaz VIII. mitgestalteten Frieden von Anagni legte nicht nur fest, dass Jaume II. von Aragon, Nachfolger von Alfons III., sich aus Sizilien zurückziehen müsse, sondern auch dass er die Territorien des Reino de Mallorca als Lehen der Krone Aragons an seinen Onkel Jaume zurückerstatten müsse. Die Verzögerungstaktik Jaumes II. von Aragon bei der Herausgabe der Besitzungen fruchteten letztlich nicht: Zwischen 1298 und 1344 bestand wieder ein eigenständiges Reino de Mallorca. Es hatte eine eigene Münze, blieb aber gegenüber Aragon weiterhin lehnspflichtig. In außenpolitischen Fragen einigten sich die Königreiche jedoch im Allgemeinen auf eine gemeinsame Linie. So wurden etwa die Kampagnen gegen Sardinien und Genua (1323–1325 und 1331) gemeinsam durchgeführt.

Die Herrschaftsansprüche Jaumes II. als König des restituierten Reino de Mallorca manifestierten sich im Bau nahezu identischer Königspaläste sowohl auf Mallorca als auch in Perpignan. Perpignan wurde das administrative, Palma das repräsentative Zentrum seines Reichs. Nachdem die Auseinandersetzungen mit seinem älteren Bruder beendet waren und der Vertrag von Anagni 1295 seinen Herrschaftsanspruch über den Reino de Mallorca international bestätigte, konnte er sich vermehrt auf innere Angelegenheiten konzentrieren.

Es entstanden der Palast von Bellver in Palma und die Königsburgen von Valldemossa (heute Teil der Cartuja), Sineu und Manacor. Um 1300 wurde der alte Maurenpalasts von Almudaina in Palma im gotischen Stil neu gestaltet. Ebenfalls an der Wende des 13. zum 14. Jahrhundert begann mit dem Bau der Kathedrale von Palma die Errichtung eines weiteren Prestigeprojekts des Königshauses und Bistums. Jaume II. stiftete die an den Chor anschließende Königskapelle (Capilla Real) des zur Grablege der Könige des Reino de Mallorca bestimmten Gotteshauses. Es sollte allerdings bis zum Beginn des 17. Jahrhunderts dauern, bis die Kathedrale vollständig fertiggestellt und geweiht werden konnte.

Die vom Königshaus und auch der Kirche, den Magnaten, Mönchsorden, Ritterorden und Handelsherren geleitete christliche Landnahme konnte nicht ohne Auswirkungen auf die Infrastruktur und das städtische Profil Mallorcas bleiben. Dies zeigte sich besonders deutlich in der unter Jaume II. eingeleiteten Neugestaltung der kleinen Landstädte Campos, Felanitx, Llucmajor, Manacor, Petra, Sa Pobla, Santanyí, Sineu und Selva. Deren typisch arabische, von engen, in runden Kurven verlaufenden und schattenspendenden Gassen geprägte Zentren wurden durch ein gleichmäßigeres, geraderes Straßenmuster ersetzt bzw. ergänzt. Das im geographischen Mittelpunkt der Insel liegende Sineu, angebunden an die Zentren und Häfen von Palma und Alcúdia durch eine alte Römerstraße, erhielt besondere Aufmerksamkeit der Krone und eine königliche Residenz.

Mit Jaumes II. sogenannter »zweiter« Amtszeit als König von Mallorca setzte eine verstärkte herrschaftliche Durchdringung des Landes ein. Damit wollte er die Regionen entwickeln und besser nutzbar machen. Der im »Arxiu Històric« von Mallorca aufbewahrte zeitgenössische »Llíbre del delmar lo bestiar« gibt diesbezüglich wertvolle Hinweise. Christliche Neusiedler erhielten mit königlicher Unterstützung fest umrissenes Weide- und Ackerland und eine genau festgelegte Menge an Baumaterial mit der Auflage, daraus innerhalb eines halben Jahres ein bewohnbares Haus zu errichten. Ein Verkauf war erst nach sechs Jahren gestattet. Im Sinne einer erzwungenen Bewirtschaftung des Landes hatte der Neukäufer auch permanent darin zu wohnen. An den jeweiligen Feudalherren war Pachtzins zu entrichten. 1303 und 1304 ergingen ausführliche Anweisungen von Jaume II. an den Statthalter (»lloctinent«) Mallorcas, diese neuen Ansiedlungen auf die Einhaltung der königlichen Anordnungen zu kontrollieren. Besonders in der Region von Felanitx scheint allerdings mit den königlichen Vergünstigungen Misswirtschaft betrieben worden zu sein. Es wird geschätzt, dass es mindestens zwei Generationen benötigte, um wieder die flächendeckende Bewirtschaftung der Epoche vor der christlichen Eroberung zu erreichen. Dies scheint auch den Stand der Tierzucht betroffen zu haben, hatte doch schon Jaume I. 1249 ein Verbot des Exports von Pferden erlassen. Noch König Sanç sah sich am Beginn des 14. Jahrhunderts gezwungen, große Mengen dieser zur Landesverteidigung und für das Transportwesen unentbehrlichen Tiere zu importieren. 1300 wurden auf Geheiß des Königs die erste eigene mallorquinischen Münzstätte (»Zeca«) eingerichtet und Silber- und Goldmünzen geschlagen.

Die Administration des Reino de Mallorca übernahm zunächst die Einteilungen aus islamischen Zeiten, das heißt die Insel wurde in dreizehn Verwaltungsbezirke eingeteilt. Im Verlauf des frühen 14. Jahrhunderts erfolgten verschiedene Reformen. Im »Llíbre dels feits del Rei En Jacme« erscheinen schließlich 15 Bezirke; Andratx, Santa Ponçam, Bunyola, Sóller, Almaruig, Pollença, Montuïri, Canarrossa, Inca, Petra, Muro, Felanitx, Manacor, Artà und Palma. An der Spitze der Verwaltung stand der Statthalter oder sogenannte »Lloctinent«. Der »Lloctinent« wurde vom König eingesetzt und war im Allgemeinen kein Mallorquiner. Er residierte im Palast von Almudaina und präsidierte über die aus Beratern *(assessores)* und Staatsanwälten *(advocats fiscals)* gebildeten obersten Spitzen der Verwaltung und Rechtsprechung. Die offizielle Einsetzung des Stadt- und Inselrats (»universitat«) geht auf das Jahr 1249 zurück. Er bestand aus sechs Räten *(jurats)*. Zu den wichtigsten Aufgaben der »Universitat« gehörte der mit dem Anwachsen der Bevölkerung immer wichtigere und umfangreichere Ankauf von Getreide. Unter Aufsicht des Rats wurde das Getreide in Palma gelagert und dann nach einem festen Bedarfsschlüssel an die Gemeinden verteilt. Im gleichen Maß regulierte die »Universitat« den Import von Wein. Obwohl mit dem Anstieg der Bevölkerung der Bedarf die auf der Insel produzierte Menge überstieg, kam es häufig zu Importverboten, um den eigenen Anbau zu schützen. Den Vorsitz *(jurat en cap)* über die »Universitat« führte ein Vertreter des Adels, die übrige Mannschaft setzte sich aus je zwei Vertretern der Stadtbürger und der Kaufleute und einem Vertreter des Handwerkerstands zusammen. Die Amtszeit – mit der Möglichkeit auf eine Wiederernennung – war auf ein Jahr beschränkt. Die Nachfolger im Amt konnten in Konsultation mit dem Bürgermeister Palmas von den Räten selbst gewählt werden *(règim de franquesa)*. Jaume II. setzte am Beginn des 14. Jahrhunderts durch, dass die Auswahl der Kandidaten für diese Ämter beim König oder dem Statthalter lag. Dieser autokratische Akt wurde von seinem Nachfolger König Sanç 1315 wieder zugunsten des *règim de franquesa* zurückgenommen. Sanç dehnte das Recht der Etablierung einer eigenen »Universitat« von Palma auf einige größere Orte der Insel aus.

Im Verlauf des 14. Jahrhunderts wurde es Gewohnheit, dass jeder größere Ort von einem Bürgermeister bzw. Vogt *(batlle)* und vier oder drei Räten *(jurats)* verwaltet wurde. Zu den wichtigsten Aufgaben der Räte gehörten die Vergabe und Verteilung öffentlicher Pflichten und Arbeiten, etwa Wachdienste oder der Errichtung gemeinnütziger Gebäude und Infrastruktur. Nach dem Ende des eigenständigen Königreichs Mallorca sollte es nicht selten vorkommen, dass der König von Aragon ihm von seinem Verweser in Mallorca als ungehorsam gemeldete Räte für abgesetzt erklärte. Dies ist zum Beispiel für 1387 belegt, Joan I. (»el caçador«) nach seiner Thronbesteigung nahezu die gesamte Mannschaft der Räte Mallorcas, ohne auf das Ende der Amtszeit zu warten, ihrer Ämter enthob.

König Jaumes II. Nachfolger als König von Mallorca wurde 1311 sein drittältester Sohn Sanç (kast. Sancho, »el Pacífico«). Jaumes gleichnamiger ältester Sohn kam als Mitglied des Franziskanerordens nicht als Thronfolger in Frage. Das Verhältnis zwischen Mallorca und Aragon blieb nicht konfliktfrei, insbesonders als 1324 der kinderlose König Sanç, verheiratet mit Maria von Neapel, seinen minderjährigen Neffen Jaume (der spätere Jaume III., »el Temerario«), Sohn seines Bruders Ferran (kast. Fernando), zu seinem Nachfolger auf dem Thron des Reino de Mallorca bestimmte und König Jaume II. von Aragon dies – vergeblich – zu verhindern suchte. Der König von Aragon war nicht bereit, seinen eigenen Anspruch auf den Thron von Mallorca aufzugeben. Diplomatischer Druck einer von Frankreich, Neapel und dem Papsttum gebildeten Koalition verhinderte eine militärische Intervention der Aragonesen. Keiner dieser Mächte war an einem Erstarken Aragons und einer weiterhin erfolgreichen aragonesischen Expansionspolitik im Mittelmeer gelegen. Der Reino de Mallorca sollte gleichsam als Puffer und Bremse für diese Expansionsgelüste dienen. Besonders der Papst, der das Herrscherhaus Aragon wenig fein als »domus pestilens« bezeichnete, nahm sich der Sache Mallorcas an. In einem Schreiben vom 24. Oktober 1324 an König Jaume II. von Aragon forderte er diesen ausdrücklich auf, Jaume als »regem Majoricarum illustrem« anzuerkennen.

König Sançs Neffe konnte als Jaume III. im Alter von zehn Jahren schließlich seine Herrschaft antreten. Bis zu seiner Volljährigkeit war ein eigens einberufener Regentschaftsrat und – auf besonderem Wunsch von Papst Johannes XXII. – Jaumes Onkel Felip (kast. Felipe), Domherr von Elne im Roussillon, sein Vormund. Dieses vorübergehende Vakuum einer starken Königsmacht wurde wie so oft von verschiedenen Großen des Reichs auf Mallorca und den Herrschaften in Südfrankreich zur Abpressung weiterer Privilegien und Freiheiten genutzt. Erst dann war man bereit, dem Vormund einen Treueeid zu leisten.

Im Vertrag von Saragossa vom September 1325 verzichtete Jaume II. von Aragon zu Gunsten seines Blutsverwandten Jaume III. auf alle zuvor nach Sançs Tod reklamierten Rechte auf den Reino de Mallorca. Nicht eingeschlossen war dabei natürlich ein Verzicht auf Nachfolgeansprüche des Hauses Aragon nach dem Tod Jaumes III.. Die Heiratspolitik der Königshäuser von Aragon und Mallorca schuf in der Tat weiteres Potential für gegenseitige Thronansprüche. Wie schon im Vertrag von Saragossa vereinbart, heiratete der junge Jaume III. von Mallorca 1336 mit Constança eine Schwester des aragonesischen Thronfolgers Pere IV. Die Kurie hatte bereits 1326 den Dispens für diese Ehe zwischen zwei Kindern erteilt, die im vierten Grad verwandt waren. Weitere Heiratsprojekte dokumentieren weitgesteckte politische Interessen Mallorcas im mediterranen Orbit. So heiratete 1336 Ferran, der Stiefbruder Jaumes III., Eschiva von Lusignan, Tochter Hugos IV., des Königs von Zypern. Schon Ferrans Vater, der ebenfalls Ferran hieß, hatte durch seine Heirat mit Isabella von Sabran Ansprüche auf das Fürstentum Achaia in Griechenland.

Von Anbeginn seiner Regentschaft strebte Pere IV. von Aragon (katal. »el Ceremoniós«, kast. »el Ceremonioso«) eine erneute direkte Reintegration Mallorcas in das Königreich Aragon an. Die zuvor schon erwähnte geographische, politische und administrative Heterogenität und die Nachbarschaft zu militärisch und politisch ungleich potenteren Mächten sollten am Ende der Regierungszeit Jaumes III. schließlich das endgültige Ende eines unabhängigen Königreichs Mallorca einläuten. Jeder außenpolitischen

Wendung Mallorcas wurde in Katalonien und Aragon mit Misstrauen begegnet. In den letzten Jahren seiner Regentschaft als unabhängiger König von Mallorca verdichteten sich Jaumes III. Kontakte mit König Edward von England. Wahrscheinlich intensivierten sich die Kontakte zwischen beiden Reichen, weil mallorquinische Schiffe englische Transporte übernahmen. So versuchte König Edward – vor dem Hintergrund des begonnenen Hundertjährigen Kriegs – durch eine Allianz mit Mallorca englische Interessen in Südfrankreich zu stärken. Aragons Eroberung Mallorcas bereitete diesen Verhandlungen allerdings bald ein Ende. Dennoch rissen die Kontakte Jaumes III. mit England nicht ab; sie sollten ihm helfen die Regentschaft zurückzuerlangen – so hoffte der König.

Als sich während des englisch-französischen Kriegs der 1330er Jahre König Jaume III. auf die Seite Englands stellte, kam es zum Konflikt mit dem Nachbarland Frankreich. Französische Verbände marschierten gegen Montpellier; eilig entsandte mallorquinische Entsatztruppen konnten eine Eroberung der Stadt zunächst verhindern. Diese Spannungen und die in Südfrankreich gebundenen mallorquinischen Kräfte wurden von Aragon umgehend ausgenutzt. Schon zuvor hatten sich die Spannungen verschärft, weil Jaume III. – bzw. bis zu seiner Volljährigkeit sein Regentschaftsrat – sich weigerte, seinem Vetter, dem König von Aragon, den Vassalleneid zu schwören..

Als sich Jaume III. durch den Angriff des französischen Königs Philipp IV. auf Montpellier gezwungen sah, Truppen und Aufmerksamkeit in seinen südostfranzösischen Besitzungen zu konzentrieren, ergriff Pere IV. die Initiative. Der König von Aragon rief Jaume III. zur Leistung des Lehnseids an seinen Hof, wohlwissend, dass der König Mallorcas aufgrund der Verteidigung Montpelliers diesem Wunsch für den Moment nicht Folge leisten konnte. In der später entstandenen Chronik der Taten von Pere IV. heißt es, dass – bezeichnenderweise – böswillige Einflüsterungen französischer Adeliger König Jaume III. veranlasst hätten, die aragonesische Oberhoheit zu ignorieren.

Jaumes »Ungehorsam« war der willkommene Anlass, den König von Mallorca im Februar 1343 zu einem »unwürdigen« Lehnsträger zu erklären und ihm – mit Ausnahme Montpelliers – seine Besitzungen abzuerkennen und einzuziehen. Hinzu kamen weitgehend konstruierte Vorwürfe, Jaume habe eigenmächtig einen Friedensschluss mit dem Herrscher von Marokko getroffen. Damit sollte die »unbotmäßige« Weigerung Jaumes, sich an der von Aragon unterstützten Blockade der Meerenge von Gibraltar zu beteiligen, erklärt werden. Ferner wurde der König von Mallorca angeklagt, den

Lehensvertrag von 1279 nicht eingehalten zu haben. Im Roussillon sei immer noch – entgegen der Abmachung – eine andere Münze als die damals vereinbarte Währung von Barcelona im Umlauf.

Gleichzeitig müssen bereits geheime Kontakte mit führenden Mitgliedern der mallorquinischen Kaufleute und Patrizier stattgefunden haben. Als Pere IV. an der Spitze eines Expeditionscorps aus 116 Schiffen wenige Monate später nach Mallorca segelte, wurde er von den Großen Palmas freundlich empfangen; offensichtlich versprachen sich die mallorquinischen Handelsherren von einer direkten Inkorporation ihrer Insel in das Königreich Aragon größere Vorteile und einen besseren Schutz. Pere IV. bestätigte umgehend ihre Privilegien und versprach, alle fünf Jahre einen *corts* einzuberufen. Letzteres sollte sich als leere Versprechung erweisen, Mallorca hatte weiterhin seine Repräsentanten an den katalanischen »Corts« zu schicken und sollte im Gegensatz zu Valencia, Katalonien und Aragon niemals über ein eigenes Parlament verfügen. Die mit großem Zeremoniell am 22. Juni 1343 in der halbfertigen Kathedrale von Palma durchgeführte Krönung Peres IV. sollte die erneute Vereinigung der Balearen mit dem Königreich Aragon offiziell demonstrieren. Die letzten Getreuen von König Jaume ergaben sich allerdings erst Ende August des Jahres im Bollwerk Castillo del Rey im Norden der Insel.

Die folgende aragonesische Kampagne gegen die bisherige mallorquinische Besitzung Roussillon erwies sich als schwieriger, und es bedurfte großer Anstrengungen, die Hauptstadt der Region, Perpignan, zu erobern. Angesichts der begrenzten Kräfte sah sich Jaume schließlich gezwungen, Roussillon und Cerdanya an Aragon abzutreten. Neben einer Jahresrente von 10 000 *lliures* blieben ihm in Südfrankreich nun nur noch die Ländereien um Montpellier, Melader, Omeladès und Carladès. Im März 1344 wurde die ewige Inkorporation Mallorcas, Cerdagnes und Roussillons in das Königreich Aragon feierlich verkündet. Ebenfalls noch 1344 wurde auf Druck von Pere IV. die Wiedereingliederung Mallorcas durch die katalanischen »Corts« bestätigt. Die 1337 von Jaume III. promulgierten »Leges Palatinae« (katal. »Lleis palatines«) wurden nach dem Ende des unabhängigen Reino de Mallorca von Pere IV. übernommen.

Jaume III. hatte sich unterdessen in die wenigen ihm verbliebenen Besitzungen bei Montpellier zurückgezogen. Inwieweit Jaume – ungeachtet seiner nach wie vor bestehenden englischen Kontakte – durch seine engen Beziehungen zu Frankreich behilflich in der Rekrutierung beträchtlicher mallorquinischer Truppenverbände für die Sache König Philipps VI. im Krieg gegen England war, konnte bisher nicht definitiv ermittelt werden.

Fest steht, dass in der Schlacht von Crécy umfangreiche Kontingente mallorquinischer Soldaten auf Seiten Frankreichs teilnahmen. Aufgrund seiner begrenzten militärischen und logistischen Ressourcen nicht in der Lage, aus eigener Kraft sein Königreich wiederzuerlangen, entschloss sich Jaume III. zu einer verstärkten Annäherung an Frankreich. 1348 verkaufte er seine Besitzrechte über Montpellier, Carladès und Omeladès für eine ihm jährlich auszuzahlende Summe von 10 000 *lliures* an Frankreich. Das Geld investierte Jaume in die Aufstellung eines Heeres.

Durch geheime Informanten über den schlechten Verteidigungszustand Mallorcas informiert, glaubte Jaume, die von ihm mittlerweile rekrutierten 400 Reiter und etwa 3000 Fußsoldaten seien ausreichend, erneut die Herrschaft über Mallorca an sich zu reißen, wenn seine Anhängern gleichzeitig einen Aufruhr von Teilen der lokalen Bevölkerung gegen den aragonesischen Statthalter Gilabert de Centelles provozierten.

Von Königin Joana I. von Neapel mit einer Flotte von 20 großen Handelsschiffen ausgestattet, riskierte er Anfang Oktober 1349 einen Rückeroberungsversuch. Landung und erste Manöver in der Nähe von Pollença gelangen; doch wenige Tage später erreichten aragonesische Entsatztruppen unter Führung von Admiral Riambau de Corbera die Insel. In der Schlacht von Llucmajor südlich von Palma wurden Jaumes Truppen am 25. Oktober 1349 weitgehend aufgerieben, Jaume III. verlor dabei sein Leben; seine Witwe Doña Violante und seine Kinder Isabel und Jaume (der später Jaume IV.) wurden zunächst im Castell de Bellver von Palma, später in Barcelonas Castell Nou gefangen gesetzt. Damit auf Mallorca kein politisch subversiver, separatistischer Totenkult um den ehemaligen Herrscher entstehen konnte, wurde der tote König nach Valencia transferiert und in der dortigen Kathedrale begraben. Erst 1905 erfolgten die Überführung nach Mallorca und eine Bestattung in der Kathedrale von Palma.

Als sein Sohn Jaume IV. 1362 – nicht zuletzt durch Hilfe des Domherrn der Kathedrale von Barcelona und des Papsts – aus der Gefangenschaft entkam und nach Neapel floh, flackerten erneut Konflikte um die Herrschaft über Mallorca auf. Zur Strategie, um die Herrschaft über den Reino de Mallorca wiederzuerlangen, gehörte eine Ehe mit der Königin von Neapel, Joana I. von Anjou, die schon 1349 seinem Vater geholfen hatte. Versuche, umfassende Allianzen zu schmieden und eine Expeditionsflotte zusammenzustellen, scheiterten allerdings.

Auch Jaumes IV. Kontakte mit Edward, Herzog von Wales und Herr über Aquitanien, dem sogenannten Black Prince, – er war Pate des zweiten Sohns von Edward – brachten letztlich nicht die erhoffte Unterstützung Englands im Kampf um die Krone Mallorcas. Der dennoch 1374 unternommene militärische Feldzug gegen Aragon scheiterte. Mit Jaumes IV. Tod 1375 in Soria endete die männliche Nachfolge der früheren Könige von Mallorca. Insofern bedeuteten die Inkorporationsabkommen von 1344 das endgültige Ende eines selbständigen Reino de Mallorca. Jaume IV. hatte vor seinem Tod zwar seinen Anspruch auf den Reino de Mallorca an seine Schwester Isabel, Marchesa von Montferrat, vermacht, ein Vorgang, der eigentlich in den Testamentsbestimmungen Jaumes I., die eine weibliche Thronfolge verboten, ausgeschlossen war. Auch die folgende Weitergabe dieses Anspruchs an Louis I. von Anjou, durch die Ehe ihres verstorbenen Bruders mit Joana I. von Anjou ein Verwandter der früheren mallorquinischen Königsdynastie, lief den früheren mallorquinischen Erbbestimmungen entgegen, die eine Nachfolge nur für direkte Nachkommen vorsahen. Zu ernsthaften Rückeroberungsversuchen kam es im Folgenden nicht mehr. Für den modernen Historiker trugen die Ansprüche des Louis von Anjou dennoch insofern Früchte, als er eine umfangreiche, den Reino de Mallorca betreffende Sammlung von konstitutionellen und juristischen Dokumenten zusammentrug. Sie befinden sich – häufig mit Kommentaren aus der Kanzlei der Anjou versehen – in den »Archives Nationales« von Paris.

Katalanische Expansion im Mittelmeer im 13. und 14. Jahrhundert

VII. Christen, Mudéjares, Juden und Mozaraber

Die Organisation der katholischen Kirche auf Mallorca war in der Phase unmittelbar nach der christlichen Eroberung von Anspruchs- und Kompetenzgerangel zwischen den Bischöfen von Barcelona, Tarragona und Girona geprägt. Papst Gregor IX. entschied schließlich 1232, dass die Kirche Mallorcas direkt dem Heiligen Stuhl unterstehen sollte. Erst 1492 wurde Mallorca als Suffraganbistum der Erzdiözese Valencia untergeordnet. Erster Bischof des von Gregor IX. neu eingerichteten – bzw. wiedererrichteten – Bistums Mallorca wurde 1238 Ramon Torrella. Dieses Bistum umfasste zunächst nicht das noch islamische Menorca und das kirchlich unter der Kontrolle Tarragonas stehende Ibiza. Diese Situation bestand auch noch nach 1245, als Papst Innozenz IV. eine kirchliche Vereinigung von Mallorca mit Ibiza vorantrieb. Dem Bistum Tarragona gelang es dennoch, seine Rechte auf Ibiza zu wahren. Seitdem im frühen 13. Jahrhundert die Erzbischöfe von Tarragona das Recht erhalten hatten, die aragonesischen Könige zur Krönung in Saragossa zu salben, hatte dieses Erzbistum eine besondere Position innerhalb der Kirche des Königreichs inne. Menorca wurde nach seiner Eroberung 1287 kirchlich mit Mallorca vereinigt. Die ersten Generationen der mallorquinischen Bischöfe stammten zumeist aus Katalonien, residierten nur zeitweise auf Mallorca und ließen ihre Diözese von einem Generalvikar verwalten. Erster auf Mallorca geborener Bischof war Antoni de Galiana (1363–1375). Ein aus Kanonikern gebildetes Domkapitel existiert mit Genehmigung von Papst Gregor IX. seit 1240. Im Verlauf der nächsten Jahrzehnte vollzogen sich die kirchliche Organisation der verschiedenen Regionen der Insel und die Einteilung in Pfarreien. Bischofskirche und Klöster wurden Zentren schulischer Erziehung, der »doctrina pueril«. Durch König und Magnaten erhielt die neue Diözese umfangreiche Stiftungen und Zuwendungen. Als Versammlungsorte und Gotteshäuser wurden zunächst die umgeweihten Moscheen benutzt. Gemäß einer im April 1248 von Papst Innozenz IV. erlassenen Bulle gab es damals auf Mallorca 31 Pfarrkirchen, allein 16 von ihnen war der Heiligen Jungfrau Maria geweiht. In Palma waren zunächst vier Pfarreien, seit 1302 fünf, für die Seelsorge zuständig (Santa Eulàlia, Santa Creu, Sant Jaume, Sant Miquel und Sant Nicolau).

Unmittelbar im Gefolge der christlichen Eroberung kamen die ersten Mönchsorden auf die Insel. Vielleicht noch mehr als das Bistum wurden sie entscheidender Faktor für Christianisierung, Erziehung und religiöse Durchdringung und Kultur der Insel. Die Gründung des Dominikaner-Klosters in Palma datiert auf das Jahr 1231, im folgenden Jahr ist das Eintreffen der Mercedarier und Franziskaner dokumentiert, 1238 kamen die Prämonstratenser, 1239 die Zisterzienser, 1240 die Trinitarier, 1300 die Karmeliter und 1480 die Augustiner. Hinzu kamen weitere kleinere Kongregationen und Orden. Unterstützt durch Stiftungen reicher katalanischer Magnaten und des Königshauses errichteten Franziskaner und Zisterzienser in der Mitte des 13. Jahrhunderts eindrucksvolle, heute noch gut erhaltene Klosteranlagen in und um Palma. Dabei zeigte König Jaume II. eine besondere Zuwendung zu den Franziskanern. Sein erstgeborener Sohn sollte später in den Orden eintreten.

Auch die Gründung von Frauenklöstern geht bereits auf die Frühzeit der Re-christianisierung Mallorcas zurück. 1232 wurde das Kloster der Augustinerinnen von Santa Margalida (Santa Margarita) gegründet; 1256 das Kloster der Franziskanerinnen von Santa Clara. Mit Santa Maria Magdalena folgte 1320 die Errichtung eines weiteren bedeutenden Klosters der Augustinerinnen. Das Kloster zur »Madonna vom Stier« auf Menorcas höchstem Berg, dem Monte Toro, – bald eines der wichtigsten Wallfahrtsziele der Balearen – geht auf die Zeit um 1300 zurück.

Kirche und religiöse Orden übernahmen auch auf Mallorca neben Seelsorge und Erziehung die Kranken- und Armenversorgung. Reiche und mächtige Stifter trugen häufig entscheidend zum Grunderwerb und zur Realisierung ehrgeiziger Bauvorhaben bei. Zuerst waren es die Hospitäler und Kommenden (Ordensgüter) der geistlichen Ritterorden, der Templer und Johanniter, seit dem frühen 14. Jahrhundert übernahmen die Bettelorden, vor allem die Franziskaner und Dominikaner, immer mehr die Aufgaben der Kranken- und Pilgerversorgung in den Städten und in ihrer Umgebung. In den nächsten Jahrzehnten wurden sie tragende Säulen für das Sozialwesen der Städte Palma und Alcúdia und übernahmen neben der Kranken- und Armenversorgung, auch Aufgaben der Erziehung und Seelsorge. Äußere Zeichen für diese Bedeutung waren die um 1300 entstehenden großen gotischen Kirchen und Klöster der Franziskaner (San Francesc) und Dominikaner (Santo Domingo) in Palma. Nur derart große Baukörper boten genug Platz für den Strom der den Predigten der Mönche lauschenden Massen. Die Kirchen der Franziskaner und Dominikaner wurden gleichzeitig beliebte Grablegen für betuchte Patrizierfamilien der Städte. Die Gründung von Hospitälern, Siechhäusern oder Armenherbergen ging jedoch nicht allein auf das Betreiben der Orden zurück. Die Hospitäler von

Santa Eulàlia in Palma wurden etwa auf Betreiben des Grafen von Roussilon, Nunyo Sanç gegründet. Die Gründung des Hospitals von Santa Magdalena ist dem Grafen von Ampurias, Ponç Hug, zu verdanken.

Wie in vielen Regionen an den Grenzen zu anderen Religionen etablierte sich auch auf Mallorca eine starke Marienverehrung. Viele mittelalterliche Kirchen, Kapellen und Wallfahrtsziele waren und sind der Muttergottes geweiht. Die Marienverehrung wurde zur Brücke, die es bisherigen Nichtchristen erleichterte, zur katholischen Religion zu konvertieren. Interessanterweise besitzen verschiedene der aus dem 13. und 14. Jahrhundert erhaltenen Mariafiguren orientalische, gleichsam »maurische« Züge, welches für eine Produktion durch konvertierte Mauren spricht oder dafür, dass hier absichtlich eine Identifikationsfigur angeboten wurde. Berühmtes derartiges Beispiel ist die auf 1240 datierte »wunderbare« Auffindung einer steinernen Marienfigur mit dem Jesuskind im Gebirgsort Lluc bei Escorca. Die Figur der Maria ist mit dunkler Hautfarbe gestaltet und wird von den Mallorquinern als »la Moreneta« bezeichnet. Lluc wurde im Folgenden zu einem der populärsten Wallfahrtsorte Mallorcas und ist es bis heute. Ein weiteres bekanntes Beispiel für die Marienanbetung im Mallorca des Spätmittelalters ist der Puig de Santa Maria bei Pollença, an dem um 1370 ein Nonnenkonvent zur Anbetung der Jungfrau gegründet wurde. Diese Tradition von Klostergründungen und Wallfahrtskirchen unter dem Patronat Marias setzte in der Epoche des Barock erneut vehement ein. Beispiel dafür sind die am Beginn des 17. Jahrhunderts auf dem Puig de Son Burgues zu Ehren der Statue der »Madre de Deu de Bon Any« (»Muttergottes des guten Jahres«) errichteten Kloster und Wallfahrtskirche. Der Kult der Muttergottes und damit verbunden der Unbefleckten Empfängnis sollten auch in der Frühen Neuzeit zentrale identitätsstiftende Elemente Mallorcas bleiben. 1643 erklärte der »Gran i General Consell« Maria von der unbefleckten Empfängnis (»Immaculada Concepció«) zur Patronin der Insel.

Die Forschung beschreibt das Mallorca des 13. Jahrhunderts als »settler society« – im Gegensatz etwa zu dem weiterhin in der Mehrheit von Muslimen bewohnten, nur unwesentlich später der Krone Aragons einverleibten Reino de Valencia. Diese Siedler-Gesellschaft wurde durch die Zuwanderung katalanischer, provenzalischer und bis zu einem gewissen Ausmaß auch italienischer Neuankömmlinge bestimmt. Wie von dem Historiker Archibald Lewis formuliert, wurde Mallorca im mindestens gleichen Maß zu einem »neuen Okzitanien« wie zu einem »neuen Katalonien«. Auf die bedeutende Rolle des Grafen von Roussillon, Nunyo Sanç, bei der Eroberung und Landnahme Mallorcas wurde bereits hingewiesen. Der große

Anteil der Siedler aus dem östlichen Katalonien und den angrenzenden, heute auf französischem Gebiet liegenden Provinzen zeigt sich bis heute in der Sprache. Der heute auf Mallorca und auf Menorca gesprochene katalanische Dialekt weist hinsichtlich Grammatik und Morphologie deutliche Parallelen zu den katalanischen Fragmenten im Roussillon und auch zum Provençalischen auf. Hat diese »siedlungstechnische« und migratorische Komponente dazu geführt, dass das spätere Reino de Mallorca südfranzösische Gebiete umfasste? Liegen hier besondere Spuren einer Identität des neu formierten Königreichs?

Den neuen Herren der Insel blieb dabei nicht verborgen, dass die meisten der neuangekommenen christlichen Siedler nicht über das Fachwissen und den Willen verfügten, um das Land effizient zu bewirtschaften. Eine umfassende Vertreibung der islamischen Einwohner musste daher negative Auswirkungen haben; umso mehr als 1230 eine Pestepidemie viele christliche Neuankömmlinge wieder von der Insel vertrieb. Im Zuge der Landnahme Mallorcas hatten die reicheren und zuvor im Gemeinwesen führenden Muslime sich für eine Emigration nach Nordafrika oder in das Emirat Granada entschieden. Es blieben vor allem Bauern, Tagelöhner und kleine Handwerker. Nicht wenige von diesen muslimischen Handwerkern sanken auf den Status von Schuldsklaven ab. Wie von verschiedenen Historikern vermutet, mag darüber hinaus die den muslimischen Handwerkern, Landarbeitern und Dienstleistern zugemutete Abgabenlast von einem Viertel oder mehr ihrer Einkünfte viele zur Emigration veranlasst haben. Die Zielorte der Emigranten – Anfa (das heutige Casablanca), Algier, Almeria, Bougie, Ceuta, Mostaganem, Oran, Tunis und Valencia – spiegeln gleichzeitig einen Teil der damals von Mallorca ausgehenden Handelslinien wider.

Die Geschichte der »Mudéjares« auf Mallorca und den Balearen wurde in den letzten Jahrzehnten von Elena Lourie, Jocelyn Hillgarth, Robert Ignatius Burns, Ricardo Soto Company, Alvaro Santamaría und anderen Historikern intensiver erschlossen. Häufig wurde das Königreich in diesem Kontext als lehrreiches Laboratorium eines Zusammenbruchs früherer »Convivencia« von Muslimen, Juden und Christen beschrieben. Dieses Bild einer »Convivencia« in Zeiten islamischer Herrschaft erscheint indes etwas naiv und holzschnittartig, kann aber im Rahmen dieser kurzen Monographie nicht weiter differenziert werden. Dabei ergaben sich im Vergleich zu den unter aragonesischer Herrschaft stehenden Regionen auf dem iberischen Festland durchaus unterschiedliche Entwicklungen. Die Haltung der Regierung gegenüber der Mudéjar-Bevölkerung scheint dabei bestimmt von der Furcht vor maritimen Attacken durch islamische Verbände sowie von dem Bewusstsein, dass die christlichen Verbände die Küstenlinie nicht vollständig kontrollieren konnten. Daraus ergab sich der Wunsch, die Zahl der Mudéjares zu reduzieren. Dem stand allerdings wie bereits angedeutet ein deutlicher Mangel an Arbeitskräften entgegen – vor allem an effizienten und ausgebildeten Kräften. Da Jaume I. und seine Berater um diesen Mangel wussten, nahmen sie daher zunächst eine pragmatische Haltung ein und betrieben keinen gezielten Exodus der muslimischen Bevölkerung.

Jaumes I. Landvergabe-Politik der Jahre nach 1229/30 wurde von dem relativ geringen Zufluss von fähigen Siedlern und den Folgen der Pestepidemie des Sommers 1230 entscheidende Grenzen gesetzt. Es entwickelte sich eine Konzentration der christlichen Einwohner auf einige, häufig von Burgen gesicherte Regionen, während weite Landstriche weiterhin von Muslimen bzw. Mudéjares besiedelt und bewirtschaftet wurden (»els poblassen per la terra en manera de catius«). Insgesamt wird die islamische Bevölkerung in Landwirtschaft und Handwerk auf etwa 15 000 Personen geschätzt. Ein Schwerpunkt dieser nach wie vor von muslimischen Pächtern bewirtschafteten Ländereien waren die Regionen um Pollença im Norden der Insel. Doch auch in den Städten und größeren Siedlungen überliefern die Quellen Gruppen islamischer Handwerker von Huf-, Silber- und Waffenschmieden über Färber, Schuhmacher, Gerber und Webern zu Bäckern. Ähnlich den christlichen *dhimmīs* in den vom Islam kontrollierten Regionen der Iberischen Halbinsel hatten sie eine Kopfsteuer an die Krone Aragons zu entrichten. Als Nichtchristen waren sie einem System von Schuldsklaverei unterworfen. In Palmas »Arxiu del Regne de Mallorca« finden sich verschiedene Verträge, in denen verschuldete Muslime gegenüber ihren Schuldherren in den Status von Sklaven (in den Dokumenten meistens einfach als »moros« bezeichnet) verfielen. Wenn das ausstehende Geld nicht zu einem bestimmten Zeitpunkt entrichtet werden konnte, war der Herr berechtigt, diese Sklaven weiterzuverkaufen. Die Häufigkeit dieser Fälle in der Mitte des 13. Jahrhunderts deutet einen ökonomischen Niedergang oder eine verschärfte Ausbeutung dieser Bevölkerungsgruppen an. Die Krone sah diese Fälle mit Argwohn, entgingen ihr doch mit dem Verlust des freien Status derartiger Handwerker Steuereinnahmen. So lesen wir nicht selten in den Quellen von islamischen »Schuld-Sklaven«, die weiterhin ihre Kopfsteuer an die Krone entrichteten und damit eigentlich nicht zum Status der Sklaven zu zählen sind.

Die Grenzen zwischen freien und unfreien, bzw. als Sklaven geltenden Muslime waren im Mallorca des 13. Jahrhunderts häufig fließend und nicht genau zu bestimmen. Im Gegensatz zu den Mudéjares auf dem aragonesischen Festland scheinen die Muslime auf Mallorca und den Balearen insgesamt nicht in »Aljamas« – speziellen, relativ autonomen Stadtvierteln – organisiert gewesen zu sein. Die mallorquinischen Mudéjares zahlten ihre Steuern und Abgaben individuell. Die Forschung ist sich weitgehend einig, dass es dennoch speziell ausgewählte Repräsentanten und Funktionäre, wenn auch vielleicht nur auf religiösem Gebiet und in den Moscheen, gab. Es gibt Hinweise, dass in Palma – dem ehemaligen Madīnat Mayūrqa – noch 1327 eine Moschee existierte. Gemäß Jocelyn Hillgarth betrug der Anteil der Mudéjar-Bevölkerung in Mallorca an der Wende des 13. zum 14. Jahrhunderts immer noch etwa 50 Prozent. Dies wären etwa 15 000 bis 20 000 Personen. Diese Zahl korrespondiert mit den Annahmen für die muslimische Bevölkerung in den Territorien des Königreichs Aragon; gemäß Santiago Sobrequés Vidal bekannten sich damals noch etwa die Hälfte der Untertanen Islam.

Das allmähliche Verschwinden der muslimischen Bevölkerung auf Mallorca ist mangels Quellen bisher nur unzureichend rekonstruiert. Sicher ist, dass das Fehlen von »Aljamas« und damit relativ festen sozialen und räumlichen Strukturen zur schnelleren Aufweichung der islamischen Gemeinschaften beitrug. Eine nicht zuletzt durch die Insellage Mallorcas, Menorcas oder Ibizas isolierte und auch dort über verschiedene Regionen und Orte verstreute islamische Bevölkerung gab dem Druck und Verlockungen einer Konversion zum Christentum eher nach als in Stadtvierteln zusammengefasste, eng vernetzte und von religiösen Repräsentanten geführte Gemeinschaften (wie etwa im Reino de Valencia). Das gleiche gilt für die Assimilation der verbliebenen mallorquinischen Mudéjares. Insofern ist für die zweite Hälfte des 14. Jahrhunderts ein allmähliches Verschwinden bzw. eine Konversion und Assimilierung der ursprünglich auf Mallorca beheimateten Mudéjares anzunehmen.

Neben der stetig abnehmenden Zahl islamischer Einwohner Mallorcas gab es allerdings einen ständigen Zustrom von auf See oder bei militärischen Expeditionen gefangenen Muslimen. Falls sie nicht darauf hoffen konnten, durch Verwandte in Nordafrika oder im Emirat Granada freigekauft zu werden, konnten sie ihre Freilassung durch den Erlös eigener Arbeit erreichen. Barcelonas Archivo de Aragon besitzt diesbezüglich verschiedene Schreiben des Nasriden-Emirs Muhammad V. von Granada an König Pere IV. bzw. seine Stellvertreter, in denen sich der Emir über den Bruch der Friedensabkommen mit Aragon durch die »Bewohner von Ibiza, Mallorca und den anderen Inseln« beschwerte: »diese führten verschiedene

Attacken auf muslimische Gebiet aus, verhielten sich, als ob Kriegszustand herrschte, und führten die Einwohner in die Sklaverei und transportierten deren bewegliche Güter auf ihre Inseln.«

Die Beziehungen der Krone von Aragon und speziell von Jaume I. zu den jüdischen Einwohnern seines Reichs sind komplex und noch nicht vollständig aufgearbeitet. Es wird berichtet, dass unter den Finanziers von Jaumes I. mallorquinischem Eroberungszug auch jüdische Kaufleute waren und dass jüdische Dolmetscher die Eroberungskampagne begleiteten. Entsprechend dieser Kontakte und Abhängigkeiten genoss die jüdische Bevölkerung der Insel zunächst besonderen Schutz und Privilegien. Sie durften weiterhin über ihre Besitzungen verfügen. Wie in Katalonien und an der nahezu gleichzeitig eroberten iberischen Ostküste zwischen Tortosa und Alicante verfügten auch die jüdischen Kaufleute auf Mallorca weiterhin über engste Kontakte zu den nordafrikanischen Märkten; eine Situation, von der die Magnaten und die Krone Aragons profitierten. Es lag also zunächst im allgemeinen Interesse, den Status Quo jüdischer Präsenz auf Mallorca zu bewahren. Von einer Schließung der großen jüdischen Synagogen wurde daher abgesehen. Für das 13. Jahrhundert wird von manchen Historikern für Mallorca ein Anteil von 10 Prozent Personen jüdischen Glaubens an der Gesamtbevölkerung angenommen; eine Schätzung, die übertrieben scheint. Dieser Anteil sollte sich in den folgenden Jahrhunderten christlicher Herrschaft infolge von Übergriffen und steuerlichen Belastungen verringern.

Wir haben bereits auf Jaumes I. Bestätigung der Rechte der jüdischen Einwohner Mallorcas verwiesen. Diese Rechte wurden auch von Jaume II. noch einmal bestätigt. Die Zahl der in der Mitte des 13. Jahrhunderts auf Mallorca lebenden Juden wird auf etwa 5000 geschätzt, die meisten von ihnen (ca. 3000) lebten in Palma. Bis zur zweiten Hälfte des 14. Jahrhunderts ging die Gesamtzahl – gemäß den Steuerlisten – auf etwa 3000 zurück. Während der christlichen Herrschaft lebten sie im Allgemeinen in speziellen Vierteln der Städte, den sogenannten *juderías* (kast.) oder *call dels jueus* (katal.) unter weitgehender Selbstverwaltung. Zu dieser Selbstverwaltung gehörte der *kahal*, ein Rat der »Weisen« *(viejos, adelantados, mukademin)*. Der König ernannte einen *Rab mayor* zur Aburteilung interner juristischer Angelegenheiten. Der katalanische Begriff *call* scheint nicht vom kastilischen Wort für Straße *(calle)*, sondern vom hebräischen Begriff für Gemeinde *(qahal)* zu stammen.

Der zahlreichen jüdischen Bevölkerung Palmas wurde von Jaume I. ein eigenes Viertel unweit des Almudaina-Palasts zugewiesen. Ihre Rechte wurden bestätigt, und sie konnte Häuser und landwirtschaftlich nutzbares Land erwerben. Diese konzentrierte Ansiedlung war damals noch nicht durch direkte königliche Anordnung, sondern vielmehr durch die Tendenz der jüdischen Bevölkerung, sich in der Nachbarschaft zu Glaubensbrüdern anzusiedeln, begründet. Später sollte – ähnlich wie auf dem iberischen Festland – vor allem der Schutz vor christlichen Übergriffen die Entstehung der von Mauern umfassten *Juderías* motivieren. Hinzu kam die Furcht der christlichen Herrscher und vor allem der katholischen Kirche vor einer Infiltration der christlichen Bevölkerung mit jüdischem Glaubensgut. Wie anhand der im zeitgenössischen »Codice Pueyo« gesammelten Dokumente ersichtlich, ähnelte in den ersten Jahrzehnten des Reino de Mallorca die rechtliche Stellung der jüdischen Bevölkerung der Situation der niedergelassenen Genuesen und Pisaner. In diesem Kontext ist auch immer der damals bestehende Charakter Mallorcas als Grenzland zwischen den christlichen und islamischen Hemisphären des Mittelmeers zu berücksichtigen. Nach dem Exodus weiter Teile der islamischen Bevölkerung – und ihres Handelsbürgertums – war die diesbezügliche Kompetenz der jüdischen Einwohner zur Erhaltung der Wirtschaftskraft gefragt.

Die engen Beziehungen der mallorquinischen Juden zu ihren Glaubensbrüdern in Nordafrika blieben stark und stellten einen wichtigen Aspekt der Handelsbeziehungen der Insel dar. Schutz und Privilegien für die Juden waren insofern nur eine logische Komponente pragmatischer Politik, blieben diese doch stets beliebte Partner der Krone bei finanziellen Schwierigkeiten, so etwa 1286, als König Alfons von der jüdischen Gemeinde Palmas einen Kredit von 10 000 *solidi* erbat. Diese Privilegien und Schutzbriefe wurden auch auf bedeutende, mit Mallorca Handel treibende jüdische Kaufleute in Nordafrika ausgedehnt. Die in den Arbeiten von Jerònia Pons und Lionel Isaacs gedruckten einschlägigen Dokumente des »Arxiu del Regne de Mallorca« verweisen diesbezüglich besonders häufig auf den ursprünglich in Sijilmasa ansässigen jüdischen Kaufmann und Finanzier Salomon ben Ammar und sein Gewerbe mit Edelmetallen, Kunsthandwerk und Stoffen. Ammar und seine Familie erhielten die Erlaubnis, sich auf Mallorca oder in anderen Regionen Aragons niederzulassen.

Jaume II. bestätigte 1278, dass vor jüdischen Zeugen ausgehandelte Verträge in hebräischer Sprache (»in littera hebraica«) ihre Gültigkeit besaßen. Sowohl während der Selbständigkeit des Reino de Mallorca als auch in der Periode direkter aragonesischer Hoheit durfte die jüdischen Gemeinde Palmas in ihrem Viertel eigene Import- und Exportabgaben erheben. 1288 folgte die ausdrückliche Exemtion der jüdischen Gemeinde von der

Besteuerung durch die Stadtverwaltung; sie war von nun an exklusiv an die Weisungen des königlichen Schatzkanzlers – damals Dalmau Suyner – gebunden.

Ein großer Teil der jüdischen Bevölkerung Mallorcas konzentrierte sich nach König Alfons Wunsch – nicht Befehl – nach 1288 in Palmas sogenannter Judería, dem von Mauern und Toren von der übrigen Stadt getrennten Viertel »El Call« zwischen der heutigen Calle Calatrava und der Plaza Mayor. Ein ähnlicher Prozess der Gettoisierung setzte sich in den folgenden Jahren auch bei der jüdischen Gemeinde von Inca in Gang. Sehr strikt wurde Alfons' Empfehlung indes nicht gehandhabt, noch am Beginn des 14. Jahrhunderts lebten viele Juden außerhalb der ihnen zugewiesenen Stadtviertel.

Zu ersten Konflikten zwischen den christlichen Autoritäten und der jüdischen Bevölkerung kam es anscheinend erst am Ende des 13. Jahrhunderts; und auch dies scheint nicht durch königlichen Willen verursacht zu sein, sondern durch die wachsende Präsenz der religiösen Orden und eine allgemeine – auch in anderen Regionen der Iberischen Halbinsel zu beobachtenden – christliche Radikalisierung. Bekanntes Beispiel für diesen religiösen Eifer ist der charismatische mallorquinische Theologe, Philosoph, Mystiker, Missionar und Dichter Ramón Llulls (Raimundus Lullus) der sich um 1300 um die Missionierung der islamischen und jüdischen Bevölkerung der Insel bemühte. Ihre Taufe sollte sie vor der ewigen Verdammnis bewahren. Sohn niederen katalanisch-mallorquinischen Adels, verbrachte Lull seine Jugend am Hof König Jaumes I., änderte nach einer Visionserfahrung 1263 seine Lebensplanung und ordnete im Folgenden sein Wirken auf das christliche Missionieren und die »geistige« und »geistliche« Wiedereroberung des Heiligen Landes und Nordafrikas aus. Zweifellos hat ihn das von den engen Kontakten mit dem Maghreb geprägte Milieu Palmas stark beeinflusst. Sein Kontakt zum mallorquinischen Hof blieb bestehen, und Lull erhielt 1276 die Erlaubnis König Jaumes II., das Franziskaner-Kollegium von Son Miramar zwischen Valldemossa und Deia auf Mallorca zur Lehre der arabischen Sprache zu errichten. Jaume II. förderte diese zwischen 1276 und 1295 bestehende und auch von Papst Johannes XII. ausdrückliche begrüßte Einrichtung, in der zeitweise dreizehn Franziskaner unter Llulls Leitung das Arabische studierten. Das Erlernen der arabischen Sprache sollte die Missionstätigkeit in Nordafrika und im Nahen Osten erleichtern. Dabei war Llull kein radikaler Missionierer, verschiedene seine Schriften treten für einen Dialog der Kulturen ein. Llull beherrschte selbst das Arabische, und nach der Legende wurde er auf seiner letzten Missionsreise in Tunis von den »Ungläubigen« zu Tode gesteinigt. Literarhistorisch vielleicht wichtigster Anstoß für spätere Generationen war Llulls Benutzung der katalanisch-mallorquinischen Volkssprache, sicherlich mit dem Ziel einer umfassenderen und direkteren Verbreitung seiner missionarischen Schriften in den Kreisen des einfacheren Volks.

Der durch seine Schüler weiter verbreitete sogenannte Lullismus fand im späten Mittelalter speziell bei den Franziskanern, dem säkularen Klerus, Kaufleuten und Handwerken in Katalonien, Valencia und Mallorca starke Verbreitung. Ebenso wurde das seit dem Späten Mittelalter über die gesamte Insel verbreitete Eremitenwesen von der Person und dem Wirken Llulls stark beeinflusst. Llull hatte zwischen 1265 und 1274 selbst die Einsamkeit der mallorquinischen Eremitenklausen gesucht.

Llulls Einfluss zeigt, dass der Missionsgedanke am Beginn des 14. Jahrhunderts zu einem Leitmotiv für die Kontakte zu Andersgläubigen wurde. Die Haltung vieler Christen und vor allem der Herrschenden zum Judentum und Islam veränderte sich dadurch negativ. Wie auch nahezu in allen Regionen auf dem iberischen Festland hing das Schicksal der jüdischen Gemeinden vor allem von der Haltung und Gnade des Königs oder jeweiligen Landesherrn ab. Es war zu Llulls Zeiten, in denen König Jaume II. 1306 anordnete, die hebräischen Bücher auf Mallorca einzuziehen. Bereits im Jahr zuvor war es dem christlichen Klerus verboten worden, die jüdischen Viertel zu betreten. Der König verhinderte indes nicht, dass nach 1299 Palmas große Synagoge neu errichtet wurde. Der Schutz der Könige Mallorcas und später Aragons war allerdings für die jüdische Bevölkerung kein verlässlicher. Besonders der Reichtum einiger jüdischer Familien weckte die Begehrlichkeiten der katholischen Kirche. 1315 wurden die Juden angeklagt, die Konversion zweier deutscher Reisender zum Judentum veranlasst zu haben. König Sanç nutzte die willkommene Gelegenheit, um die malloquinischen Juden zu einer Strafe von 95 000 *lliures* zu verurteilen. Der Gebrauch der zentralen Synagoge wurde untersagt.

In den 1340er Jahren verurteilte der König – auf Veranlassung des Bischofs von Palma – unter dem erneuten Vorwand der Unterstützung der Konversion von Christen zum Judentum die jüdischen Gemeinden der Insel zur Abgabe von weiteren Strafsteuern. Die im Sommer 1391 in Sevilla ausbrechenden Juden-Pogrome verbreiteten sich über Andalusien, die kastilische Ebene und spanische Mittelmeerküste über Barcelona auch auf die Balearen. Sie fielen damit – und sicher nicht zufällig – in ein Jahr von sozialen Konflikten und Aufständen der Landbevölkerung gegen Großgrundbesitzer und Patriziat. Auf Mallorca starben in den anti-jüdischen

Ausschreitungen vom Juli und August 1391 über 300 Juden. Die jüdischen Gemeinden von Alcúdia, Inca, Sineu und Sóller verloren durch Migration nahezu alle Mitglieder.

Wie wenig diese Pogrome den Beifall des immer noch auf jüdische Handelskontakte angewiesenen aragonesischen Königshauses fanden, zeigt sich in der Strafsteuer von angeblich 150 000 Gulden, die daraufhin gegen die Inselverwaltung Mallorcas erlassenen wurde. Die Bestrafung der Schuldigen war blutig, kam aber verspätet. 15 der aus der Landbevölkerung stammenden Totschläger wurden hingerichtet, Mallorcas Statthalter und verschiedene Vertreter der Verwaltungsspitze wurde ihrer Posten enthoben. König Juan I. wollte damit den unterlassenen Schutz der Landesregierung und Verwaltung für die jüdische Bevölkerung und die Großgrundbesitzer bestrafen. Die Strafen wurden allerdings im Folgenden wesentlich abgemildert, und bereits 1392 kam es zu einer weitgehenden Amnestie der Schuldigen. Im folgenden Jahr – am 21. Januar – wurde ein neues Schutzprivilegs für die jüdischen Einwohner der Insel erlassen. Christen, die einen Juden verletzten oder töteten, sollten gehängt werden.

Tatsächlich bedeuteten die Ereignisse des Jahres 1391 keinen Einbruch im von jüdischen Netzwerken organisierten Handel zwischen Nordafrika und Mallorca. David Abulafia hat in diesem Kontext auf ein Paradoxon hingewiesen; anscheinend hat die nach 1391 einsetzende Emigrationswelle die wirtschaftlichen Kontakte noch verstärkt, kannten die nach Algier oder Mostaganem Ausgewanderten doch die Märkte und ökonomischen Bedürfnisse ihres Heimatlandes sehr genau. 1413 ordnete König Ferran I. an – angeblich um spontane Übergriffe des Pöbels zu verhindern –, dass die gesamte jüdische Bevölkerung der Städte seiner Reiche in eigenen, von Mauern geschützten Vierteln leben sollte. Ferner sollten sie bestimmte Trachten tragen, der Aufstieg in den Adel wurde erschwert, ebenso die Behandlung von Christen durch jüdische Ärzte. Außerdem sollten Juden keine Christen mehr beschäftigen dürfen.

Palma behielt seine beiden großen Synagogen bis 1414, als der bekannte Dominikanermönch Vicente Ferrer auf seiner Missionsreise in Palma antijüdische Predigten hielt. Daraufhin sowie aufgrund von sozialen Unruhen kam es zu erneuten Übergriffen gegen die jüdische Gemeinde Palmas. Die beiden Synagogen der Stadt wurden zunächst verwüstet und dann in Kirchen umgewandelt. Die Hintergründe dieser zweiten größeren anti-jüdischen Übergriffe legten die mittlerweile divergierenden Interessen und Machtkonflikte auf Mallorca und im Königreich Aragon frei. In der Karwoche 1435 wurden zwei Mitglieder der jüdischen Gemeinde angezeigt, wegen angeblicher ritueller Kreuzigung eines maurischen Sklaven Als Bischof Gil Sanchez Muñoz sie verhaften ließ, ordnete Vizestatthalter Juan Desfar die Freilassung der Angeklagten an. Als Vertreter bzw. Statthalter der Krone Aragons habe nur er über die Exekutive zu bestimmen. Dennoch geriet der folgende Prozess zur Farce, als sich der königliche Statthalter aufgrund des von den Dominikanern und Franziskanern entfachten öffentlichen Drucks außerstande sah, einen unparteiischen Verlauf zu gewährleisten. Das Urteil der öffentlichen Verbrennung der vier Hauptverantwortlichen wurde nach ihrer »freiwilligen« Konversion zum Christentum ausgesetzt, dennoch war die Furcht vor erneuten umfassenden Pogromen so groß, dass sich weitere zweihundert Juden taufen ließen und andere Konversionsunwillige die Insel verließen. Damit war das öffentliche Leben der jüdischen Gemeinden auf Mallorca nahezu beendet. Die Gläubigen praktizierten ihre Riten fortan vor allem im Geheimen. Wichtige, damals von konvertierten Juden gegründete Bruderschaften waren die »Cofradía de Nuestra Señora de Gracia« und »Sant Miquel dels Conversos«. Insgesamt schätzt man für das Ende des 15. Jahrhunderts die Zahl der auf Mallorca lebenden konvertierten Juden auf etwa 2000.

VIII. Neue Herren, alte Wege – Wirtschaft und Politik im globalen Kontext des Späten Mittelalters

Mallorca im Zentrum eines weitgespannten Handelsnetzes

Das erste Drittel des 14. Jahrhunderts war zweifellos ein Höhepunkt kastilischer, aragonesischer (und auch mallorquinischer) Expansion. Kastilier und Aragonesen kontrollierten damals – mit Ausnahme des Emirats Granada – Andalusien bis zur Spitze von Gibraltar, Sizilien, den maltesischen Archipel, Pantelleria, Djerba, Kerkennah, Sardinien, hatten erfolgreiche Kampagnen gegen Ceuta, Gabés und Collo unternommen und unterhielten mächtige Konsulate und Niederlassungen in Salé, Fes, Marrakesch und Cherchell. Dieses Mittelmeerimperium war allerdings ein fragiles und verwundbares Gebilde. Mallorca befand sich in seinem Zentrum, wurde gleichsam zum Seismographen von ökonomischen und politischen Verschiebungen und Verwerfungen. Barcelona bzw. Katalonien exportierte vor allem Wolle, Stoffe, Leder, verschiedene Trockenfrüchte, Safran und importierte Seide, Gewürze, Reis, Wachs, Metallwerkzeuge und Sklaven. Mallorca war in diesem Handel ein Transitort auf dem Weg von und nach Sardinien, Sizilien, Nordafrika, Ägypten und Syrien. Zentraler Ort des Handels mit mallorquinischen Produkten und Importwaren wurde die Plaça de Sant Andreu im Zentrum Palmas.

Mallorcas Geschichte des Späten Mittelalters ist daher ohne einen Blick auf den aragonesischen bzw. katalanischen Orbit nicht zu verstehen. Dabei muss etwas weiter ausgeholt werden. Historiker haben bereits unterstrichen und herausgearbeitet, inwiefern sich – ungeachtet der christlichen Eroberungen Lissabons und Sevillas – in dieser Epoche in Katalonien die größte wirtschaftliche Dynamik auf der Iberischen Halbinsel entfaltete. Bereits im 11. Jahrhundert hatten landwirtschaftliche Gewinne und maurische Tribute Investitionen angeregt. Ab der Mitte des 12. Jahrhunderts intensivierten sich die Investitionen lokaler Patrizierfamilien in Produktion, Gewerbe und Handel. Eine Achse mit Genua, Pisa und weiteren italienischen und südfranzösischen Städten provozierte weitere Expansion, die Anlage von Handelsstützpunkten und Niederlassungen.

Wirtschaftliches Zentrum war Barcelona, das als erste westeuropäische Stadt bereits in der ersten Hälfte des 11. Jahrhunderts Goldmünzen prägte.

Im 13. Jahrhundert hatte sich in der Stadt ein aktives Bürgertum entwickelt, das von den Unternehmungen der Krone von Aragon in Italien, Nordafrika und dem östlichen Mittelmeer profitierte. Barcelona wurde damit eine bedeutende Fernhandelsstadt, die katalanischen Kaufleute knüpften ihre Kontakte und Netze von Südfrankreich über Italien und Sizilien nach Nordafrika und in den östlichen Mittelmeerraum. Sie errichteten Handelsniederlassungen in Sevilla, Lissabon und Brügge.

Dieses zunehmend internationale und kosmopolitische Milieu in den aragonesischen, katalanischen und auch mallorquinischen Küstenstädten wirkte befruchtend auf Kultur und Wissenschaft. Mit Ramon Muntaner, Bernat Desclot, Joanot Martorell, Arnau de Vilanova und Ramón Llull stammen viele der großen Wissenschaftler, Poeten, Autoren und Denker aus diesem aragonesisch-katalanischen Milieu. Historiker wie Bernard F. Reilly sind der Ansicht, dass durch die christliche Eroberung der Balearen ein Konkurrent und Hindernis für Barcelonas wirtschaftliche Entwicklung beseitigt wurde. Mallorca war außerdem wichtige Seestation für den Handel mit Italien und Nordafrika. Der Aspekt des Handels sollte einen ungemein wichtigen Platz in der politischen, gesellschaftlichen und auch kulturellen Gestaltung der Insel einnehmen. Mallorca wurde zur christlichen Handelsdrehscheibe im westlichen Mittelmeer. Basis dafür war zunächst politische und militärische Sicherheit. Mit der Eroberung Valencias durch Jaume I. 1238 und der Seehäfen von Murviedro und Dénia entlang der zentralen iberischen Ostküste schien auch die Gefahr eines islamischen Gegenschlags gegen das christliche Mallorca gebannt.

Über die Drehscheibe Mallorca gelangten seit dem 13. Jahrhundert englische Wolle und Felle nach Italien und orientalische Farbstoffe von Nordafrika nach Frankreich und Katalonien. Die bedeutende Rolle der mallorquinischen (Zwischen-)händler, Schiffseigner und Kapitäne als Reeder und Seeleute wird unter anderem in der Beteiligung an der Eroberung der Kanarischen Inseln in den 1340er Jahren deutlich. Auf die Rolle der Mallorquiner bei der Integration der vom Papst 1346 dem Kastilier Luis de la Cerda zum Lehen gegebenen Inselgruppe in den europäischen Handel wird in einem späteren Kontext genauer eingegangen. Historiker haben hervorgehoben, inwiefern die Eroberung der Balearen insgesamt die Krone Aragons stärkte. Der Besitz eines Knotenpunkts wichtiger Schifffahrtslinien war ein großer strategischer und wirtschaftlicher Vorteil und ermöglichte einen besseren Schutz der katalanischen Küste vor Berber- bzw. Korsarenangriffen.

Die Vielfalt der im Späten Mittelalter auf Mallorca benutzten Währungen reflektiert die Heterogenität der Handelswege und Kontakte. So zirkulierte der in Katalonien benutzte *denarius* oder *diner* (katal.). 12 *diner* waren 1 *solidus*; gleichzeitig finden wir den in Montpellier geprägten *denier* oder von Valencia stammende *diners*. In den Archiven finden sich ebenfalls in nordafrikanischen *dirham* oder *millarenses* angefertigte Rechnungen. Tatsächlich scheinen für den wachsenden Handel mit dem Maghreb und »Ifriqya« nach 1268 auch auf Mallorca derartige Münzen geprägt worden zu sein. Nach 1300 findet sich auf der Insel eine eigene Währung, der Silber-*diner*, auch *menut* genannt, und der *real senar*, ohne jedoch die anderen Währungen zu verdrängen.

Gerade die *Ancoratge*-Register (Anker-Register) liefern wertvolle Hinweise auf die Provenienz der die Häfen Mallorcas anlaufenden Schiffe. Sie kamen aus den oben erwähnten, mit mallorquinischen Konsuln bestückten nordafrikanischen Häfen sowie aus Almeria, Barcelona, Tarragona, Valencia, Aigues Mortes, Marseille, Genua, Pisa, Venedig, Gaeta, den sizilianischen (Trapani, Palermo, Marsala, Messina) und sardischen Häfen (Cagliari, Oristano, Bosa, Alghero), sowie nach 1280 auch aus den atlantischen Häfen Santander, San Sebastian, Bayonne, Flandern und weniger häufig aus England. Dank der Forschungen von Jaume Sastre Moll, Marcel Durliat, Joan Pons i Marquès und Álvaro Santamaría besitzen wir ferner einen guten Einblick in die beträchtlichen Einkommen der mallorquinischen Monarchie in der ersten Hälfte des 14. Jahrhunderts durch die Ankersteuer *(ancoratge)*, die Verkaufssteuer oder die Importsteuer. Die Forschungen über die Zeit zwischen 1320 und 1340 ergaben für Porto-Pí eine Anlandung von jährlich etwa 950 größeren Schiffen, davon waren etwa 390 »de la terra«, also aus Mallorca, Menorca oder Ibiza, die übrigen stammten von ausländischen Häfen. Die *Ancoratge*-Register belegen auch, inwiefern nach 1280 mallorquinische Schiffe eine wichtige Rolle im Transport englischer Wolle nach Italien, besonders Florenz, einnahmen. Am Beginn des 14. Jahrhunderts verstärkte sich auf Mallorca die Herstellung von eigener Wolle; bis zu einem gewissen Niedergang in der Mitte des 15. Jahrhunderts nahm die Wollproduktion eine herausragende Stellung in der Wirtschaft der Insel ein. Verändert hatte sich allerdings der Atlantikhandel. Am Ende des 15. Jahrhunderts hatten die großen italienischen und französischen Metropolen den mallorquinischen Handel mit England fast vollständig verdrängt.

Die deutliche Zunahme von Piraterie und Korsarenwesen musste – auch wenn eigene Privatiers und indirekt auch die Krone davon profitierten – für die Gesamtheit einer vom Seehandel abhängigen Gesellschaft wie die mallorquinische von Nachteil sein. Bereits am Ende des 14. Jahrhunderts war das Korsarenwesen zu einer speziellen Form des »Profils von Mallorca« geworden, wie es verschiedene Marinehistoriker bezeichnen. Für Mallorcas Wirtschaft und die Krone war es von entscheidender Bedeutung. Ein großer Teil der Mallorquiner war in der Marine des Königs, im Korsarenwesen,

Karte Mallorcas, aus: Camaico, Tavole moderne di geografia, Venedig 1575

im Hafen oder den maritimen Zulieferbetrieben beschäftigt. Das Korsarenwesen als solches galt damals nicht als anrüchig, sondern als ehrenwerter Beruf. Die Schiffe und ihre Ausrüstung wurden von Investoren finanziert und von den jeweiligen Landesherrn geschützt. Untersuchungen ergaben, dass die Statthalter des aragonesischen Königs in den zwanzig Jahren zwischen 1375 und 1395 ungefähr 60 Kaperbriefe *(patente de corso)* ausstellten. Als Kautionsgeld flossen dabei bis zu 2000 oder 3000 *lliures* in die königlichen Kassen.

Mallorca und Nordafrika

Der Besitz von Mallorca und Sizilien verschaffte die Möglichkeit, den Handel mit Tunis und den Maurenreichen von Bejaia (kast. Bugía, frz. Bougie) und Tlemcen zu kontrollieren und dominieren. Besonders die Hafenstadt Bejaia wurde zu einem von Mallorca aus betreuten Protektorat für katalanische Kaufleute. Der französische Historiker Charles-Emmanuel Dufourq hat den intensiven Austausch zwischen König Jaume II. von Mallorca und dem Herrscher über Bejaia, Abou-Zakariya, in den späten 1290er Jahren intensiver aufgearbeitet und gezeigt, inwiefern Bejaia als Brückenkopf für eine weitere Ausbreitung in Nordafrika betrachtet wurde. Für die ersten Jahre des 14. Jahrhunderts sind ungefähr 80 Fahrten größerer mallorquinischer Handelschiffe zu Häfen an den Küsten der heutigen Staaten Algerien und Tunesien dokumentiert; für maghrebinische (marokkanische) Häfen sind es sogar über 220. Dufourq schätzt damit den Prozentsatz aller von Mallorca auslaufenden Schiffe mit dem Ziel Nordafrika (»Ifriqiya« und Maghreb) auf zwischen 35 und 40 Prozent. Nach 1300 richtete Mallorca eigene Konsulate an den nordafrikanischen Küsten ein – der Versuch des damals wieder eigenständigen Königreichs, ein von Katalonien unabhängiges Handelsnetz zu schaffen. Im gleichen Kontext stand die Einführung einer eigenen Währung. Religiöse Grenzen hatten bei diesen ökonomischen Interessen zurückzustehen.

Bereits in den 1240er Jahren hatten die Päpste Gregor IX. und Innozenz IV. den auf Mallorca residierenden christlichen Kaufleuten Genehmigungen erteilt, mit den Ungläubigen in Nordafrika zu handeln und dort Breschen für die mögliche Anlegung christlicher Siedlungen zu schlagen. Diese auf Bitten König Jaumes I. erfolgten Genehmigungen dienten nicht nur einem missionarischen Zweck, vielmehr sollten sie Mallorca noch attraktiver für christliche Siedler und Kaufleute machen. 1274 hatte König

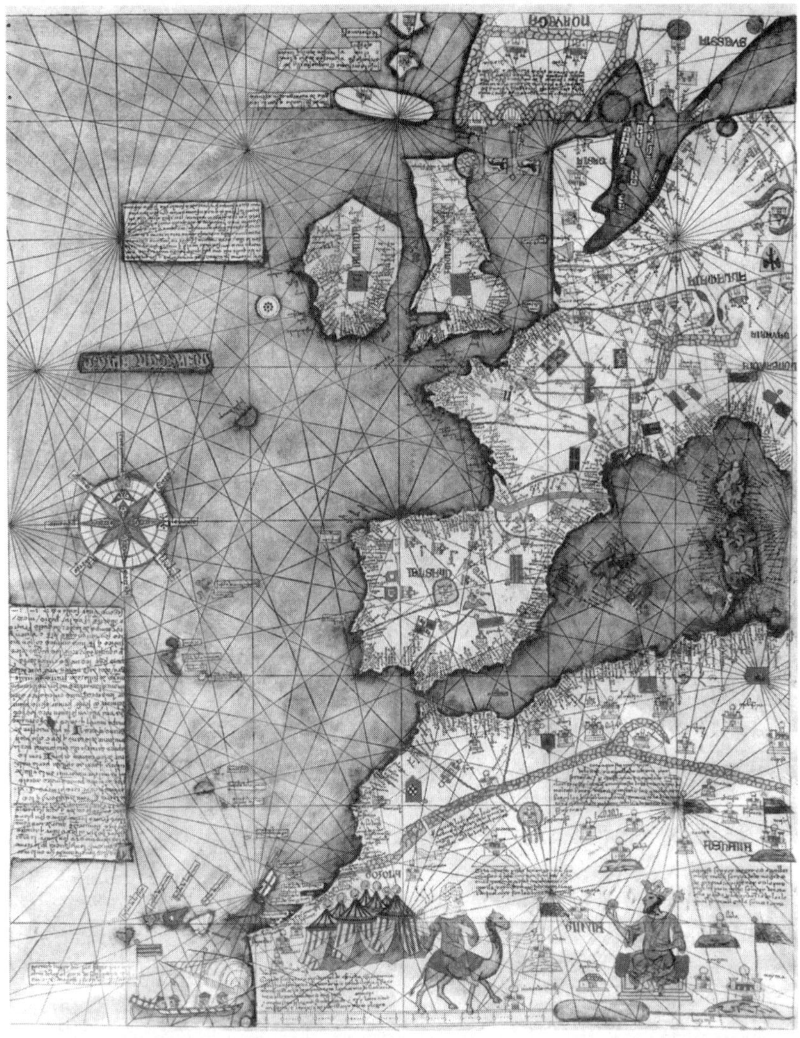

Portolan-Karte aus dem Atlas Catalan von Abraham und Jafuda Cresques, Mallorca, 14. Jhd.

Jaume I. von Aragon Papst Innozenz IV. überzeugt, vom Ausrufen eines Kreuzzugs gegen Tunis abzusehen. Eine derartige Unternehmung hätte die katalanischen und aragonesischen Handelsinteressen im Maghreb nachhaltig gestört. Noch im Jahr 1269 hatte Jaume I. selbst Pläne für einen Kreuzzug zur Befreiung Jerusalems gehegt, doch sollte dieser Zug höchstwahrscheinlich unter dem religiösen Mantel auch die Möglichkeiten einer aragonesischen Expansion ins östliche Mittelmeer erkunden. Mallorca beteiligte sich mit einer Summe von 50 000 *sous*, Truppen, Seeleuten und drei großen Transportschiffen *(nave)* an der schließlich aus nicht exakt geklärten Gründen abgebrochenen Kampagne.

Die für die Mitte des 13. Jahrhunderts erhaltenen Notariatsakten im »Arxiu del Regne de Mallorca« belegen, in welch hohen Zahlen mallorquinische oder von Mallorca aus operierende Schiffe Häfen der Abdalwahididen (Algier, Bejaia, Ténès, Tlemcen), Hafsiden (Tunis) oder Mariniden (Ceuta) anliefen. Teilweise wurde dieser Handel von denselben okzitanischen und katalanischen Kaufleuten betrieben, die bereits während der islamischen Herrschaft mit der Insel Handel getrieben hatten, wie auch von auf Mallorca niedergelassenen Kaufleuten, etwa dem Mozaraber Joan Abennasser »Arrom«. Nach einem Friedensabkommen mit dem Herrscher von Bejaia entstand in dieser Hafenstadt 1302 das vielleicht wichtigste mallorquinische Konsulat auf nordafrikanischen Boden. Nach 1307 folgten – ungeachtet der Proteste des Königs von Aragon – Einrichtungen mallorquinischer Konsulate in Tunis, Annaba (kast. Bona), Collo, Constantine, Tlemcen, Mansoura und anderen nordafrikanischen Hafenstädten. Für 1308 ist ein mallorquinisches Konsulat in Sevilla dokumentiert. Im ersten Drittel des 14. Jahrhunderts schien das Königreich Mallorca nahe daran, einen Teil der algerischen Küste, speziell das Fürstentum der Abdalwahididen von Tlemcen, zu einem Protektorat eigener ökonomischer und politischer Interessen zu machen. Durch den Zugang zu diesen Hafenstädten, Endpunkte der Saharouten, hatten die mallorquinischen und kalalanischen Handelsherren gleichzeitig Zugriff auf den vom Sudan und anderen zentralafrikanischen Regionen an die Mittelmeerküste fließenden Warenstrom von Gold, Elfenbein, Gewürzen und Tuchen.

Genua und Mallorca

Eine Diskussion des wirtschaftlichen und politischen Profils Mallorcas im Mittelalter und der Neuzeit wäre unvollständig ohne eine Würdigung der entscheidenden Rolle der italienischen Seerepubliken, namentlich von Genua. Ausländische Handelsstädte hatten schon vor der christlichen Eroberung entscheidenden Einfluss auf den Handel der Insel. Das christliche Mallorca stand im geographischen Mittelpunkt des katalanischen Handelsnetzes zwischen Genua, Montpellier bzw. Aigues Mortes, Palermo, Tunis, Almería und Málaga. Barcelona erhielt nach der christlichen Eroberung freies Handelsrecht mit Mallorca. Genua, Pisa und Marseille, die zur Eroberung finanzielle und logistische Mittel beisteuerten, richteten Handelskontore ein und erhielten Handelsrechte, die bereits 1231 vom König urkundlich privilegiert wurden. Später kamen Privilegien für Kaufleute aus Lucca, Siena und Florenz hinzu. Der »Arxiu del Regne de Mallorca« in Palma besitzt zahlreiche Notariatsakten, die den umfangreichen genuesischen Handel der Jahrzehnte nach 1230 betreffen. Die Präsenz der Genuesen in Palma war mit umfassenden Verträgen geregelt. Kurze Zeit nach der christlichen Eroberung erwarben sie in Palma Grundbesitz, darunter eine Kirche. 1233 erhielten sie die »lonja dels genovesos«, ein eigenes Handelshaus. Die Mitglieder der genuesischen Niederlassung waren eine sich selbst verwaltende, eigenen Gesetzen unterworfene Gemeinschaft mit eigenen Konsuln. Die Kaufleute Pisas und Marseilles verfügten über ähnliche Privilegien. Gemäß den Notariatsakten besaß Marseille am Ende des 13. Jahrhunderts nicht weniger als 297 Häuser in Palma und weiteren Grundbesitz außerhalb der Stadt. Im Vergleich zu Genua waren die venezianischen Handelskontakte mit Mallorca nicht umfangreich. Zwar verfügte die Serenissima seit 1358 über einen Konsul auf der Insel, doch wegen der Orientierung auf das östliche Mittelmeer und den Nahen Osten blieb Mallorca für Venedig zweitrangig. Der Handel mit auf Ibiza und Formentera produziertem Salz wurde bereits im 14. Jahrhundert fast vollständig von genuesischen Handelshäusern und Schiffen abgewickelt.

Entgegen verschiedener moderner Interpretationen – etwa jener von Roberto Lopez – gibt es kaum Hinweise auf Konflikte zwischen Genua und Mallorca in der Epoche der sogenannten »Öffnung« des Atlantiks für mediterranen Handel in der zweiten Hälfte des 13. Jahrhunderts. Der Atlantikhandel bot zunächst genug Raum und Möglichkeiten für eine Betätigung ohne Rivalität.

Die Bedeutung des Handels mit der islamischen Welt für Genua und Mallorca zeigt sich, als sich Jaume II. von Mallorca 1309 weigerte, einen aragonesischen Feldzug gegen den Emir von Granada zu unterstützen. Andernfalls hätten seine mit dem Emirat handelnden Untertanen Repressalien zu fürchten, so ließ der König verlauten. Als der König von Mallorca aufgrund vereinten aragonesischen und kastilischen Drucks 1332 doch einer Allianz gegen Granada beitrat – und sich damit gegen das mit dem Emirat in engen Handelsbeziehungen stehende Genua stellte –, ließ die Folgen nicht lange auf sich warten. Noch im gleichen Sommer wurden einige Küstenorte Mallorcas und Menorcas von genuesischen Verbänden geplündert. Als Jaume III. im Folgenden von Kastilien gebeten wurde, den über Mallorca in den Maghreb laufenden Handel zu unterbinden, wurde dies umgehend abgelehnt.

Jaume III. und die Kanaren

Im Kontext der Erschließung des Atlantiks wurde das Interesse König Jaumes III. an den Kanaren und der afrikanischen Westküste entfacht. 1342 bemühte er sich bei der Kurie, in Genua und bei der Krone von Aragon darum, den Kanarischen Archipel in die Länder seiner Krone integrieren zu dürfen. Die mittlerweile auch in verschiedenen modernen Artikeln und Abhandlungen gedruckten einschlägigen Quellen des »Arxiu del Regne de Mallorca« dokumentieren, dass bereits im Frühjahr 1342 verschiedene mallorquinische Schiffe zur Erschließung der Kanaren und der westafrikanischen Küste aufgebrochen waren. Falls die Patrone bzw. Kapitäne dieser Schiffe auf noch nicht von Christen besetztes Land stießen, hatten sie das Recht, dieses zu erobern und als *feudum honoratum* für den König von Mallorca in Besitz zu nehmen. Der König sollte über die Gerichtsbarkeit und *alodio* (katal. *alou*), also über die Oberherrschaft des in Anspruch genommenen Landes verfügen. In mehreren Expeditionen wurden vor allem Sklaven, Felle und Farbstoffe von den Kanaren nach Mallorca gebracht. Länger existierende Niederlassungen wurden von den Mallorquinern nicht errichtet. Da Jaume III. schon bald abgesetzt wurde und das Reino de Mallorca an Aragon fiel, wurden diese Ziele nicht dauerhaft verfolgt. Hinweise auf diese Fahrten finden sich in den zeitgenössischen mallorquinischen Karten und Portolanen.

Wirtschaft im Binnenland

Ungeachtet der oben beschriebenen und von der modernen Forschung – vielleicht überproportional – herausgestrichenen Bedeutung des Seehandels, blieben Landwirtschaft und Handwerk weiterhin bedeutende Formen des Einkommens der Bevölkerung und der Krone. Gemäß den Forschungen von Jaume Sastre Moll nahm der König am Beginn des 14. Jahrhunderts aus seinen balearischen Territorien etwa 22 000 *lliures* ein; davon entfielen immer noch über die Hälfte auf Abgaben aus der Landwirtschaft und der Viehzucht. Der Löwenanteil der Einnahmen aus der Landwirtschaft entfielen auf die Getreidesteuer (*dret del blat*), gefolgt von den Abgaben auf Wein und Öl. Der Getreideanbau machte am Beginn des 14. Jahrhunderts immer noch etwa 60 Prozent landwirtschaftlicher Produktion aus. Klima, Trockenheit, Seuchen oder Mangel an Arbeitskräften ließen das Einkommen bzw. die aus diesem Sektor gezogenen Steuern indes kaum kalkulierbar erscheinen. Da es verlässliche Zahlen für das 14. Jahrhundert nicht gibt, hier einige Beispiele aus den folgenden zwei Jahrhunderten: Während 1498 eine Gesamtmenge von 272 000 *quarteres* Getreide produziert werden konnte, belief sich die Produktion des von großer Trockenheit gezeichneten Jahres 1507 lediglich auf etwa 27 000 *quarteres*. Getreideanbau und -import hatten nicht nur große ernährungstechnische, sondern auch sozialpolitische Bedeutung. Als etwa 1566 Dürre und Trockenheit nur die Ernte von 112 440 *quarteres* Getreide zuließen und daraufhin Hunger und Rebellion drohten, half König Felipe II. mit 40 000 *lliures* aus der königlichen Kasse, damit die »Universitat« zusätzliches Getreide importieren konnte. Obwohl bereits von aragonesischen Königen wie Pere III. oder Alfons III. erwogen, erlaubten es Größe, Bodenbeschaffenheit und Bevölkerungszahlen nicht, Mallorca wie etwa Sizilien in ein Zentrum der Getreideproduktion zu verwandeln. Die Insel – besonders Palma, in dem zeitweise die Hälfte der Inselbevölkerung lebte – blieb im Allgemeinen auf Getreideimporte angewiesen. Die Bedeutung des aus Mallorca im Hohen und Späten Mittelalter exportierten Olivenöls und der Feigen wurde vom Salzexport aus Ibiza übertroffen. Wollexport und Textilherstellung begannen erst im Verlauf des 14. Jahrhunderts überregionale Bedeutung zu erlangen. Zentren der Wollproduktion waren Inca, Sóller, Pollença und Felanitx. Die jährlich auf Mallorca im 15. Jahrhundert verarbeitete Menge an Wolle wird auf etwa 14 000 Zentner einheimischer und etwa 2000 Zentner importierter Wolle veranschlagt. Die meisten Handwerker der Insel waren zunächst in Bruderschaften organisiert, auch Metzger und Fischer waren in derartigen Bünden zusammengeschlossen. Im Vergleich zum iberischen Festland war der Anteil der Viehzucht auf Mallorca relativ klein. Ziegen und Schafe waren die verbreitetsten Tiere. Fisch, besonders importierter Trockenfisch, diente häufig als Fleisch-Ersatz. Die Einkünfte aus den Häfen, der Anker-Steuer *(dret d'ancoratge)*, den *reebudes* und *dades*, Ankunfts- und Abfahrtsabgaben der Schiffe, betrugen 20 Prozent, in guten Jahren etwa 25 Prozent. Diese Zahlen und Proportionen sollten sich durch die Wirtschaftskrisen, Kriege und vor allem Epidemien des zweiten und dritten Drittels des 14. Jahrhunderts stark verändern.

In der zweiten Hälfte des 14. Jahrhunderts befinden wir uns unter Pere IV. in einer Epoche, in der der Reino de Mallorca als eigenständiges Königreich bereits nicht mehr existierte. Wir haben schon verfolgt, inwiefern die Unabhängigkeit oder Integration des Reino de Mallorca entscheidenden Einfluss auf die aragonesische Vision eines westlichen Mittelmeerimperiums hatte. Für Pere IV. war Mallorca das mittlere Glied eines Systems von Herrschaften, die von Südfrankreich bis nach Sizilien reichten. Gleichzeitig sollte dieses politische Gebilde unter dem Dach des Hauses Aragon durch einen integrierten Handel gestützt und mit Leben erfüllt werden. Dieser Handel sollte nicht nur die katalanischen Kaufleute bereichern und damit Motor einer allgemeinen katalanisch-aragonesischen Prosperität werden, sondern auch für die Bevölkerung Mallorcas zur Stabilität ihres Einkommens beitragen. Im Gegensatz dazu wurde – wie oben schon gezeigt – in den Zeiten eines eigenständigen Königreichs Mallorca (1276–1285/1298–1343) eine Politik betrieben, die auf Tarifbarrieren zwischen Mallorca und Katalonien, eine eigene Münze, auf die Errichtung eigener Konsulate und Niederlassungen in Übersee und auf einen – besonders gegenüber dem Maghreb – eigenständigen Handel setzte.

Pere IV. band Mallorca wieder fest in Aragons Politik ein und zeigte stets ein ausgeprägtes Interesse, seine Legimitation und die herrschaftliche Durchdringung seiner Länder zu kodifizieren und festzuschreiben. Er adaptierte die Hofordnungen Peres III. und Jaumes II. Ferner übernahm er nach der Eroberung der Balearen die detaillierten Hofordnungen Jaumes III. von Mallorca (»Leges Palatinae«); Adel und Stände sahen diese Übersteigerung der Königsmacht mit Misstrauen. Mit der endgültigen direkten Integration Mallorcas in die Herrschaften der Krone Aragons begannen die Mallorquiner nicht nur die wirtschaftlichen Schwierigkeiten Barcelonas, sondern auch die mit der ambitionierten Expansionspolitik Peres IV. verbundenen Belastungen unmittelbar zu spüren. Peres Kampagnen gegen Sardinien 1352 und Kastilien 1356 mussten sie mitfinanzieren. Mallorquinische Seeleute kämpften vor Sardinien, auf königlichen Befehl in Mallorca ausgehobene Verbände hatten sich am Krieg gegen Kastilien zu beteiligen.

Die den Einwohnern Mallorcas von Aragon auferlegten Steuern waren für viele früher freie Bauern kaum zu schultern; dies und die durch die verheerende Pestepidemie der Jahre 1349/1350 verursachte Knappheit an Arbeitskräften zur Landbestellung zwang viele von ihnen zum Verkauf eines großen Teils ihrer Ländereien an den Adel und die Großgrundbesitzer. Aus den freien Bauern waren Landarbeiter mit nur noch sehr kleinem Landbesitz zur Selbstversorgung geworden. Soziale Unzufriedenheit entstand aus dieser Situation. Weitere Steuererhöhungen, auch auf Dinge des Grundbedarfs und auf Lebensmittel, trugen zur Verstimmung bei. Die Pestepidemien der Jahre 1348, 1364, 1375, 1440 und 1484 und die damit einhergenden Embargos führten zu massiven Versorgungsengpässen und verursachten weitere ökonomische Rückschläge.

Die zentralistische Politik der Könige, die divergierenden Königs- und Adelsinteressen und die grassierenden Seuchen sollten sowohl auf dem Festland als auch auf Mallorca in den folgenden Jahrzehnten und Jahrhunderten zu Konflikten und zur Instabilität führen. Gerade in Zeiten der wirtschaftlichen Krise – schon 1333 war es in Barcelona, Girona und dem »mallorquinischen« Perpignan zum Zusammenbruch von Banken gekommen – und zunehmender Schuldenlast der Krone sah sich der Herrscher teilweise gezwungen, den Ständevertretungen nachzugeben. Eventuell hatte die aragonesisch-katalanische Expansionspolitik die Kräfte überstrapiziert; das strukturelle Defizit an Humanressourcen, Finanzmittel, Schiffen und Kriegsgerät forderte seinen Tribut. Die 1330er Jahre und vor allem die zwischen 1329 und 1336 andauernden Konflikte mit der Finanzmetropole und Seerepublik Genua markierten Wendepunkte; eine Rezession setzte ein. Dies zeigte sich nicht nur am Verlust einiger nordafrikanischer und südiberischer Besitzungen (Djerba, Kerkenna und auch Gibraltar), sondern auch in internen Konflikten und Hungersnöten, die durch Epidemien, Dürren und Missernten verursacht wurden. So verlor Barcelona damals etwa 10 000 seiner 50 000 Einwohner.

Studien von Earl J. Hamilton und Jaume Vicens Vivens deuten auf einen deutlichen Preisanstieg zwischen der Mitte und dem Ende des 14. Jahrhunderts. Für das erste Drittel des 15. Jahrhunderts ist diesbezüglich eine von großer Unsicherheit geprägte Situation zu beobachten, im zweiten Drittel des Jahrhunderts stabilisierte sich die Lage wieder. König Alfons V. versuchte auf verschiedenen – häufig handelsprotektionistischen – Wegen diesen negativen Tendenzen entgegenzuwirken. So untersagte er 1419 die Verschiffung von Gütern aus den katalanischen und mallorquinischen Häfen auf fremden Schiffen. Für einheimische Patrone und Schiffseigentümer wurden Frachtabgaben und -zölle deutlich reduziert. Zur Zeit des eigenständigen Reino de Mallorca wie auch der späteren direkten Herrschaft durch die König von Aragon versuchte die königliche Gewalt immer wieder direkt in Wirtschaftsprozesse und Handel einzugreifen. So hatte die Krone 1376 wegen des durch eine Seuche reduzierten Viehbestands das Schlachten von Vieh verboten, etwa 1403 wurde ein königliches Dekret erlassen, welches die Malloquiner in den nächsten sechs Jahren zur Intensivierung des Weinanbaus aufforderte; andere Beschlüsse beschäftigten sich mit der Abwicklung des Verkaufs der auf Mallorca hergestellten Textilien oder mit den Rechten am Fischfang.

1405 brach die königliche Finanzverwaltung auf Mallorca vollkommen zusammen. Wie der spanische Mediävist Antonio Furió kürzlich herausarbeitete, waren diese finanziellen Schwierigkeiten nicht temporären Problemen – etwa Missernten, Epidemien oder Kriegen – sondern strukturellen Defiziten geschuldet. Bereits in den 1370er Jahren lamentierten Sekretäre der Krone, dass den 900 000 *lliures* Ausgaben, nur etwa 660 000 *lliures* Einnahmen entgegenstanden. Im Laufe der Jahre akkumulierte der Reino de Mallorca eine Schuldenlast von sechs Millionen *lliures*. Damit verbunden war eine Zinslast von etwa 600 000 *lliures*, also nahezu die Summe der jährlichen Gesamteinnahmen. Pläne zur Reduzierung dieser Schuldenlast und für Sparmaßnahmen im öffentlichen Haushalt gab es seit 1373, eine Umsetzung in die Praxis gelang, unter anderem aufgrund der häufigen Blockadehaltung der »Universitat« und des »Gran i General Consell« indes nicht. Besonders eine Anhebung der *vectigal*, der Steuer auf importierte oder exportierte Güter, stieß auf heftige Kritik und wurde verdächtigt, den Handel der Insel abzuwürgen. Hauptkritiker waren verständlicherweise die Handelsherren und Bürger Palmas, gleichzeitig nicht selten Vertreter der »Universitat«. Auch die Anhebung der Steuer auf den lukrativen und umfangreichen Salzexport Ibizas *(gabella de la sal)* brachte keine wesentliche Entlastung des defizitären Haushalts.

Die Forschung hat in diesem Zusammenhang auf ähnliche – wenngleich nicht in derart massiver Form – Beispiele in den *reinos* von Valencia, Aragon oder Kastilien hingewiesen. Als Ursachen wurden die mit dem wachsenden Zentralismus der Kronen verbundenen Mehrausgaben, stehende Heere und kostspieliger Flottenbau, eine Vielzahl von Steuerexemtionen, wachsende Zinsquoten (von etwa 5 auf nahezu 10 Prozent um 1400) und natürlich auch der mit den großen Pestepidemien verbundene Bevölkerungsrückgang nach 1350 ausgemacht. Im Fall von Aragon und damit verbunden im Reino de Mallorca sorgte eine ambitionierte, aber zunächst wenig rentable Expansionspolitik in den zentralen Mittelmeerraum für weitere Ausgaben. Das Volumen der Banken, die Ressourcen des Patriziats und auch die Mittel des Königs und Adels waren für derart breitgefächerte Ziele nicht vollständig vorbereitet. Es war nicht zuletzt aus diesem Grund, weswegen gerade die iberischen Königreiche auf die Untersützung des Finanzzentrums Genua und andere italienischer Städte angewiesen waren. Kam es – wie etwa im Krieg zwischen 1329 und 1336 – zu Konflikten mit Genua, drohte baldige Insolvenz.

Rechtliche und administrative Entwicklungen

Die Dynamisierung und Expansion des katalanischen Handels im 13. Jahrhundert und die Vielfalt der daran beteiligten Partner schufen gleichzeitig ein neues, fein ausbalanciertes System von Logistik, Administration und rechtlichem Rahmen. Auch im Reino de Mallorca begann eine verstärkte Tendenz zur Kodifizierung und Standardisierung von Recht, unter anderem entstand der »Llíbre dels privilegis dels reis de Mallorca«. Das 1257 in Barcelona gegründete »Consulat del Mar«, eine Art Handelskammer, wurde zur Modellinstitution für viele ähnliche Einrichtungen im Mittelmeer. 1283 wurde der wegweisende »Llíbre del Consulat«, eine maritime Rechtssammlung, kodifiziert. Nach dem ungefähren Vorbild der 1283 von König Pere III. für die im Seehandel tätigen Kaufleute, Patrone, Kapitäne und Mannschaften von Valencia erlassenen Carta (»costums de mar«) sind für Mallorca 1325 und 1343 ähnliche Erlasse dokumentiert. Bereits 1325 wurde das mallorquinische »Consolat de Mar« (Seegerichtshof) eingerichtet. Der »Llíbre del Consolat de Mar« (1346) wurde zur Grundlage eines Seerechts.

Ähnlich der Situation der wachsenden Bedeutung der Städte in Katalonien war auch im Mallorca des 14. Jahrhunderts die Zeit reif, die Macht der Zünfte (kast. *gremios*, katal. *gremis*) auf eine umfassende rechtliche Basis zu setzen. Im Jahr 1395 verlieh ihnen eine Verordnung von König Joan I. den gesetzlichen Status, d.h. Macht und Regularien der Zünfte wurden in den allgemeinen Gesetzeskodex aufgenommen, bzw. den anderen Gesetzen gleichgestellt) Insgesamt gab es im Mallorca des 15. Jahrhunderts 85 für den religiösen und beruflichen Schutz sowie für eine einheitliche Ausbildung sorgende Zünfte. Die damals entstandene, heute noch gut erhaltene, prachtvolle spätgotische »Llotja« (Börse, Handelsplatz) von Palma dokumentiert die einstmalige Bedeutung dieser Einrichtung.

Die politische Neuordnungen und administrative Veränderungen innerhalb Aragons, die durch die beschriebenen ökonomischen Entwicklungen wesentlich mitbestimmt und dynamisiert wurden, fanden auch auf Mallorca ein Echo. Der föderative Charakter der Länder der Krone Aragons – inklusive des größer werdenden überseeischen Territoriums – erforderten im Vergleich zu Kastilien eine veränderte administrative Strukturierung. Die Krone von Aragon hatte damals die Entwicklung zur Föderation der Reiche *(reinos)* von Aragon selbst, Katalonien, Valencia, Sardinien und Korsika, Sizilien und Mallorca vollzogen. Aragon, Katalonien und Valencia wurden nach eigenen Gesetzen *(fueros)* und von eigenen *corts* regiert. Die Großen Mallorcas, Bischof, Äbte, Deligierte des Domkapitels, Räte der »Universitat«, hatten an den »Corts« von Katalonien teilzunehmen. In Ermangelung eigener *corts* wurde der sogenannte »Gran i General Consell« höchstes administratives Organ der Insel. Er hatte sich mit der königlichen Administration abzustimmen und setzte sich aus den Räten *(jurats)* Palmas und Repräsentanten *(prohoms)* der übrigen Regionen Mallorcas zusammen und war im Verlauf der Jahrhunderte verschiedensten Veränderungen unterworfen. 1373 bestand der »Gran i General Consell« aus 150 Mitgliedern, eine Zahl, die König Pere IV. zu umfangreich und entscheidungshemmend erschien. Er reduzierte die Anzahl daher auf 139, davon kamen allein 100 aus Palma und die übrigen 39 aus den kleineren Städten der Insel. Dieses Ungleichgewicht der Zahl der Repräsentanten zwischen Hauptstadt und Land sollte häufig für Konfliktstoff sorgen. In den folgenden Jahrzehnten und Jahrhunderten reduzierte sich die Zahl der Mitglieder weiter. Gemäß einer 1397 erlassenen und von Vizekönig Hug d'Anglesola in die Praxis umgesetzten Verordnung *(pragmàtica)* richtete sich die Einteilung der Provenienz der Repräsentanten (Adelige, Bürger, Handelsherren, Juristen, Handwerker) Palmas nach den fünf Pfarreien der Stadt, Santa Eulàlia, Santa Creu, Sant Miquel, Sant Jaume und Sant Nicolau. Die mit einer Einwohnerzahl zwischen 2000 und 3000 größeren Orte Inca, Sóller, Pollença und Sineu stellten jeweils zwei Repräsentanten. In den folgenden Jahrhunderten variierten je nach königlichen Verordnungen die Zahlen und Zusammensetzung des »Gran i General Consell«. Der Große Rat war erst mit einer Teilnahme von mindestens zwei Dritteln der Stimmberechtigten beschlussfähig. Er beschäftigte sich mit der Festsetzung der Steuersätze – auch der Verkaufssteuer –, Aufstellung von Milizen, dem Küstenschutz, öffentlichen Bauaufträgen, Armen- und Krankenfürsorge und der Bewilligung und Organisation von Mitteln und Truppen für königliche Feldzüge. Die von den Mitgliedern des »Gran i General Consell« ausgearbeiteten Gesetze mussten dem König zur Genehmigung vorgelegt werden.

Der König wurde in Zeiten seiner Abwesenheit in seinen verschiedenen Territorien durch einen Prokurator-General vertreten; eine Stellung, die in Valencia und Mallorca einen permanenten Charakter annahm. Im 13. Jahrhundert erhielt der Thronfolger im Allgemeinen den Titel eines »Procurador General de tots les regnes«, manchmal auch Generalleutnant genannt. Die Position verfügte über vizekönigliche Autorität. In Katalonien und Mallorca war zunächst die »Veguería« (Vikariat) eine wichtige Basis territorialer Verwaltung. Vorsteher dieser Vikariate war ein vom König ernannter und direkt dem Prokurator-General Rechenschaft ablegender »Veguer« (Vikar). Der Vikar war für die Einhaltung des öffentlichen Friedens, die Einhaltung der Gesetze, die Einberufung von Truppen bei Bedarf und teilweise auch für die Gemeindeverwaltung zuständig. Unter Jaume II. von Aragon war Katalonien in vierzehn und Mallorca in zwei Vikariate unterteilt. Von diesen beiden mallorquinischen Vikariaten bestanden eines aus der Hauptstadt Palma und der unmittelbaren Umgebung und das andere aus dem Rest der Insel.

In Sardinien, Sizilien und den Balearen wurden als Stellvertreter des Königs Generalleutnants, später Vizekönige (katal. *virrei*) installiert. Der im späteren spanischen Weltreich so bedeutende Titel und das Amt eines Vizekönigs entstanden ursprünglich, als die Krone Aragons ihre Herrschaft weiter in den Mittelmeerraum ausdehnte. Der jeweilige Vizekönig sollte kein Einheimischer sein. Zunächst nur für Ruhe und Ordnung zuständig, wurde das Amt des Vizekönigs allmählich zu dem eines vollgültigen Statthalters des Königs. Der Generalleutnant bzw. Vizekönig in Mallorca am Ende des 14. Jahrhunderts ist also im Kontext aragonesischer Expansion zu sehen. Der Titel »Vizekönig« erscheint erstmals unter der Herrschaft von König Martí I. von Aragon (1396–1410). Martí, bereits König von Sizilien, war mangels männlicher Erben seinem Bruder Joan I. auf dem aragonesischen Thron gefolgt. Ähnliche Ämter wurden auch in Sardinien, Sizilien, der Morea und während der langen Anwesenheit Alfons' V. in Italien auch in Valencia, Katalonien und Aragon selbst etabliert. 1415 wurde beispielsweise König Ferrans I. Sohn Joan (Duque de Peñafiel), der spätere König Joan II., Vizekönig von Mallorca, Sardinien und Sizilien.

Die energische Außenpolitik Alfons' V. (»el Magnànim«) verbesserte Mallorcas kriselnde Ökonomie und die konfliktbeladenen Klassengegensätze nicht. Im Gegenteil sah sich der König aufgrund der stetig steigenden Kosten für einen immer größer werden Beamtenapparat und zur Aufrechterhaltung der Schlagkraft von Marine und Heer veranlasst, auch auf Mallorca Abgaben zu erhöhen und Heeresdienste einzufordern. Ständig auf der Suche nach neuen Einnahmequellen forderten in den 1440er Jahren neue Katasterverordnungen von den jeweiligen Grundbesitzern Urkunden als Beweis des Landbesitzes. Sollten diese nicht vorgelegt werden können, fiel das Land an die Krone. Dies betraf besonders freie Bauern und kleine Landbesitzer, die häufig keine Urkunden nachweisen konnten. Letztlich war es diese Verordnung, die einen seit Jahrzehnten schwelenden Konflikt der Landbevölkerung und Bauern mit den Großgrundbesitzern und Magnaten zum offenen Ausbruch brachte.

Trotz der vom König genehmigten und damit seiner Kontrolle unterworfenen Errichtung des »Sindicat de Tres Estaments« (Kaufleute, Handwerker und Arbeiter) kam es in der Mitte des 15. Jahrhunderts zu mehreren Revolten der Händler. Auf Mallorca weitete sich der Konflikt auf die Landbevölkerung aus, die zwischen 1451 und 1453 gegen die Krone rebellierte. In der im Landesinneren gelegenen Kleinstadt Manacor hatten sich etwa 7000 Bauern und Handwerker versammelt. Unter der Führung Simó Ballesters (alias »Tort«) zogen sie in Richtung Palma und plünderten unterwegs Sitze der adeligen Großgrundbesitzer. Einer vergeblichen Belagerung der Hauptstadt folgten ergebnislos verlaufende Verhandlungen mit dem Patriziat, Statthalter Berenguer d'Olms und dem sich gerade in Palma befindlichen Bischof von Urgell. Die vizeköniglichen Truppen waren zu schwach, um den Aufständen Einhalt zu gebieten. Dies änderte sich erst, als im August 1452 auf Mallorca eine vom Vizekönig von Sardinien zusammengestellte Flotte unter Führung von Generalkapitän Francesc Erill landete und die vereinten königlichen Truppen die Bauern und Handwerker gewaltsam zur Raison brachten. Die Führer der Aufständischen wurden mit einer gewaltigen Strafabgabe von 150 000 *lliures* belegt.

Diese bürgerkriegsähnlichen Zustände sollten sich auf dynastischer Ebene unter der Herrschaft von Alfons'. Nachfolger Joan II. ins gesamte Territorium der Krone ausweiten. Hintergrund war der Konflikt um das Erbe des Königreichs Navarra. Joan II. war als Infant mit der 1441 verstorbenen Erbin des Königreichs Navarra, Blanca (Blanche) I., verheiratet gewesen. Thronerbe Blancas war ihr gemeinsamer Sohn Carlos, Duque de Viana. Joan II. erkannte diese Thronfolge nicht an und wollte seinen Sohn nur im Amt eines Generalstatthalters von Navarra bestätigen. 1455 setzte Joan II. eine Enterbung Carlos' durch. Um weitere Agitationen zu verhindern, hatte er ihn schon zuvor auf die Festung Santueri bei Felanitx auf Mallorca und später nach Lleida verbannt.

Die Magnaten und Stände Kataloniens hatten diese inneren Konflikte und die damit verbundene Schwäche des Königtums ausgenutzt, um

Joan II. Rechte abzutrotzen. Die Vereinbarungen von Vilafranca del Peñedes (kast. Panades) legten 1461 außer Bestimmungen zur Thronfolge fest, dass der König sein katalanisches Prinzipat nur mit Zustimmung der »Corts« betreten dürfe. Zu einer sofortigen Befriedung der Situation führte das nicht. Zu tief waren die Gräben zwischen Adel, Bürgertum und Bauern geworden. Hinzu kam ein deutlich gewachsenes Selbstbewusstsein katalanischer Eigenständigkeit. Mallorca sollte in dem nun verschärft ausbrechenden Konflikt eine wichtige Rolle spielen. Nach seiner Rückkehr aus dem Exil starb Carlos 1461 unter ungeklärten Umständen, angeblich hatten sein Vater und seine Stiefmutter ihn vergiften lassen. Als Joan II. im Folgenden gegen die Vereinbarungen des Abkommens von Vilafranca del Peñedes Katalonien betrat, löste dies einen zehnjährigen Bürgerkrieg aus. Joan II. wurde in einigen Landesteilen für abgesetzt erklärt. Die Balearen wurden zum Spiegel der Gesamtsituation: Während Mallorca sich auf Seite Joans stellte, unterstützten die Bürger der menorquinischen Hafenstadt Maó die Sache der aufständischen Katalanen. Ciutadella bekannte sich zur Sache König Joans. Auf der Hauptinsel war es vor allem die loyale Haltung Statthalters Castellar d'Orís, welche die Situation für Joan II. rettete, sowie die Unterstützung des »Gran i General Consell«, der versuchte, die Lage zu beruhigen. Statthalter Castellar d'Orís gelang es, mehrere geheime Schreiben der Aufrührer an die Magnaten und Räte Mallorcas abzufangen und auf die Insel entsandte Aufrührer sofort zu verhaften. Hunderte der Konspiration gegen Joan II. angeklagte Einwohner wurden hingerichtet. Im Mai 1463 erhob sich Menorca gegen den in Palma residierenden königlichen Statthalter. Wenige Wochen später belagerten und eroberten mallorquinische Truppen Ciutadella; den vom Festland entsanden katalanischen Verbänden gelang es währenddessen, sich in Maó festzusetzen.

Aus den zwischen königstreuen und rebellierenden Parteien ausgefochtenen Seeschlachten der späten 1460er Jahre ging die königstreue Flotte als Siegerin hervor, da sie vor allem auf erfahrene mallorquinische und italienische Kräfte zurückgriff. Die mallorquinische »Universitat« hatte die jährliche Beteiligung von 2000 Kriegsknechten und sieben größeren Schiffen bei den königlichen Kampagnen bewilligt. Insgesamt betrug die aus diesem Konflikt entstandene Belastung für die Kassen Mallorcas über 162 000 *lliures*. Diese militärischen Auseinandersetzungen und über 10 000 Opfer fordernde Pestepidemien trugen nach 1460 zum weiteren demographischen und wirtschaftlichen Niedergang Mallorcas bei. Eine *repoblación* verwaister Landstriche gelang auch mit dem Versprechen langer Steuerbefreiung nicht.

Die Versuche der Katalanen, Vertreter der Häuser Kastiliens, Portugals und Anjou für die eigenen Belange und Unabhängigkeitsansprüche einzuspannen, scheiterten. Gleichzeitig hatte Joan II. seine Position durch die Unterstützung Genuas und anderer italienischer Mächte sowie Englands und Burgunds wieder stabilisiert. 1472 beendeten die Verträge von Pedralbes, in denen Joan II. die Freiheitsprivilegien Kataloniens bestätigte, den Bürgerkrieg. In der Zwischenzeit hatte 1469 die Eheschließung seines Sohnes Ferran mit der kastilischen Thronerbin Isabel die Geschichte Mallorcas, Kataloniens und der gesamten Iberischen Halbinsel auf einen neuen Weg gebracht.

IX. Mallorca, Teil des spanischen Weltreichs – eine Gesellschaft unter Spannung

Der globale Kontext

Mit der Vernunftehe des aragonesischen Thronfolgers Ferran (»el Catòlic«, Ferdinand der Katholische) mit Königin Isabel von Kastilien 1469 kam es zur Vereinigung der beiden Königreiche, ein wesentlicher Schritt für Spaniens Bestehen im Wettlauf der europäischen Großmächte. Damit war auch eine doppelte Ausrichtung des Staatsgebildes »Spanien« gegeben, einerseits in Richtung auf den Atlantik, andererseits wurde mit der Integration Aragons auch die mediterrane Ausrichtung übernommen. In diesem mediterranen Umfeld blieb Mallorca zunächst ein wichtiger Umschlagsplatz für Waren aller Art. Die wichtige handelsstrategische Rolle verlor mit der sogenannten »Peripherisierung« (vom engl. *peripherialisation*) des Mittelmeers erst im Verlauf des späten 16. und des 17. Jahrhunderts ihre frühere Bedeutung. Grund war die Verlagerung der Zentren des Welthandels auf den Atlantischen und Indischen Ozean im Gefolge der überseeischen Expansion Spaniens und Portugals – später auch Englands, Frankreichs und der Niederlande. Im größeren Kontext der Ereignisse bezahlten Mallorca und die Balearen damit die Rechnung der im Sog des Atlantiks und der überseeischen Expansion allmählich aus dem Mittelmeer abgezogenen Kräfte. Kastilien triumphierte über die jahrhundertealte und geographisch logische Ausrichtung aragonesischer Politik und Interessen. Doch auch Kastiliens Triumph stand auf tönernen Füßen.

Die Historiker Braudel, Setton, Duby, Aymard, Fontenay, Hess und andere haben diesen im 16. Jahrhundert einsetzenden Niedergang des Mittelmeerraums näher analysiert und die Wanderung des Interessenschwerpunkts der führenden europäischen Mächte zum atlantischen und pazifischen Raum nachgezeichnet. Mit der Entdeckung des atlantischen Weges nach Indien und Asien und der Erschließung Nord-, Mittel- und Südamerikas lösten schließlich die Niederlande und England die zuvor führenden Mittelmeerregionen als wirtschaftliches Herz Europas ab. Auch die bisher im Mittelmeerraum so aktiven Mächte Spanien und Frankreich verlagerten ihre zentralen Interessen mehr und mehr in überseeische Gebiete. Als Beispiel für die veränderten Zeiten seien die Geschehnisse vom Oktober 1503 erwähnt, als Venedig die Nachricht erreichte, dass drei portugiesische Schiffe von Indien nach Lissabon zurückgekehrt seien und dort 3000 *quintali*

Pfeffer entladen hätten. Diese Menge entsprach der Quantität an Pfeffer, welche Venedig in einem Jahr über das östliche Mittelmeer nach Europa importierte.

Die schwerfällig verwaltete Weltmacht Spanien selbst bemühte sich damals intensiv, ihren politischen, technologischen, wirtschaftlichen und intellektuellen Niedergang zu bekämpfen. Im 17. Jahrhundert wurden die entscheidenden Weichen des Mittelmeerhandels von England, den Niederlanden und Frankreich gestellt. Nur wenige der alten Mittelmeermächte – etwa das von seinen Geschäften mit dem spanischen und portugiesischen Überseehandel profitierende Genua – behielten ihren früheren Status. Mit diesen von den Historikern beobachteten Tendenzen der schleichenden »Peripherisierung« und eines sich »verlangsamenden Rhythmus« waren auch die Probleme festgefahrener und verkrusteter politischer und ökonomischer Strukturen verbunden. Dies betraf vor allem Spanien und seine Einflussgebiete im westlichen Mittelmeer. Im Unterschied zu Nordeuropa war in diesen Gebieten kein Aufbrechen der alten Feudalstrukturen und der im Mittelalter geformten Ständeordnung zu beobachten. Mit Ausnahme Norditaliens und den Metropolen an der französischen Mittelmeerküste bewahrten die christlichen Mittelmeerregionen die alten Ordnungen. Der Effekt war ein Festhalten an veralteten Produktions- und Vertriebsmethoden. Historiker sprechen daher für das 17. Jahrhundert für die meisten christlichen Anrainerstaaten des Mittelmeers von einer sogenannten »Refeudalisierung«.

Die meisten Großgrundbesitzer und reichen Einwohner Spaniens – und auch Mallorcas – waren entweder Mitglieder der alten Aristokratie oder kamen aus kürzlich nobilitierten Schichten. Diese Kreise investierten nicht in moderne Manufakturen und riskierten keine Beteiligung an privaten Handelsunternehmen. Ein großer Teil der von ihnen eingezogenen Steuern und Abgaben aus ihren Ländereien floss in die Manifestation ihrer Macht und ihres Status, also in Architektur, Haushaltung und Kunst. Ein anderer wichtiger Faktor, der das Geld aus der Zirkulation in der Wirtschaft und den privaten Unternehmungen herauszog, waren die Kirche und verschiedene Mönchsorden. Der große Reichtum dieser Institutionen sorgte für eine gewaltige Akkumulation »toten« Kapitals.

Zum besseren Verständnis der Entwicklung Mallorcas im neu formierten gesamtspanischen Imperium ist es dabei immer hilfreich, auf Barcelona zu schauen; die katalanische Metropole war stets relativ aussagekräftiges Barometer und einflussreicher Trendsetter für die Entwicklung auf den ihr vorgelagerten Balearen. So musste der erzwungene Niedergang der jüdischen Händler in Barcelona im Verlauf des 15. Jahrhunderts – mit der Kulmination ihrer Ausweisung bzw. Zwangskonversion 1492 – seine Auswirkungen auf das wirtschaftliche Milieu auf Mallorca haben, mehr noch aber die allmähliche Mentalitätsveränderung der katalanischen Großbürger und Banken, die immer mehr zögerten, ihr Kapital in risikoreiche, aber lukrative überseeische Unternehmungen zu investieren, und es stattdessen in Landbesitz anlegten. Tatsächlich verschwanden im Verlauf des 16. Jahrhunderts die katalanischen Schiffe mit Ausnahme der Häfen der Balearen, Valencias und Marseilles weitgehend aus den übrigen Seemetropolen des westlichen und zentralen Mittelmeers. Das Reederei-Geschäft wurde von genuesischen, venezianischen, ragusanischen und mehr und mehr auch niederländischen und englischen Schiffen übernommen.

Türkenfurcht und Korsarenwesen

Mit Ferrans Thronbesteigung 1479 hatte sich an der Abgabenlast und geforderten Beteiligung mallorquinischer Kräfte an Aragons überseeischen Kampagnen zunächst nichts geändert. Prominentes Beispiel ist König Ferrans Kampagne zur Eroberung der Korsarenstadt Bejeia im Jahr 1510. Mallorcas »Universitat« und »Gran i General Consell« bewilligte die Aushebung von 1000 Kriegsknechten und die Bereitstellung von acht großen Transportschiffen. Das mallorquinische Geschwader verließ Ibiza unter dem Kommando des erfahrenen Truppenführers und Militäringenieurs Pere Navarro, Conde d'Oliveto am 1. Februar 1510 Richtung Nordafrika. Auch als 1515 der in osmanischen Diensten stehenden Khair ad-Din Barbarossa Bejeias zurückerobern wollte, halfen vom Vizekönig von Mallorca, Miguel de Gurrea, persönlich geführte Entsatztruppen entscheidend, diese nordafrikanische Besitzung zu halten. Militär, Flotte und Landesverteidigung blieben gewaltige Kostenfaktoren, besonders aufgrund der Insellage, die mit dem Erstarken des Osmanischen Reichs und seiner Satelliten auf nordafrikanischem Boden wieder gefährlich nahe an die Schnittstellen des christlich-islamischen Antagonismus gerückt war. Dieser Antagonismus äußerte sich immer weniger auf der großen Bühne der Seeschlachten zwischen den Großmächten als im häufig privat geführten Kaperkrieg und in Plünderungen.

Lepanto markierte das Ende der Epoche der großen osmanisch-christlichen Seeschlachten. Im Frühsommer 1571 war Palma Station der spanischen Galeerenflotte bei der Aufnahme von Truppen, Wasser und Lebensmittel auf ihrem Weg, sich mit den übrigen Verbänden der Heiligen Allianz zu vereinigen. Mit dem folgenden großen Seesieg der Heiligen Liga gegen die Osmanen bei Lepanto – an dem auf Seiten Don Juan de Austrias auch 200 mallorquinische Soldaten beteiligt waren – im Jahr 1571 war die Bedrohung der Balearen und der iberischen Festlandsküsten durch islamische und auch französische Korsaren keineswegs beendet.

Korsaren und Privatiers, d.h. auf eigene Rechnung fahrende Piraten, wurden sowohl auf christlicher, als auch auf islamischer Seite mehr als zuvor zu bedeutenden und gesellschaftlich anerkannten Wirtschaftsfaktoren. Mallorca und die Balearen waren neben Sizilien, Malta und Neapel Zentren dieses Phänomens. Der Chronist Diego de Haëdo liefert in seiner »Topographia e historia general de Argel« (1612) interessante Einblicke in die Aktivitäten der Korsaren Francisco de Soto und Juan Canete, die in der Mitte des 16. Jahrhunderts von Mallorca aus operierten. Ihr bevorzugtes Operationsgebiet waren die nordafrikanischen Gewässer zwischen Marokko und Tunis. Canete wurde im Frühjahr 1550 während eines riskanten nächtlichen Manövers im Hafen von Algier gestellt, gefangen genommen und, nachdem die Lösegeldforderungen für seine Freilassung nicht erfüllt wurden, 1559 enthauptet.

Die Mittel Mallorcas für eine permanente und umfassende Landesverteidigung waren schon im Späten Mittelalter unzureichend gewesen. Insgesamt standen damals nur etwa 500 bewaffnete Reiter *(cavalls armats)* als schnelle Eingreiftruppe zur Verfügung. Zwar konnten bei Gefahr alle männlichen Einwohner der Insel – mit Ausnahme der Mitglieder des Klerus, der Mönchsorden und des Adels – zwischen 14 und 60 Jahren *(homes d'armes)* und damit etwa 9000 Mann mobil gemacht werden, doch dies war eine langsame und mühsame Prozedur und im Fall von plötzlichen Attacken von muslimischen oder französischen Korsaren wenig brauchbar. Nützlicher waren hier die Beobachtungsposten zum Kontrollieren der Küsten *(talaies, escoltes)* und die aus den Mitteln der »Universitat« und der königlichen Schatulle im 14. und 15. Jahrhundert gebauten Galeeren zur Kontrolle der Gewässer um die Insel. Häufig waren diese Schiffe jedoch für Kriegs- und Kaperkampagnen im Einsatz und daher zur Landesverteidigung nicht verfügbar. Jaume III. und Pere el Cerimoniòs hatten im 14. Jahrhundert die Räte und Magnaten von Perpignan und Colliure zur Gewährung weiterer Mittel für eine maritime Verteidigung der Küsten der Balearen herangezogen. 1525 wurde die Küstenverteidigung von Vizekönig Miguel de Gurrea reformiert. Es wurden zwei Kompanien zu je zweihundert mit Arkebusen bewaffneten Soldaten aufgestellt. König und Universitat finanzierten ferner zwei mit Artillerie ausgerüsteten Kompanien. Die »Universitat« unterhielt ferner zwei zur Beobachtung der Küstengewässer eingesetzte Schiffe.

Christliche Seefahrer fürchteten vor allem das Cabo Llebet an der Südwestspitze Mallorcas mit der vorgelagerten Insel Dragonera; die zerklüftete, schwer einsehbare Küste diente über Jahrzehnte als Ankerplatz und Treffpunkt nordafrikanischer Korsaren. Auch die Küste bei Andratx galt als besonders korsarenverseucht. Mit Khair ad-Din Barbarossas Eroberung von Algier im Jahr 1516 entwickelte sich diese Stadt zum Zentrum islamischen Korsarenwesens im Mittelmeer. Die nordafrikanischen Hafenstädte bedrohten den christlichen Mittelmeerhandel und die spanische Seerouten zwischen dem Mutterland und den Besitzungen in Süditalien, Sizilien oder Malta, und es waren Kriegszüge gegen diese Städte, welche König Carlos I. bzw. Kaiser Karl V. zwei Mal nach Mallorca führten. Dies war 1535 anlässlich der Vorbereitungen der Kampagne gegen Tunis und im Oktober 1541 – zusammen mit seinem genuesischen Admiral Andrea Doria – im Zug des Angriffs auf Algier. Die »Universitat« von Mallorca bewilligte für letztere Unternehmung die Beteiligung von 1000 Soldaten und 100 Reitern.

Das »Archivo de Simancas« besitzt zahlreiche Dokumente, welche einen Einblick in die Bedrohung mallorquinischer Gewässer durch Korsaren und osmanische Verbände geben. Ein gutes Beispiel für die Dimension dieser Bedrohung ist die Plünderung von Maó im Jahr 1535 und die Verschleppung von 800 Einwohnern. Im gleichen Jahr zeigten sich mehrmals Schiffe Khair ad-Din Barbarossas in den Gewässern um Mallorca und kaperten vor Menorca mehrere portugiesische Handelsschiffe. Ein umfassender Schutz der Einwohner der kleineren Balearen-Inseln schien zu aufwendig, und es wurde zeitweise erwogen, die gesamte Bevölkerung Menorcas nach Mallorca umzusiedeln. Doch auch Mallorcas Küstenorte waren nicht sicher. Bereits 1531 hatte eine nordafrikanische Korsarenflotte Pollença attackiert und geplündert, 1550 traf es den gleichen Ort erneut, als eine nordafrikanisch-osmanische Flotte unter dem Kommando des Korsaren Dragut (Turgut Reis) mit 1500 Soldaten angriff. Im folgenden Jahr erfolgten größere Attacken auf Alcúdia, 1552 auf Valldemossa, 1553 auf Andratx und 1561 auf Sóller. Letzteres war Teil eines größeren Unternehmens unter dem späteren osmanischen Flottenadmiral Uluch Alí (katal. Otxalí, ital. Occhiali). Im Mai dieses Jahres versuchte Uluch Alí mit 1700 Mann Sóller zu plündern. Das Unternehmen konnte durch das rechtzeitige Erscheinen von Entsatztruppen unter Führung von Vizekönig Don Guillermo de Rocafull abgeschlagen werden. Im Sommer des Jahres 1558 plünderte eine osmanische Flotte unter Mustafa Pialí Pascha die Hafenstadt Ciutadella. Die Orte an der zerklüfteten, schwer einsehbaren Küste von Andratx waren besonders häufig Ziel von Plünderungen. Die vielleicht bekannteste Attacke ist jene des Jahres 1553, als der Bey von Algier, Deliamar, mit seiner Flotte 1000 Bewaffnete anlandete, um den Ort Andratx zu plündern. 1578 berichten die Quellen sogar von 1500 in Andratx einfallenden Korsaren. Derartige Beispiele – wenn auch nicht in dieser Größenordnung – ließen sich auch für andere Küstenorte nahezu beliebig fortführen.

Auf Mallorca begann 1546 unter Gouverneur Felipe Cervellón ein Programm zur Befestigung der Halbinsel Alcúdia mit der gleichnamigen Stadt. Damit sollte gleichzeitig der Eingang zur Bucht von Pollença kontrolliert werden. An strategisch wichtigen, mit einer guten Rundumsicht ausgestatteten erhöhten Punkten der Küstenlinie wurden sogenannte »Atalayas« (nach arabisch *atalayi,* Wachtum) und Signaltürme errichtet. Einige von ihnen waren mit Kanonen und einer Besatzung zwischen zwei und vier Mann ausgerüstet. Insgesamt entstanden bis zum Ende des 17. Jahrhunderts etwa 85 dieser Wachtürme (»Türkentürme«) an den Küsten der Insel. Zwischen diesen stets auf Anhöhen gelegenen Türmen wurde mittels Rauch- und Feuerzeichen kommuniziert. Darüber hinaus erfuhr Aratàs mittelalterliche Festung San Salvator eine umfassende Modernisierung. Gleichzeitig wurde die Festung auf der Insel Cabrera instand gesetzt. Die kleine Insel war zuvor häufig von nordafrikanischen Korsaren als geheimer Ankerplatz und als Versteck genutzt worden. Nicht selten wurden renommierte italienische und flämische Ingenieure und Festungsbauarchitekten berufen, um die Befestigungen Mallorcas zu verbessern. Eine derartige Mission ist beispielsweise 1574 im Fall des häufiger für Felipe II. tätigen Architekten Giacomo Paleazzo (genannt »il Fratino«) dokumentiert. Die Befestigungen der Küstenstädte wie Alcúdia und Palma wurden unter Planung und Aufsicht der in den 1550er Jahren von Felipe II. rekrutierten flämischen und italienischen Festungsbaumeister Hug de Contray und Giovanni Battista Calvi und ihren Nachfolgern Giacomo und Giorgio Paleazzo massiv verstärkt, Palmas Hafenanlage direkt an der Stadtmauer ebenso. Damit verlor der wenige Kilometer entfernte Hafen von Porto-Pí seine absolute Vormachtstellung.

Die Lage blieb auch im Verlauf des 17. Jahrhunderts weiter angespannt, nicht zuletzt wegen des fast permanenten Kriegszustands mit Frankreich und dem Osmanischen Reich. Die Häfen Mallorcas wurden wegen der Gefahr von französischen Angriffen stets in Alarmbereitschaft gehalten, was aufwändig und teuer war. König Felipe IV. und der Kronrat hatten damals mit Sorge das Ausbluten weiter Landstriche der Iberischen Halbinsel und auch Mallorcas durch den Abzug waffenfähiger Männer beobachtet. Bereits 1633 erging daher eine königliche Verordnung, dass auf Mallorca keine Truppen mehr ausgehoben und auch der Exodus von Freiwilligen gestoppt werden sollte. Die Verordnung wurde jedoch nicht konsequent durchgesetzt. Zwischen 1629 und 1637 wurden etwa 6000 Mallorquiner für die verschiedenen Kampagnen der spanischen Armeen im Dreißigjährigen Krieg ausgehoben. Als Vizekönig Cardona 1637 weitere Zwangsaushebungen anordnete, eskalierte die Situation derart, dass sich die Krone genötigt sah, Alonso de Cardona öffentlich in seine Schranken zu verweisen, um eine offene Rebellion zu verhindern.

Ungeachtet des spanisch-islamischen Antagonismus entwickelte sich Mallorca damals zu einem – angesichts der verstreuten Quellenlage bis heute nicht vollständig erforschten – Umschlagplatz von Schmuggelware zwischen christlichen und islamischen Häfen. Gutes Beispiel dafür ist ein im März 1561 im Hafen von Palma kontrolliertes französisches Handelsschiff. Der Kapitän gab Dieppe als seinen Heimathafen an; er war auf dem Weg zu einem in den Quellen nicht genannten nordafrikanischen Hafen und führte Blei, Kanonenkugeln und (Ruder)-Riemen an Bord – alles Produkte, deren Ausfuhr in muslimische Regionen strikt verboten war. Neben Werkzeugen und Waffen waren die Balearen im 16. und 17. Jahrhundert legaler und illegaler Umschlagplatz von spanischem, aus Amerika stammendem Silber. Die Route führte dabei häufig von Alicante, Cartagena oder Valencia über Mallorca oder Ibiza nach Genua, Livorno oder Civitavecchia. Seit dem frühen 17. Jahrhundert spielte der Schmuggel mit britischen Schiffen eine immer größere Rolle. Mit der britischen Eroberung Menorcas wurde Mallorcas Nachbarinsel ein wichtiger Umschlagplatz der geschmuggelten Waren.

Politik, Glaube und Gesellschaft

Die Vereinigung der Königreiche brachte Mallorca auch auf kirchlichem Sektor einschneidende Veränderungen. Mit dem Fall Granadas begann gleichzeitig eine grundlegende Veränderung im spanischen Staatswesen. Bis zum Untergang des maurischen Granadas begriffen sich die Könige Kastiliens und auch Aragons und Portugals als Herren über drei Religionen, die ihrem Schutz unterstanden. Diese Situation war mit dem von den Katholischen Königen (katal. reis catòlics) am 30. März 1492 in Granada erlassenen Edikt über die Zwangskonversion der Juden bzw. ihre Ausweisung aus den Ländern der spanischen Krone – und damit auch Mallorca – beendet. Bereits zu diesem Zeitpunkt deutete sich auch für die Mauren unheilvoll die Maxime späterer Jahrzehnte im geeinten Spanien an: ein Reich – ein Glaube. Inquisition, Kirche und die von ihnen mobilisierten Unterschichten der Städte hatten sich durchgesetzt. Bereits 1488 trafen auf Mallorca die ersten Vertreter des von den Katholischen Königen neu formierten königlichen Inquisitionstribunals (katal. El Sant Ofici de la Inquisició) ein. In den ersten vier Jahren seiner Aktivität wurden Ermittlungen gegen über 550 angeblich nur zum Schein konvertierte Krypto-Juden *(criptojudíos)* durchgeführt. Öffentliche Ämter, Militärdienst oder ein Studium waren waren den Conversos im Allgemeinen nicht gestattet.

Im Gefolge des Edikts vom März 1492 ließen sich – soweit von den Quellen rekonstruierbar – 424 mallorquinische Juden taufen. Die übrigen scheinen die Emigration der Konversion vorgezogen zu haben. Vereinzelt hören wir auch in den folgenden Jahrzehnten und Jahrhunderten von Prozessen der Inquisition gegen angebliche Krypto-Juden, vom Einzug ihrer Besitzungen und sogar von Verbrennungen auf dem Scheiterhaufen. Im 16. und 17. Jahrhundert gab es weiterhin intensive Kontakte der malloquinischen Conversos mit den jüdischen Bürgern von Livorno, Rom, Marseille und Amsterdam; eine Tatsache, die sich auf dem mallorquinischen Handel positiv auswirkte. Unter der von seinen Günstlingen *(validos)* und den Kirchenfürsten geprägten Regierung Carlos' II. kam es auch auf Mallorca immer wieder zu Exzessen religiösen Fanatismus. Bekannte Beispiele sind die Verfolgung der »Chuetas« (katal. *xuetes*) bzw. angeblichen Krypto-Juden der 1670er und 1680er Jahre und des angeblichen Vorstehers der »Comunidad Criptojudía« von Mallorca, Pere Onofre Cortès, alias »Moixina«. Der Begriff »Xueta« erscheint erstmals 1688 in den Akten der Inquisition. Die Verfolgung hatte ihren Höhepunkt 1691, als 37 »Chuetas« ihr Ende auf dem Scheiterhaufen fanden. Gleichzeitig wurde das Eigentum der Verurteilten beschlagnahmt; insgesamt soll eine Summe von zwei Millionen *libras mallorquinas* eingezogen worden sein. Auch noch in den ersten Jahrzehnten der Borbonenherrschaft war den »Xuetes« oder »Gent del carrer« der Zugang zu öffentlichen und geistlichen Ämtern oder der Eintritt in religiöse Orden verwehrt.

Die zunächst als »Ketzergericht«, später als Inquisition bekannte Einrichtung gab es auf Mallorca (»Santo Oficio de la Inquisición del Reyno de Mallorca«) seit der christlichen Rückeroberung. Sie hatte ihr Hauptquartier im Kloster der Dominikaner von Palma. Damals war sie noch mit den entsprechenden Behörden in Roussillon und Cerdagne vereinigt. Eine Bulle von Papst Benedikt XIII. erklärte die mallorquinische Inquisition 1413 für eigenständig. Mit der Vereinigung der Kronen von Aragon und Kastilien wurde die Inquisition zunehmend politisiert. Viele der Erlasse und Bestimmungen zur inneren Reform, Straffung und Disziplinierung der Kirche und des Glaubens in den vereinigten Königreichen entstammen den Anregungen von Königin Isabels Beichtvätern Hernando de Talavera und seinem Nachfolger Francisco Jiménez de Cisneros, Erzbischof von Toledo.

Mit den Verordnungen der »Reyes Católicos« wurde die spanische Inquisition zur eigenständigen Behörde. Unter dem ersten Großinquisitor *(inquisitor general)* Tomás de Torquemada wurde sie 1483 zu einer für alle Reiche der Kronen Kastilien-Aragon zentral gelenkten Organisation. Torquemada entsandte in die verschiedenen »Reinos« sogenannte Inquisitor-Delegaten. Die Proteste von Palmas »Universitat« gegen diese Auflösung der Eigenständigkeit der lokalen Inquisitionsbehörde wurden ignoriert. Der bald erreichte Stellenwert des Inquisitor-Delegaten in der führenden mallorquinischen Gesellschaft wurde zweifellos durch die permanente Abwesenheit der damaligen Bischöfe Mallorcas begünstigt. Bischof Roderic de Borja, der spätere Papst Alexander VI. (1431–1503), oder Diego de Ribera († 1543) residierten nicht auf der Insel, sondern verwalteten ihr Bistum von Valencia oder Tarragona aus.

Primäres Ziel der spanischen Inquisition war die Ausmerzung häretischer Aktivitäten, die innerhalb der neu konvertierten, ehemals jüdischen und muslimischen Bevölkerung existierten oder vermutet wurden. Die Bekämpfung von Hexerei, falschem Aberglauben, Bigamie oder Homosexualität war ebenfalls Aufgabe der Behörde. Die Inquisition wurde damit zu einem gerade von den unteren und wenig gebildeten Schichten gern angenommenen sozialen und gesellschaftlichen Korrektiv. Ideologische und sensationslüsterne Ansätze und die häufig benutzte pittoreske Bildkraft des »Auto da Fe« verstellten lange eine nüchterne historische Diskussion der ordnungspolitischen Rolle und Aktivitäten der spanischen Inquisition. Letztlich war die von König Ferran nach 1478 gestraffte Inquisitionsbehörde mit einem Großinquisitor an der Spitze auch ein willkommenes Mittel der Krone zur Kontrolle und geistigen Lenkung der Untertanen. Im Vergleich zu den damals etwa 20 hingerichteten Straftätern in Palma pro Jahr mussten die Exekutionen der Inquisition nicht als außergewöhnlich zahlreich wahrgenommen werden.

Die Verschärfung und von den meisten Schichten der Bevölkerung begrüßte engmaschigere religiöse Kontrolle stand der Einführung neuer

Bildungseinrichtungen nicht notwendigerweise entgegen. Sie war vielmehr Teil des Programms einer umfassenderen herrschaftlichen und geistigen Durchdringung des Landes. 1483 wurde mit königlicher Order und mit großzügiger finanzieller Unterstützung mallorquinischer Adelsfamilien die Universität gegründet. Studienfächer waren Chirurgie, Philosophie und Theologie, später Anatomie, Pharmazie, Pathologie und Physiologie. Mit der Einrichtung der Universität und der Schulen wurden gleichzeitig Instrumentarien geschaffen, im Interesse König Ferrans die Verbreitung der kastilischen Sprache zu fördern. Die königliche Kanzlei hatte auch für die mallorquinischen Amtsträger bereits seit längerem den Gebrauch des Kastilischen verbindlich eingeführt. Kirche und Mönchsorden blieben wie in fast allen Regionen Spaniens an der Spitze der geistigen Avantgarde. Zwei Jahre nach Einrichtung der Universität führte der Kleriker Bartomeu Caldentei – unterstützt von Nicolau Calafat – den Buchdruck auf Mallorca ein. Mit der Mystikerin und Augustinerin vom Magdalenkloster von Palma, Catalina Tomàs, wirkte auf Mallorca im 16. Jahrhundert – nach der Persönlichkeit Ramon Llulls im 13/14. Jahrhundert – eine weitere charismatische Figur der katholischen Kirche. Catalina Tomàs wurde 1792 selig- und 1930 heiliggesprochen und zur Patronin der Insel erklärt. Ihr einbalsamierter Leichnam befindet sich in Palmas Kirche Santa Magdalena.

Für den Staat öffneten sich damals ebenfalls neue, durch inneres soziales Konfliktpotential belastete Schauplätze. 1516 hatte der junge Carlos I. (katal. Carles; der spätere Kaiser Karl V.) den Thron der unter Isabel und Ferran vereinigten Kronen von Kastilien und Aragon bestiegen. Wie in verschiedenen Regionen auf dem Festland war die Thronbesteigung des »fremden« Carlos, geboren im flämischen Gent, Vorwand für den Ausbruch schon lange schwelender politischer und sozialer Konflikte. Die sogenannte Revolte der »Comuneros« 1520/1521 setzte sich zunächst aus Vertretern einer Allianz (»Junta Santa«) aus 13 kastilischen Städten zusammen. Sie richteten sich gegen ein angebliches Ausbluten Kastiliens durch ins Ausland fließende Abgaben, gegen die zunehmende Zahl der die Regierungsgeschäfte bestimmenden Ausländer und gegen einen zumeist abwesenden Monarchen. Die wahren, tieferen Gründe der Revolte lagen indes nicht in der Situation nach der Thronbesteigung Carlos I., sondern reichten Jahre zurück. Es war ein Protest dagegen, dass während der Regentschaft der »Reyes Católicos« die alten Rechte der Städte untergraben worden waren. Verschiedene radikale Kreise der »Comuneros« propagierten den Vorrang der Rechte des städtischen Gemeinwesens über jene der Krone.

Der Konflikt der »Comuneros« in Zentralspanien fand sein Echo im Phänomen der *germanías* (katal. *agermanats*) im Königreich Valencia und auf den Balearen. Die *germanía* Mallorcas zeigte sich besonders radikal und durchsetzungsfähig. Unter Führerschaft von Joanot Colom schloss sich ein großer Teil der Landbevölkerung der Bewegung an und bemächtigte sich im Sommer 1521 der Kontrolle fast der gesamten Insel. Das Konfliktpotential wurde durch die schlechten Ernten der Vorjahre und eine Getreideknappheit auf der Insel noch verschärft. In Palma herrschte eine provisorische Regierung der *agermanados* (Zunftbrüder). Ihr innerer Kern wurde von 13 Vertretern der Handwerker, Kaufleute und Bauern gebildet. Vorsitzender war der Handwerker Joan Crespí aus Palma. Der »Gran i General Consell« wurde für aufgehoben erklärt. Der Rat forderte die Umlegung der Steuerlast auf alle Schichten der Bevölkerung, vor allem auch auf den Adel, den grundbesitzenden Klerus und die Mönchsorden. Vizekönig Miguel de Gurrea sah angesichts der Übermacht der Aufständischen keine andere Möglichkeit, als sich und seine Verwaltungsmannschaft nach Ibiza zu evakuieren. Viele Adelige und Vertreter des Patriziats und Prälaten verließen ihre Residenzen und suchten Schutz in der befestigten Altstadt von Alcúdia und in den Festungen von Bellver bei Palma und Santueri bei Felanitx. Alcúdia und Santueri hielten den Angriffen der Aufständischen stand, Bellver fiel in die Hände der Angreifer, Besatzung und dort Schutzsuchende wurden massakriert.

Besonders auf Mallorca zeigte sich auch das von der Obrigkeit eingedämmte bzw. kontrollierte kollektive Resentiment der Altchristen gegen die Mudéjar-Bevölkerung. Gleichzeitig ist dieser Antagonismus gegen Mudéjares und Adel Symptom des wirtschaftlichen – und damit sozialen – Niedergangs der vorangegangenen Jahrzehnte. Mit dem Verlust der königlichen Kontrolle kam es zu schweren Ausschreitungen gegen die Mudéjares, zu Plünderungen und Vertreibungen in großem Ausmaß. Als besondere Spitze gegen die adeligen Großgrundbesitzer wurden viele der Mudéjares zwangsgetauft und damit in einen Status erhoben, der sie aus dem Sklavendienst für ihre Herren entließ.

Im Verlauf des Spätsommers 1521 begannen sich Richtungsdiskussionen und interner Streit unter den *agermanados* abzuzeichnen. Der Streit gipfelte im Oktober in der Ermordung Joan Crespís durch den Bruder seines Nachfolgers, den Bauernführer Joanot Colom. Unter Coloms Führung radikalisierte sich die Bewegung weiter, was nicht von allen Aufständischen mitgetragen wurde. Im Oktober 1522 landeten 3000 Mann regierungstreue Truppen unter Führung von Don Juan de Velasco und kämpften gegen die

Aufständischen. Ob diese durch die Radikalisierung schon gespalten und geschwächt waren, ist schwer abzuschätzen. Bis zum Frühjahr 1523 hatten weitere Truppenverbände die alte Ordnung wieder hergestellt. Palmas Marktplatz wurde zum Schauplatz der Verurteilung und Hinrichtung von 251 prominenten Aufständischen, darunter auch Joanot Colom. Die Nachkommen der führenden Rebellen durften für vier Generationen keine öffentlichen Ämter mehr bekleiden. Alcúdia, das den Verbänden der *agermanados* widerstanden hatte, erhielt von Carlos I. als besondere Auszeichnung die Stadtrechte.

Im Jahr 1580 wurden durch Erbfolge Portugal und Spanien im Imperium der Spanischen Habsburger vereint. Ungeachtet allen internationalen Pomps und Glanzes blieb dieses Imperium jedoch ein fragiles Gebilde. Die unter der monumentalen Fassade und dem ikonographischen Glanz verborgene tiefere Unordnung und Krise drückte sich am deutlichsten in den ernüchternden wirtschaftlichen Fakten, namentlich in den vier Staatsbankrotten Spaniens (1607, 1627, 1647, 1656) innerhalb von 50 Jahren aus. Die unterschiedlichen Steuersysteme in den verschiedenen »Reinos« Spaniens, ein aufgeblasener Beamtenapparat und Kriege an allen Fronten verschärften neben einem großteils »fremdbestimmen« Handelsbürgertum und einer kommerzfeindlichen Mentalität diese Krisen. Der Verwaltungsapparat wurde geleitet von einer Vielzahl von »Letrados«, an den Universitäten von Alcalá oder Salamanca gut ausgebildeten Juristen. Für den modernen Historiker besitzt dies große Vorteile, sind wir dadurch doch häufig auch über regionalgeschichtliche Zustände gut informiert. So kennen wir etwa durch den 1577 und 1578 durchgeführten Generalzensus nicht nur die Einwohnerzahl von allen größeren Orten Mallorcas, sondern auch die exakten Vermögensverhältnisse der Gemeinden. Nach der mit weitem Abstand führenden Kapitale Palma gehörten Sollér mit Immobilien, einem Viehbestand und Gerätschaften mit einem Wert von 752 651 *lliures*, Manacor mit 576 624 *lliures* und Inca mit 474 115 *lliures* zu den reichsten Gemeinden. Insgesamt verfügten die 33 Gemeinden der Insel damals über ein Vermögen von 9 851 739 *lliures*. Die überlieferten Abrechnungen der Verwaltungsaufwendungen und Steuerlisten zeigen, inwiefern auch Mallorca wie alle Länder der spanischen Krone in der zweiten Hälfte des 16. Jahrhunderts von einer starken Inflation betroffen war. Der gleichzeitige Anstieg der Schuldzinsen von 5 auf bis zu 10 Prozent behinderten massiv Handel und Investitionsbereitschaft.

Die warnenden Eingaben kritischer Beobachter an den Hof zeichneten das Bild eines Großteils der spanischen Eliten, die sich am Vorbild des konservativen Adels orientierten, Vermögen in Statussymbole wie Ländereien und Paläste statt in neue Techniken, Schiffe und Wissen zu investieren. Der im Gegensatz zu den früheren Jahrhunderten ungleich stärkere Anteil von alteingesessenen Adeligen oder frisch Nobilitierten in Mallorcas »Gran i General Consell« ist Indikator dieser Entwicklung. Das Resümee der unbestechlichen Berater war so unmissverständlich wie richtig: Ein Großteil der spanischen überseeischen Unternehmungen und Kriege war mit Geld aus Genua, Antwerpen, Florenz und Augsburg finanziert worden; die Handelshäuser aus diesen Städten profitierten von diesen Geschäften mehr als Spanien selbst. Das ökonomische Know-how und der Unternehmergeist der Ausländer wurden nur im begrenzten Maße von den Handelsherren Sevillas oder Cadiz' übernommen. Die Regierung tat wenig, um mit den amerikanischen Edelmetallen eigene Manufakturen oder Unternehmen zu finanzieren. Eine Folge davon war der Durchfluss des aus dem überseeischen Edelmetall und dem Sklavenhandel geschöpften Gewinns nach Genua, Antwerpen, Amsterdam oder London.

1598, zum Zeitpunkt des Todes von König Felipe II., war die Staatsverschuldung achtmal höher als das jährliche Einkommen. Die schließlich unternommenen Reformen – etwa auf Mallorca die Verkleinerung der Zusammensetzung des »Gran i General Consell« und die Schaffung einer aus einem Präsidenten (»Regent de la Cancelleria«), einem Staatsanwalt und zwei aus Katalonien oder Aragon und zwei aus Mallorca stammenden Beisitzern (kastil. *oidores*, katal. *oïdors*, dt. »Zuhörer«,) zusammengesetzten »Real Audiéncia« (katal. Reial Audiència) als höchstem Justizorgan – griffen nicht die strukturellen Defizite an. Der Versuch, eigene Manufakturen aufzubauen und die Verarbeitung und Veredelung eigener Rohstoffe zu hochwertigen Produkten zu unterstützen, ging in die richtige Richtung, erfolgte indes zu zögerlich. 1579 erging auf Mallorca beispielsweise ein vizekönigliches Verbot des Exports von roher Baumwolle. Die Baumwolle sollte auf Mallorca selbst verarbeitet werden und die daraus gewonnenen Produkte mit dem Weltmarkt in Konkurrenz treten. Zur gleichen Zeit wurde in der Region von Sóller die gewerbsmäßige Aufzucht von Seidenraupen eingeführt. Sie brachte der Stadt in den folgenden Jahrzehnten und Jahrhunderten ein beträchtliches Einkommen. Unter der Leitung des Notars Pere Moranta wurde eine Handelskompanie gegründet, um die Seide zu vermarkten. Sie arbeitete vor allem mit Valencia zusammen.

Die zuvor angedeutete »Marginalisierung« des Mittelmeers in den Zeiten der habsburgischen Herrschaft über Spanien läßt sich im Fall Mallorcas nicht an der Entwicklung der Bevölkerungszahlen ablesen. Tatsächlich macht sich ab dem Ende des 16. Jahrhunderts ein deutlicher Bevölkerungsanstieg auf der Insel bemerkbar. Zwischen 1570 und 1590 stieg die Zahl von etwa 58 000 auf etwa 73 000 Personen an. Davon lebten über 40 % in Palma und unmittelbarer Umgebung. Verschiedene Forscher haben diesen Anstieg mit dem Nachlassen der Korsarenüberfälle verknüpft, eine andere Ursache war die geringere Emigration. Gleichzeitig eröffneten sich mit diesem Bevölkerungsanstieg neue Versorgungsschwierigkeiten. Für die zweite Hälfte des Jahrhunderts gibt es Berichte, die über massive Engpässe, etwa für die Jahre 1588/89 berichten, als die Getreidelieferungen von Oran blockiert waren. Für das Ende des 16. Jahrhunderts wird immer häufiger über dringend benötigte Weizenimporte aus Katalonien und Sizilien berichtet.

Drei Generationen später belief sich laut dem 1668 angeordneten Zensus die Einwohnerzahl bereits auf knapp 100 000. Davon wurden kanpp 52 000 als Alte, Frauen und Mädchen (»viejos, mujeres y muchachas«) klassifiziert, etwa 23 000 als Knaben und etwas mehr als 24 000 als waffenfähig, (»hombres útiles para tener las armas«). Die Dürren der 1670er und 1680er Jahre brachten aufgrund der gestiegenen Bevölkerungszahl vor allem in den Städten erneut Hungersnot und Entbehrung und erforderten teure Weizenlieferungen aus Katalonien, Sardinien, Genua und auch Nordafrika. In mallorquinischen Häfen Station machende Schiffe wurden gezwungen, Lebensmittel, die sie geladen hatten, auf der Insel anzulanden.

Palma war um 1600 mit seinen etwa 20 000 Einwohnern nach wie vor die mit Abstand größte Stadt der Insel und zentraler Sitz von Verwaltung und Handel. Das im Inneren der Insel gelegene Inca folgte mit lediglich etwa 6200 Einwohnern; danach kamen Pollença (ca. 4500 Einwohner) und Manacor (4200). Mit über 3000 Einwohnern verfügten auch Alcúdia, Felanitx, Llucmajor, Sollér, Muro, Petra und Sineu über den Status von Städten. Besonders das im geographischen Mittelpunkt der Insel liegende Sineu, mit einer frisch renovierten Straße angebunden an die Zentren und Häfen von Palma und Alcúdia, erhielt besondere Aufmerksamkeit von der Krone und war vorübergehend Zweitresidenz der Vizekönige bzw. Statthalter. Regierung, Adel, Mönchsorden und hoher Klerus blieben die Hauptauftraggeber für Bauwerke und für die Umgestaltung von Städten. Architektur blieb Ausdruck von Macht, Glaube und hierarchischer Gesellschaftsordnung. Dementsprechend zurückhaltend wurden innovative ausländische Einflüsse aufgenommen.

Bis zum Ende des 16. Jahrhunderts blieb das mittelalterliche Kreuzrippengewölbe vorherrschendes Element bei Kirchenneubauten; dies änderte sich erst mit der ab den 1570er Jahren auf dem Terrain einer früheren

Synagoge errichteten Jesuitenkirche Monte-Sion (Iglesia de Monti-Sión) in Palma – gleichsam ein symbolisches Zeichen für das internationale Wirken des Ordens. Nach dem Vorbild von Il Gesú von Rom hat der Bau ein Tonnengewölbe mit Stichkappen. Renaissancemotive wie allegorischer Figurenschmuck, Arkadengänge und symmetrische, quadratische Fensterfronten finden sich seit der Mitte des 16. Jahrhunderts – und damit in merklicher Verzögerung zu anderen Regionen Europas – auch an verschiedenen Stadtpalästen in Palma, Alcúdia, Campos oder Sineu. Zu den bekannteren Bauwerken dieser Art zählen etwa Palmas Casa Berger, die Casa Vivot oder der Palacio Oleza. In den oft zwei-, drei- oder vierbögigen, mit feinen Stützsäulen versehenen Fenstern finden sich mit ihren spitzen Bögen noch Elemente der Gotik, ein typisches Zeichen katalanischer »Renaissance«. Es sind nicht nur Anzeichen internationalen künstlerischen Austausches, sondern vor allem erste Indizien, dass sich das mallorquinische Patriziat allmählich aus der Finanzierung neuer Geschäftsmodelle, Schiffe und Kampagnen zurückzog und den Gewinn in Statusobjekte investierte. Diese Tendenz trifft insgesamt auf breite Schichten iberischer Handelsherren und Patrizier – und den höheren Adel ohnehin – zu und sollte sich in der folgenden Epoche des Barock noch verstärken. Tatsächlich begann im 17. Jahrhundert sowohl im Profan- als auch im Sakralbau eine rege Bautätigkeit. Es entstanden weitere Stadtpaläste, das Rathaus, der grundlegende Umbau des Bischofspalasts von Palma und eine Reihe neuer Klosterkirchen und Klostergebäuden im Stil des katalanisch-mallorquinischen Barock mit schlichten Außenfassaden, relativ kleinen Fensterflächen und einschiffigem Baukörper. Gleichsam symbolisch für den politischen Machtverlust im absolutistischen Staat zeigt sich im 18. Jahrhundert auch auf Mallorca eine Tendenz des begüterten Adels, repräsentative Landsitze zu errichten. Der Rückzug von der Stadt in das »private« Landleben reflektiert den fehlenden direkten Einfluss auf Entscheidungen der Regierung.

X. Die Borbonenherrschaft

Ungeachtet aller politischen und wirtschaftlichen Rückschläge dokumentierte sich immer noch große Bedeutung Spaniens in der an allen europäischen Höfen am Ende des 17. Jahrhunderts gestellten Frage nach der spanischen Thronfolge. Die Ehen von Carlos II. mit Marie Louise von Orléans (1679) und Mariana von Neuburg (1689) blieben kinderlos. Als mit Carlos II. 1700 der letzte spanische Habsburger starb, war dies der Funke für einen schließlich europaweit ausgefochtenen Erbfolgekrieg. Carlos hatte vor seinem Tod sein Reich an den Enkel von Louis XIV. (Ludwig XIV.) und seiner spanischen Frau María Teresa, den jungen Herzog von Anjou, vermacht.

Diese Bestimmung, die Nachfolge in die Hände eines Bourbonen (kastil. *Borbones*; katal. *Borbons* – im Folgenden wird die spanische Schreibweise verwendet) zu legen, wurde von den meisten spanischen und französischen Diplomaten und Beratern begrüßt. Der Großteil der Herrscher Europas dachte indes anders und wollte eine Borbonenherrschaft über einen großen Teil des westlichen Kontinents und deren überseeischen Territorien nicht hinnehmen. Österreichs Erzherzog Karl (Archiduque Don Carlos), zweitgeborener Sohn von Kaiser Leopold I. und Margarita Teresa, der Tochter Felipes IV., erhielt seinen Anspruch auf die Thronfolge strikt aufrecht und löste damit schließlich den erwarteten internationalen Flächenbrand aus. Während Kastilien und der größte Teil des spanischen Klerus Philipp (als spanischer König Felipe V.) von Anjou unterstützte, favorisierte ein Großteil des Adels und der Städte Aragons, Valencias und Kataloniens die Ansprüche der österreichischen Habsburger (Carlos III.). Im katalanischen bzw. mallorquinischen Idiom firmierten die Anhänger der Borbonen damals unter der Bezeichnung *botifleurs*, während die der Habsburger als *maulets* bezeichnet wurden.

Besonders das grenznahe Katalonien und Barcelona fürchteten borbonischen Zentralismus und den Verlust alter Freiheiten und Vorrechte. Gleichfalls schloss sich ein Großteil des Adels und Bürgertums von Mallorca der Front gegen den Borbonen an. Viele Mitglieder der auf Mallorca präsenten religiösen Orden, besonders der Jesuiten und Dominikaner, stellten sich dagegen, wenn auch nicht dezidiert in der Öffentlichkeit, auf die Seite der Borbonen. Der von dem Borbonen auf Mallorca eingesetzte Vizekönig, Don Baltasar Cristóbal de Hijar, Conde d'Alcúdia, wurde aus seinem Amt vertrieben, eine in den Gewässern der Balearen operierende englisch-niederländische Flotte unterstützte die Sache der *maulets.*

In Mallorca war es vor allem der energische Einsatz des neuen habsburgtreuen Vizekönigs, Juan Antonio de Pachs y de Orcau, Conde de Zavellà, der die lokale Aristokratie zu einen und die Geschicke der Insel im Sinn Carlos' III. zu leiten versuchte. Dennoch gab es auf der Insel auch Stimmen, welche weiterhin eine Herrschaft der Borbonen favorisierten. In den Akten der mallorquinischen Inquisition finden sich beispielsweise Ermittlungen gegen eine zugunsten der Borbonen konspirierende Gruppe »krypto-jüdischer« Kaufleute um den Stoffhändler Gaspar Pinya. Offensichtlich erhoffte sich diese Gruppe eine liberalere Regierung Felipes V. 1711 wurden die Kaufleute inhaftiert, ihre Güter eingezogen. Englische Truppen nutzten unterdessen das Machtvakuum und besetzten Menorca. Der große Naturhafen von Maò war seit langem strategisches Ziel englischer Mittelmeerinteressen.

Der Tod von Kaiser Joseph I. im April 1711 änderte die allgemeine Lage. Der bisherige spanische Thronprätendent Erzherzog Karl wurde sein Nachfolger auf dem Kaiserthron. Die festgefahrene Lage in Spanien und die mit dem Wechsel auf dem Kaiserthron verbundene Perspektive einer Personalunion Österreich-Spanien ließen die Allianz allmählich bröckeln. Die Friedensschlüsse von Utrecht (April 1713) und Rastatt (März 1714) beendeten schließlich den Spanischen Erbfolgekrieg. Felipe erklärte in diesen Verträgen zwar seinen Verzicht auf die französische Krone, erhielt aber die internationale Anerkennung als legitimer spanischer König. Die Eroberung Barcelonas durch spanisch-französische Truppen im September 1714 brach den Widerstand der katalanischen Borbonen-Gegner endgültig.

Die Herrschaft der Dynastie der spanischen Borbonen (kast. *Dinastía Borbón*) begann. Eindeutiger Gewinner des Kriegs war England. Die Briten konnten ihre Eroberungen Gibraltar und Menorca behalten und erstritten das Monopol auf den Sklavenhandel zwischen Afrika und den spanischen Überseebesitzungen für 30 Jahre. Als die Friedensschlüsse von Utrecht und Rastatt Felipe als neuen König von Spanien (katal. Felip V. de Borbón) anerkannten, besetzten im Juni 1715 borbonentreue Truppen unter General François Claude Bidel d'Aspheld nach einigen Kämpfen mit den Milizen und Truppen Vizekönigs Marqués de Rubís Mallorca. Ein großer Teil der von Aspheld nach Mallorca geführten vier Infanterie-Regimenter und eines Dragoner-Regiments blieb fest auf der Insel stationiert. Die aus verschiedenen Ländern stammenden Soldaten sollten in den folgenden Jahrzehnten häufig in Konflikte mit der einheimischen Bevölkerung geraten. Offizieller

Grund für die Präsenz dieser Einheiten war die Gefahr der Attacke nordafrikanischer Korsaren und Verbände, tatsächlicher Hintergrund war die von Felipe V. gefürchtete Illoyalität der Insel-Bevölkerung gegenüber dem Herrscherhaus der Borbonen.

Im Sinn einer absolutistischen Zentralverwaltung wurden die Reste mallorquinischer Autonomie und auch für den Reino de Aragon und Mallorca noch bestehende Steuerfreiheiten abgeschafft. Nach dem Ende des Erbfolgekriegs hatten König Felipe und seine Berater Ruhe und Zeit, die Spitzen des Verwaltungssystems nach dem Muster des französischen Absolutismus umzugestalten. Der »Despacho« oder Kabinettsrat sollte zentrale Beratungs- und Entscheidungseinheit werden und den Einfluss der verschiedenen, sich mit Ressorts beschäftigenden Ratsgremien zurückdrängen. Nach dem Muster Frankreichs entstand eine Riege von »Sekretären« – man würde heute Minister sagen –, die diesen Ressorts (katal. *Secretaries de Despatx*) vorstanden. Große Verlierer waren in diesem neuen Konzept der Staatsorganisation die ehrwürdigen »Cortes«. Im gesamten 18. Jahrhundert wurden sie lediglich drei Mal einberufen.

Die Rebellionen in den Reichen Aragons – also auch auf Mallorca – gegen Felipe wurden zum idealen Vorwand, die dort über Jahrhunderte gewachsenen Institutionen und Privilegien zugunsten der neuen Zentralisierungsbestrebungen in ihrer Befugnissen einzudämmen oder sie ganz abzuschaffen. Bereits 1707 hatte Felipe in seinem Edikt »Nueva Planta« (katal. »Nova Planta«) mit der Begründung des Loyalitätsbruchs die regionalen Räte, *fueros* und *corts* von Aragon und Valencia für aufgehoben erklärt. Die lokalen Funktionäre wurden durch kastilische *corregidores*, die verschiedenen regionalen *fueros* durch kastilisches Recht ersetzt. Die oberen Gerichtshöfe folgten allein kastilischem Recht, und ähnlich der zentralistischen Borbonherrschaft in Frankreich sollten auch Verwaltungsstrukturen Kastiliens, Aragons und Valencias mehr und mehr angeglichen werden. Außer in Navarra wurde das Amt des Vizekönigs habsburgischer Prägung abgeschafft. In den strategisch wichtigsten Provinzen, darunter in Mallorca, wurde eine Militärverwaltung geschaffen, angeführt von einem Generalkapitän (katal. »Capità General«). Der Generalkapitän hatte sowohl über die zivile als auch militärische Rechtsprechung Gewalt und war auch Präsident der »Audiencia«. Dies entsprach der borbonischen Politik einer Militarisierung der zivilen Verwaltung und des Justizwesens.

Die Zentralisierung vollzog sich auch auf Mallorca in verschiedensten Bereichen. Im Zug der »Nueva Planta« wurde im Juli 1718 der »Gran i General Consell« aufgelöst. Seine Kompetenzen wurden an die unter dem

Vorsitz des Generalkapitäns tagende »Reial Audiència« übertragen. Palma wurde von nun an durch 20 vom König ernannte Räte (katal. *regidors*) verwaltet. Die Zahl der Räte in den übrigen Orten der Insel richtete sich nach der Einwohnerzahl. Mit 12 *regidors* war Alcúdia die zweitwichtigste Gemeinde der Insel. In Palma und Alcúdia standen von nun an Vikare (katal. *veguers*) an der Spitze der zivilen Rechtsprechung. Nach 1718 führten sie den Titel von *corregidors*. Ämterkauf und -vererbung arbeiteten allerdings auch unter den Borbonen gegen eine effiziente und gerechte Verwaltung.

Die Administration musste bisher auf lateinisch verfasste Dokumente nun auf Kastilisch veröffentlichen, gleiches galt für Schulen. Der Klerus wurde angehalten, in Kastilisch zu predigen. Eine Folge dieser sogenannten *castellanització* war, dass das Mallorquin auf das Land und in die Schichten der Analphabeten abgedrängt wurde. Als Sprache der Literatur spielte es für längere Zeit keine Rolle mehr. Misstrauisch gegenüber jeder Form der symbolischen Pflege eigenständiger politischer Identität ließ Generalkapitän Marqués de Lede die Laienbruderschaft von San Jorge, in der sämtliche mallorquinische Adelige Mitglied waren, abschaffen. Sogar Orts- und Städtenamen sollten nicht mehr an einstige Privilegien oder Eigenständigkeit erinnern. Der bis dato in Dokumenten häufig benutzte katalanische Name »Ciutat de Mallorca« sollte durch Palma ersetzt werden.

Auch auf dem Festland verdrängte das Kastilische das Katalanische in den Gerichtshöfen und Ämtern. Dennoch konnte von einer radikalen Ausmerzung katalanischer Traditionen und Identitäten keine Rede sein. Im Vergleich zur Moderne kennt die Frühe Neuzeit – ohne die heutigen technologischen und logistischen Mittel – keine umfassende Eliminierung von Identitäten, Ethnien oder Völkern. Trotz der angeordneten Einführung von kastilischem Recht konnte es die alten katalanischen Rechtsformen nicht vollständig verdrängen. Das Vorhaben, eine umfassende Wehrpflicht einzuführen, wurde nach energischen Protesten wieder aufgegeben.

Erfolgreicher war die Angleichung des Steuersystems in Kastilien, Aragon, Valencia, Katalonien und auch auf Mallorca. Sie wurde nach 1717 umgesetzt und brachten der Krone nicht nur erheblichen Zuwachs an Einkommen, sondern schuf auch eine gerechtere Verteilung der Steuerlasten zwischen den Reichen der Krone. Das jährliche Einkommen stieg von 120 Millionen *reales* am Anfang des Jahrhunderts bis auf 360 Millionen 1746, am Ende der Regierungszeit Felipes V. Zum Zeitpunkt der Einführung einer zentralisierten »Talla General« brachte Mallorca der spanischen Krone etwa 480 000 *reales*.

Nach wie vor bildete die Kirche den Stabilisator der Gesellschaft und legitimierte die Monarchie. Zwei Neuntel des von der Kirche eingezogenen Zehnten gingen an die Krone *(tercias real)*, ebenso der Zehnt des reichsten Hofes jeder Pfarrei *(excusado)*. Diese Abgaben wurden zumeist in Form von Getreide eingezogen und waren damit unabhängig von Inflation. Für nachgeborene Söhne des Adels stellte die Kirche nach wie vor eine lukrative Versorgungsanstalt dar, die Person des Pfarrers blieb die zentrale Figur und Orientierung einer Gemeinde; immer noch vermachte eine Vielzahl der Einwohner des Landes vor dem Tod der Kirche große Teile ihres Vermögens.

In der Außenpolitik hatten die Friedensschlüsse von Utrecht und Rastatt mit der Anerkennung der britischen Annektierung Menorcas wegweisende Bedeutung. Gerade diese Bestätigung der Eroberungen von Gibraltar (1704) und Menorca (1708) dokumentiert die britische maritime Dominanz im westlichen Mittelmeer. Die spanische Regierung blieb auch unter Felipes Nachfolgern auf dem spanischen Königsthron, Fernando VI. (katal. Ferran VI.) und Carlos III. (katal. Carles III.), stets auf der Suche nach Verbündeten, um diese Orte zurückzugewinnen. Zwar war die Insel im Siebenjährigen Krieg (1756–1763) von französischen Truppen unter Herzog Louis François Armand de Vignerot du Plessis de Richelieu besetzt, im anschließenden Frieden jedoch erneut England zugesprochen worden. Die Zeit für die Rückeroberung Menorcas sollte jedoch erst kommen, als ein großer Teil der britischen Flotte in den Kriegen gegen Frankreich in Ostindien gebunden war. Im Februar 1782 gelang einem spanischen Expeditionscorps unter dem mallorquinischen Konteradmiral Antoni Barcélo die vorübergehende Rückeroberung. Zwischen 1798 und 1802 folgte erneut eine Periode britischer Besetzung. Im Vertrag von Versailles (3. September 1783) und erneut im Friedensvertrag von Amiens (1802) wurde der spanische Besitz Menorcas bestätigt.

Für Mallorca bedeuteten die Borbonenherrschaft und ihr sogenannter »Familienpakt« mit Frankreich und dem Königreich Sizilien nahezu permanente Alarmbereitschaft bei der Nachricht von größeren englischen Flotten- und Truppenbewegungen im Mittelmeer. Dies erforderte die kostspielige Aufstellung einer schlagkräftigen Miliz und unter Waffen gehaltene Truppen auf der Insel. In der Regierungszeit von Carlos III. (1759–1788) waren dies zeitweise über 15 000 als reguläre Truppen und Milizen zur Verfügung stehende Männer.

Die Regierungszeit von Felipes Nachfolger Fernando VI. (1746–1759) war auf Mallorca von verschiedenen Krisen geprägt. Dürren und Pestepidemien führten in der Mitte des Jahrhunderts zu einem Bevölkerungsrückgang von über 15 000 Einwohnern. Gegen den Befehl der Regierung kam es zu kleineren Emigrationswellen. Der in der Mitte des Jahrhunderts auflebende Export von Zitrusfrüchten und Gemüse konnte hier nur bedingt entgegenwirken. Gleiches gilt für den am Beginn des Jahrhunderts eingeführten Anbau von Tabak. Er brachte um 1750 der Regierung zwar Steuereinnahmen von etwa 19 000 *lliures*, wirkte aber natürlich nicht als Allheilmittel gegen Rezession und Dürren. Gemäß dem Zensus von 1755 wurde der Reichtum der Insel auf knapp 17 Millionen *lliures* geschätzt, dabei entfielen etwa 9 Millionen auf Palma. Die Getreideernte konnte auf 335 000 *quarteres* gesteigert werden, welches dennoch nicht für die vollständige Versorgung der mittlerweile weiter angestiegenen Bevölkerungszahl ausreichte. Allein in Palma gab es damals etwa 5000 auf Almosen angewiesene Einwohner. Olivenöl blieb mit Einnahmen von etwa 4 500 000 *reales* (1767) größter Exportposten, mit großem Abstand gefolgt von Baumwolle, Stoffen und Textilien (300 000 *reales*). Demgegenüber stand ein Import von Weizen im Wert von 4 200 000 *reales*, Reis (810 000) und Leinen (470 000). Insgesamt bestand ein deutliches Außenhandelsdefizit.

Größere effektive Auswirkungen auf Mallorcas Ökonomie zeigten erst die unter Carlos III. unternommenen Anstrengungen, seine Länder an den wirtschaftlichen und wissenschaftlichen Standard Frankreichs anzugleichen. Die auf das Jahr 1777 zurückgehende Gründung der »Sociedad Económica Mallorquina de Amigos del País« (katal. »La Societat Econòmica Mallorquina d'Amics del País«) war in diesem Zusammenhang ein wesentlicher Schritt. Zentrale Figuren waren dabei der Naturforscher und Maler Don Bonaventura Serra i Ferragut und Don Josep Pueyo, Marqués de Campofranco sowie ihre Freunde. Ziel war die Förderung der regionalen Wissenschaft, Technik und angewandten Kunst und damit gleichzeitig der dauerhafte Fortschritt der lokalen Wirtschaft. Die früher primär in den Händen der Jesuiten liegende Erziehung der Jugend in Mathematik, Physik, Zeichnen und Architektur wurde nun den direkten merkantilen Realitäten angepasst und von Instituten und Schulen übernommenm, die unter der Aufsicht und Förderung der »Amigos del País« standen. Damit verlor auch das seit der Mitte des 17. Jahrhunderts wichtige Jesuitenkolleg für höhere Studien von Monti-Sion in Palma seine Bedeutung.

Es waren vor allem die »Amigos del País«, die den Anbau neuer Feldfrüchte, darunter Kartoffeln und bestimmter Bohnensorten, anregten. Der Export von Zitrusfrüchten wurde noch einmal intensiviert. Zentren des Anbaus von Orangen und Zitronen waren die Huertas von Sóller, Pollença und Andratx. Ebenso wurde der Anbau von Flachs ausgebaut, wesentlicher Rohstoff für eine prosperierende Leinenindustrie. Die mallorquinische Leinen- und Tuchindustrie profitierte von der Einwanderung französischer Spezialisten während der Französischen Revolution. Bereits früher war versucht worden, das umfangreiche Sumpfgebiet von S'Albufera bei Can Picafort mittels hydraulisch betriebenen Kanalsystemen trockenzulegen. Die Erfolge waren zunächst gering, und es brauchte englische Technik und die Ingenieure Bateman und Hope mit einer eigenen Landerschließungsgesellschaft, um in der zweiten Hälfte des 19. Jahrhunderts den Sümpfen 2000 Hektar fruchtbares Land abzutrotzen.

Diese Intensivierung und Effizienzsteigerung der Landwirtschaft, insbesonders der Bodenkultivierung, trugen dazu bei, dass am Ende des 18. Jahrhunderts immer noch der Großteil der mittlerweile auf 140 000 Einwohner angewachsene Bevölkerung der Insel auf dem Land lebte, arbeitete und ein Auskommen fand. Der Sektor der Olivenernte und -verarbeitung machte sich hier besonders positiv bemerkbar. Insgesamt ließ sich die jährliche Ernte auf etwa 34 600 Hektoliter Olivenöl steigern. Olivenöl war mehr als zuvor eines der wenigen Güter, die Mallorca mit gutem Gewinn exportierte. Auch der Weinanbau erfuhr eine deutliche Steigerung und Effizienzsteigerung. Für 1784 wurde eine Produktion von 112 400 Hektoliter ermittelt. Damit konnten im Gegensatz zu früheren Jahrhunderten nun auch bedeutende Exporterlöse erzielt werden. Auch der Export von getrockneten Feigen und Käse spülte Geld in das Land. Dank der Förderung der »Amigos del País« entstanden elf neue Manufakturen zur Herstellung von Seife, eine neue Manufaktur zur Glasherstellung, und die Verarbeitung lokaler Baumwolle zu Textilien wurde ausgebaut. Auch die Werftindustrie wurde modernisiert und die Konstruktion und Fertigung von Tartanen, Fregatten, Polacken, Brigantinen und Schebecken intensiviert.

Die erste wöchentlich publizierte Zeitung (»Noticia periódica«) der Insel erschien seit 1779. Die von den »Amigos del País« geplante Einrichtung einer Hochschule zum Studium praktischer technischer Wissenschaften und moderner Sprachen konnte zunächst nicht verwirklicht werden. Dabei sind die Aktivitäten der »Amigos del País« keinesfalls mit kirchenkritischen, strikt rationalen, materialistischen oder radikalaufklärerischen Tendenzen nach französischem Muster zu verwechseln. Ihre Mitglieder waren moderat aufklärerisch orientiert und nicht selten auch Mitglieder des Klerus. Der Zeichenlehrer der »Sociedad de Amigos del País de Mallorca« war beispielsweise ein Agent *(familiar)* der Inquisition. Es waren daher weniger Inquisition oder die Kirche – wie häufig fälschlicherweise behauptet – sondern der kaum zu bewältigende Nachholbedarf an Bildung, an breit gefächertem Unternehmergeist und auch ausländische Handelskonkurrenz, welche die von den »Amigos del País« angestrebte umfassende Prosperität des Landes und einen Exportüberschuss verhinderten.

Die von Carlos III. betriebene, vorsichtige Lösung der Erziehung aus den Händen der Kirche und religiösen Orden fand 1767 einen Höhepunkt in der Vertreibung des Jesuitenordens aus den Ländern seines Königreichs. Neben ihren Klöstern und Seminaren unterhielten die Jesuiten damals drei größere Schulen auf Mallorca, zwei in Palma, eine in Pollença. Zusammen mit ihren katalanischen Ordensbrüdern wurden viele auf Mallorca wirkende Jesuiten im Mai 1767 auf Schiffen nach Civitavecchia gebracht. Damit vollzog sich auch auf Mallorca ein Umbruch im Erziehungswesen, besonders spürbar mit der Ablösung der meisten Universitätsprofessoren, denn diese waren bisher von den Jesuiten gestellt worden. Mit den Antonitern wurde 1791 ein weiterer auf Mallorca präsenter religiöser Orden aufgehoben. Insgesamt bestanden am Ende des 18. Jahrhunderts auf Mallorca noch 42 Konvente und Klöster. Die Insel war in 54 Pfarreien eingeteilt. In der Bulle »Ineffabilis Dei benignitas« vom April 1782 vereinigte Papst Pius VI. Mallorca und Ibiza zu einer gemeinsamen Diözese. Seit 1795 liefen Ver-

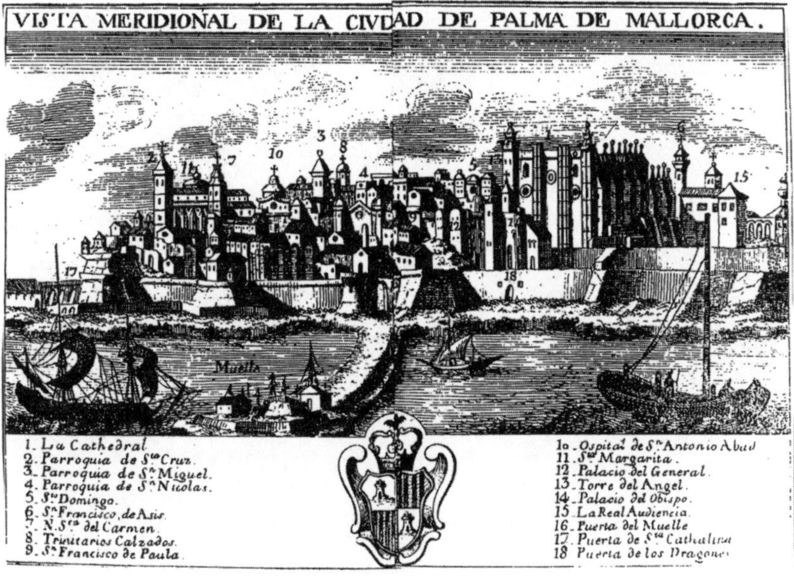

Stilisierte Vedute Palmas, aus: J.F. Palomino, Atlante Espanol, Madrid 1779

handlungen zwischen der Krone und der römischen Kurie, Menorca wieder zu einer eigenständigen Diözese zu erheben.

Auch unter Carlos III. setzte sich die von seinen Vorgängern begonnene »Kastilisierung« von Kultur und Sprache fort. Die Madrider Regierung benutzte hier zunehmend den Einfluss von Kirche und religiösen Orden auf die Landbevölkerung, um auf diesem Feld weitere Erfolge zu erzielen. Mallorcas Bischof Joan Díaz de la Guerra erwies sich hier als besonders treuer Mitstreiter König Carlos' III. Auf seine Anweisung wurde streng kontrolliert und darauf gesehen, dass sämtliche Sakramentsbücher, Tauf-, Sterbe- und Kirchenregister sowie Katechismen auf Kastilianisch verfasst wurden.

Carlos' III. betrieb eine gemäßigt aufgeklärte, rational-utilitaristisch geprägte Politik, die die kapital- und arbeitskraftvernichtende Ausgrenzung von Minderheiten nicht zuließ. Die bisher von Verwaltungsämtern, den Zünften und anderen Positionen in Heer, Marine oder Klerus ausgeschlossenen, 1492 zwangsweise zum Christentum konvertierten Juden erhielten 1773 gleiche Rechte wie die Altchristen; das heißt der Zugang zu öffentlichen Ämtern, zum Militärdienst oder ein Studium war ihnen wieder gestattet.

Antwort
JAN THORBECKE VERLAG
VERLAGSGRUPPE PATMOS
Senefelderstraße 12
D-73760 Ostfildern

Ihre Meinung ist uns wichtig!

Diese Karte lag in dem Buch:

....

Ihre Meinung zu diesem Buch:

....

....

....

....

Wie sind Sie auf dieses Buch gestoßen?

- ○ Buchbesprechung in:
- ○ Anzeige in:
- ○ Verlagsprospekt
- ○ Entdeckung in der Buchhandlung
- ○ Internet
- ○ Empfehlung
- ○ Geschenk

Für welche Themen interessieren Sie sich?

- ○ Garten & Wohnen
- ○ Kochen & Genießen
- ○ Kalender & Geschenke

- ○ Kinder & Familie
- ○ Psychologie & Lebenshilfe
- ○ Spiritualität & Lebenskunst
- ○ Religion & Theologie

- ○ Geschichte/Geschichtswissenschaft
- ○ Landeskunde Südwestdeutschland

Fordern Sie unsere aktuellen Themenprospekte an:

bestellungen@verlagsgruppe-patmos.de
Fax +49.711.4406-177
Tel. +49.711.4406-194

Einen Überblick unseres **Gesamtprogramms** finden Sie unter **www.thorbecke.de** sowie **www.verlagsgruppe-patmos.de**

XI. Rebellion und Restauration – Das 19. Jahrhundert

Im Nachhinein gesehen war der Tod des umsichtigen Carlos III. im Dezember 1788 eine größere Zäsur, als sie den Zeitgenossen erschienen sein mag. Damals schien die spanische Monarchie der Borbonen auf einem vielversprechenden Weg der wirtschaftlichen Konsolidierung und einem allmählichen ökonomischen Schulterschluss mit anderen aufgeklärten Monarchien in Europa. Und dennoch waren die Fundamente der Monarchien und Reiche der internationalen Herrscherdynastien bereits unterhölt und brüchig geworden. Die ersten Regierungsjahre Carlos' IV. profitierten von der Kontinuität der politischen Führung des Conde de Floridablanca und der alten Ministerriege. Im Herbst 1791 wurde der Sekretär von Königin Maria Luisa und frühere Generalleutnant Manuel de Godoy in das Amt des ersten Staatsministers berufen. Seine spätere Heirat mit María Teresa de Borbón y Vallabriga, einer Enkelin König Felipes V., machte ihn zum Cousin ersten Grades von Carlos IV. und der Königin und öffnete ihm Zugang zum engeren Kreis der Monarchie.

Für Mallorca hatten die Ereignisse der frühen 1790er Jahre vielfältige Auswirkungen. Sowohl der 1791 ausgebrochene spanisch-marokkanische Krieg als auch der Konflikt mit dem nachrevolutionären Frankreich resultierten in massiven ökonomischen Beeinträchtigungen. An beiden Fronten waren größere Kontingente auf Mallorca ausgehobener Soldaten beteiligt. Beispielsweise waren 1793 zwei Regimenter mallorquinischer Milizen bei den spanischen Eroberungsversuchen von Toulon beteiligt; 1400 mallorquinische Soldaten waren unter den spanischen Kontingenten, die gegen Roussillon vorrückten. 1794 und 1795 besetzten die Franzosen Teile des nördlichen Kataloniens und des Baskenlands. Der Fall von Vitoria im Juli 1795 veranlasste Godoy, Friedensverhandlungen aufzunehmen. Im Frieden von Basel erlangte Spanien die französisch besetzten Territorien zurück, verlor aber Santo Domingo an Frankreich.

Nur ein Jahr später waren die alten Bündniskonstellationen endgültig Makulatur geworden. In San Ildefonso unterzeichneten Spanien und die junge Französische Republik einen Bündnisvertrag und erklärten England den Krieg. Daraufhin blockierte England die wichtigsten maritimen Routen zwischen dem spanischen Mutterland und seinen überseeischen Territorien. Dies hatte desaströse Folgen für die Wirtschaft des Landes. Mit dem zeitweisen Wegfall des Überseemarkts fielen die Wirtschaft Kataloniens und mittelbar auch Mallorcas in eine tiefe Rezession. Anfang 1798 bezifferte sich das Staatsdefizit auf beachtliche 800 Millionen *reales*. Mallorca wurde angesichts der starken, im Mittelmeer stationierten britischen Flottenverbände zusätzlich von einem nahezu permanenten Alarmzustand und der kostspieligen Bereitschaft der Milizen belastet.

In den nächsten zwei turbulenten, von permanenten Konflikten zwischen konservativen und reformistischen Kräften geprägten Jahren wurde die Regierung von den Ministern Miquel Gaietà Soler i Rabassa – einem Mallorquiner – und Francisco de Saavedra geführt. Solers erste tiefgreifende Maßnahme war die Versteigerung jener geistlichen Besitzungen, die zuvor der Finanzierung von Hospitälern, Armentstiftungen, Pfründen oder Prozessionen und kirchlichen Festivitäten dienten. Nicht nur deswegen war Soler auf seiner Heimatinsel sehr unbeliebt; es war vor allem die von ihm angeordnete Erhöhung der Gebrauchssteuer auf einige wesentliche Konsumgüter, unter anderem Wein, und seine frühere enge Anlehnung an den unpopulären »Emporkömmling« Godoy. Seine Gegner wiesen ferner auf ein von Soler geknüpftes Netz von Nepotismus hin; unter anderem wurden dank seiner Hilfe zwei seiner Schwäger Mitglieder der Audiència, andere Verwandte erreichten die Beförderung zu Räten und gelangten an führende Positionen in Justiz und Verwaltung. Die Unfähigkeit der Regierungen Solers und Saavedras, Lösungen herbeizuführen, begünstigte Godoys Rückkehr. Zunächst ohne offizielles Amt, aber mit voller Rückendeckung von Carlos IV., übernahm er erneut die Regierungsgeschäfte. Liberale Politiker wie Caspar Melchior de Jovellanos wurden ihrer Ämter enthoben. Jovellanos wurde nach Mallorca verbannt, er verbrachte das Jahr 1801 in der Kartause von Valldemossa. Im folgenden Jahr wurde er in das zum Staatsgefängnis umgewandelte Schloss von Bellver verlegt.

Auf Druck Napoleons hatte Spanien Ende 1804 erneut England den Krieg erklärt. Wie zuvor folgte darauf umgehend eine englische Blockade des spanischen Atlantikhandels. Die Niederlage der vereinten französisch-spanischen Flotte vor Trafalgar bewies erneut die englische Überlegenheit zur See. Als sich die wirtschaftliche Lage weiter verschlechterte, erhöhte sich die Gefahr von Aufständen. Godoy und Berater des Königs ließen geheime Pläne einer Lösung von Frankreich und Annäherung an England entwickeln. Dass sich mittlerweile eine entschieden gegen Godoy und seine Günstlinge arbeitende Partei um den Kronprinzen Fernando, Prinz von Asturien, gebildet hatte, konnte weder dem allmächtigen Staatsminister noch König Carlos IV. verborgen bleiben. Sowohl Godoys als auch Fernandos Partei waren allerdings auf die Gnade Napoleons angewiesen.

Ungeachtet der militärischen Kollaboration existierten bereits damals Pläne im französischen Kriegsministerium, in Spanien einzufallen und die wichtigsten Städte und strategische Punkte zu besetzen. Zu unsicher erschien Napoleon das Regime der Borbonen im südlichen Nachbarland. Nach einigen geheimen Vorbereitungen begann Anfang 1808 die Invasion und die Besetzung der zentralen Garnisonsstädte und Häfen.

Der Hof von Carlos IV. verließ Madrid und zog sich nach Aranjuez zurück. In Aranjuez vollzog sich der letzte Akt der Regierung Godoys und seines königlichen Protektors. Maskiert als rebellierende Bauern und Soldaten gelang es den Anhängern des Kronprinzen Fernando und einer Partei von Aristokraten und Klerikern Ende März 1808 den Rücktritt Godoys und die Abdankung Carlos' IV. zugunsten seines Sohns (»el Deseado«) zu erzwingen. Bereits im Mai desselben Jahres riss Napoleon selbst die Oberherrschaft über das spanische Borbonenreich an sich und übergab die Krone der Reiche Spaniens schließlich an seinen Bruder Joseph Bonaparte, den damaligen König beider Sizilien. Dieser regierte nun in Spanien als König José I. (»el Intruso«). Seine Regentschaft riss das Land endgültig in einen Bürgerkrieg, der sich nicht nur gegen die französische Fremdherrschaft richtete, sondern auch als Ventil für die Konflikte zwischen den konservativen und liberalen Kräften diente.

Dies traf auch auf Mallorca zu; auf der Insel kam es zu zahlreichen Demonstrationen gegen José I. Die Aufstände begannen im Mai 1808, als sich ein Teil der Einwohner Palmas vor dem Palast von Almudaina versammelte und vor einem Gemälde Fernandos VII. dem König seine Verehrung erwies. In der Kathedrale wurde für das Königshaus der Borbonen ein Te-Deum gesungen. Am 5. Juni wurde Fernando von einer großen Volksmenge zum König ausgerufen. Vielerorts in Spanien wurden die noch von Godoy eingesetzten höheren Beamten ihrer Ämter enthoben und die lokale Regierung und Verwaltung von *juntas* übernommen. Die *juntas* reklamierten die Ausübung ihrer Tätigkeit im Namen Fernandos VII., der spanischen Souveränität und des freien Volkswillens. Der konservativ-restaurative Grundton vieler Vertreter der *juntas* zeigt sich im Versuch, die Enteignungen der Kirche und der geistlichen Orden zu stoppen und die Inquisitionsbehörde zu reaktivieren. Publizistisches Sprachrohr der Bewegung auf Mallorca wurde der im Juni 1808 erstmals erscheinende »Diario Político de Mallorca«.

Insgesamt wurden damals auf Mallorca etwa 6300 Männer zu den Waffen gerufen. Ein vom Oberst Marqués de Vivot aufgestelltes und kommandiertes Freiwilligenregiment begab sich nach Barcelona, um sich dort mit den Truppen General Redings zu vereinigen. Insgesamt wird die Zahl der Mallorquiner und der Menorquiner in diesen Kämpfen auf etwa 12 000 geschätzt. Im Kollegium der Sapiència von Palma wurde eine Militärakademie eingerichtet; in den Räumen des Jesuitenkloster von Monti-Sion eine Artillerie-Schule. Im Verlauf der sogenannten spanischen »Befreiungskriege« wurde Mallorca mehr und mehr zu einer Insel des Exils der politischen und auch wirtschaftlichen Flüchtlinge. Cádiz und die Balearen waren die einzigen Territorien Spaniens, die während der Kriege nicht vorübergehend französisch besetzt waren. Dementsprechend kamen nach Mallorca zahlreiche Konservative, Adelige, Geistliche, Kaufleute und borbonentreue Beamte und Militärs, die vor den Franzosen und den Spaniern auf deren Seite flüchten mussten. Kulturell war dieser Transfer an Wissen und Innovationen sicherlich ein Gewinn für die Insel. So ging 1811 die Gründung des »Diario de Palma« auf die Initiative des aus Barcelona nach Mallorca geflüchteten Publizisten Antoni Brusi zurück.

Insgesamt wird der Zahl der während der Konflikte auf dem Festland nach Mallorca strömenden Emigranten auf zwischen 30 000 und 40 000 Personen geschätzt. Darunter befanden sich über 3000 Kleriker und Mitglieder von Mönchsorden. Auch der Erzbischof von Tarragona, die Bischöfe von Pamplona, Cartagena, Lleida, Terol, Urgell, Barcelona, Tortosa und Menorca sowie der Abt von Poblet und viele andere führende Mitglieder religiöser Orden hatten sich nach Mallorca geflüchtet. Die meisten von ihnen blieben in der damals etwa 36 000 Einwohner zählenden Hauptstadt Palma. Versorgungsengpässe waren unvermeidlich.

Viele dieser Migranten kehrten nach dem Abzug der französischen Truppen wieder auf das Festland zurück. In abgelegenen Teilen Mallorcas und auch auf der kleinen felsigen Nachbarinsel Cabrera wurden nach 1808 große Gefangenenlager für insgesamt fast 10 000 französische Kriegsgefangene errichtet. Krankheit und Hunger ließen viele der Insassen dieser Lager sterben. Nach dem Ende des Kriegs kehrten nur etwa 3600 von ihnen in die Heimat zurück.

Von einer stabilen Lage Spaniens konnte auch nach dem Abzug der Franzosen, dem Pariser Frieden (1814) und dem Wiener Kongress (1815) keine Rede sein. Das Exildasein der Borbonen, die Zerrissenheit der einzelnen spanischen Fraktionen, Machtstreitigkeiten und der Einfluss der gesamteuropäischen Entwicklungen hatten inzwischen eine allmähliche Auflösung des alten monarchistischen Systems bewirkt. Die von der *junta* in Cádiz, einem Zentrum des spanischen Liberalismus, zusammengerufenen »Cortes« hatten eine neue Verfassung des Landes ausgearbeitet und am

19. März 1812 verkündet. Zu den in Cádiz versammelten Deputierten gehörten auch Don Bernat Nadal, Bischof von Mallorca, Don Antoni Llaneras, Rektor von Sant Nicolau, der Jurist Don Guillem Moragues, Don Josep de Salas, Kapitän der Marine, und Don Pau Ribas, Rektor von Sant Josep auf Ibiza. Mit Ausnahme des Absolutisten Llaneras tendierten die übrigen Deputierten der Balearen zu einer moderaten und liberalen Haltung. Bischof Nadal führte als Präsident der Kommission bei verschiedenen Sitzungen den Vorsitz und nahm eine entscheidende Rolle bei der Gestaltung der Konstitution ein.

Die neue Verfassung veränderte den Aufbau des Staates wesentlich. Der Borbone Fernando VII. wurde zwar als Staatsoberhaupt anerkannt, die Macht ging jedoch vom spanischen Volk »auf beiden Seiten der Hemisphäre« – also auch in Übersee – und seiner Repräsentanten aus. Artikel 2 der neuen Verfassung formuliert deutlich: »Die spanische Nation ist frei und unabhängig und kann daher nicht Besitz einer Familie oder Person sein.« Die neu formierten »Cortes« sollten aus demokratisch gewählten Vertretern bestehen. Der König konnte weder ihre Zusammenkunft verhindern noch die Auflösung anordnen. Die neue Verfassung ordnete auch die Spitzen der Provinzverwaltungen – also auch Mallorcas – neu. Bisher war der Vizekönig bzw. Generalkapitän sowohl oberster Herr über Militär als auch über zivile Verwaltung. Nun wurden diese Aufgabenbereiche getrennt. Das neu geschaffene Amt eines »Jefe superior político« war allein für die zivile Verwaltung verantwortlich. Das Amt firmierte bald unter dem Namen »Governador Civil«. Sein Inhaber war gleichzeitig Vorsitzender der »Diputació Provincial«.

Die Verfassung vom März 1812 wurde auch von den Liberalen Mallorcas begrüßt. Wie auf dem Festland folgten hitzige Diskussionen und nicht selten blutige Konflikte über ihre Umsetzung zwischen konservativen Gruppierungen, dem Adel und dem Klerus und einem selbstbewusster werdenden städtischen Bürgertum. Zentrale Figuren der mallorquinischen Liberalen waren der Jurist und Mitglied der Audiència, Don Isidoro Antillón, und Guillem Ignasi de Montis. Seit dem Juni 1812 publizierte der aus Valencia stammende Miquel Domingo die liberale politische Zeitschrift »Aurora Patriótica Mallorquina«. Die Zeitschrift prägte für die folgenden Jahrzehnte den Namen für die liberale Bewegung auf der Insel, *auroristes*. Den Liberalen standen die konservativen Kräfte um ihre Sprachrohre, den Franziskanerpater Ramon Strauch i Vidal, den Karmeliterpater Traggia und den Trinitarier Miquel Ferrer, entgegen. Strauch war im Juli 1812 Gründer des »Semanario Cristiano-Político«. Daher firmierten die konservativen

Kräfte auf Mallorca unter dem Namen der *semanaristes*. Traggia war Gründer der Zeitschrift »El Amigo de la Verdad«.

Sprachrohre der liberalen Kräfte wurden neben »Aurora Patriótica Mallorquina« verschiedene weitere Zeitungen, darunter die heute noch existierende Tageszeitung »La Ultima Hora«. Eine Durchsicht der in diesen Gazetten diskutierten Themen liefert wertvolle Einblicke in die Sozialgeschichte Mallorcas in der ersten Hälfte des 19. Jahrhunderts. Besonders häufig wurde von den wirtschaftsliberalen Kräften angeprangert, dass Großgrundbesitzer, Kirche und Mönchsorden weite Teile ihres Landes brachliegen ließen. Das im Dominikanerkloster von Palma tagende Inquisitionsgericht musste – vorübergehend – seine Tätigkeit einstellen; das unweit gelegene Gefängnis sollte abgebrochen werden.

Nach dem Ende der Herrschaft Josés I. und Napoleons saßen Fernando und seine konservative Regierung mit internationaler Rückendeckung wieder fest auf dem Thron und gingen daran, die Verfassung vom 19. März 1812 für ungültig und die Beschlüsse der »Cortes« für unrechtmäßig zu erklären. Mit Unterstützung der Armee und von Teilen der Kirche wurden liberale und auch gemäßigte Kräfte massiv verfolgt. Zu den inhaftierten mallorquinischen Liberalen gehörten der oben erwähnte Guillem Ignasi de Montis und der bekannte Richter Sandino i Victorica. Populäre Unterstützer der Borbonen wie Ramon Strauch i Vidal wurden mit hohen Ämtern belohnt; Strauch wurde Bischof von Vich.

Die Inquisition konnte 1814 in Palma erneut die Arbeit aufnehmen. Zwei Jahre später durften die 1767 vertriebenen Jesuiten nach Mallorca zurückkehren. Zusammen mit der Inquisition sollten die Jesuitenpadres die Zensur liberaler Pamphlete überwachen und gegen die von José I. geförderten Freimaurerlogen vorgehen. 1817 wurde im Kastell von Bellver der General Lluís Lacy hingerichtet, der gegen die Regierung konspiriert und mit den Liberalen sympathisiert hatte.

Zur wirtschaftlichen Krise kam eine Vertiefung der ideologischen Gräben zwischen den Befürwortern der Restitution der alten kirchlichen Rechte und absolutistischer Gewalt, der gemäßigten, spätabsolutistisch-aufgeklärten Beamtenschaft und den progressiven Liberalen (den sogenannten *exaltados*). Letztere fanden Unterstützung in Kreisen des Militärs. Erneut war es die Hafenmetropole Cádiz, in der sich der Funke zur direkten Aktion entlud. Im Januar 1820 erhoben sich dort Truppen unter der Führung Oberstleutnants Rafael de Riego gegen die Monarchie Fernandos VII. und forderten die Anerkennung der Verfassung von 1812. Andere Städte und Truppenkontingente folgten dem Beispiel von Cádiz und erhöhten den

Druck auf die Regierung, bis sich Fernando VII. im März des Jahres bereit erklärte, die Verfassung von 1812 anzuerkennen. Die Nachrichten von Riegos Aufstand gegen die Monarchie provozierten auch auf Mallorca massive Ausschreitungen gegen Großgrundbesitzer, Kirche und Klerus. Das Dominikanerkloster von Palma, Sitz des Inquisitionsgerichts, wurde als Symbol der alten Ordnung zerstört.

Die Wahlen von 1822 verschafften den *exaltados* die Mehrheit in den »Cortes«. Die Welt der Intellektuellen und der »Cortes« und die Realitäten in den so unterschiedlichen Landesteilen und Mentalitäten waren indes nach wie vor zwei verschiedene Dinge. Unzufriedenheit mit der Steuerpolitik und die schlechte Ernte des Jahres 1822 führten in verschiedenen Regionen zu bewaffneten Aufständen und Übergriffen. Die Geschehnisse waren idealer Vorwand für Fernando VII. und die Royalisten, mit Hilfe Frankreichs die liberalen Kräfte auszuschalten und die alte Ordnung wieder herzustellen. Louis XVIII. entsandte aus Frankreich ein 60 000 Mann starkes Heer, um die Verbreitung »revolutionärer« Umtriebe aus Spanien nach Frankreich verhindern. Zusammen mit den 35 000 Soldaten der Royalisten brachen sie den liberalen und regionalen Widerstand. Im Sommer 1823 konnte Fernando VII. wieder mit absoluter herrschaftlicher Gewalt regieren. Gegen die wichtigsten Protagonisten der liberalen Bewegung – darunter viele Veteranen der Befreiungskriege gegen die Franzosen –, die nicht das Land verließen, wurde mit großer Härte vorgegangen.

Auch auf Mallorca waren es französische Truppen unter General Taberner, die den Konservativen und König Fernando halfen, die Lage zu kontrollieren. Zahlreiche mallorquinische Liberale verließen ihre Insel, prominentester politischer Emigrant war Bischof Pere González Vallejo. In Palma wurden von Klerikern und Vertretern der Regierung öffentlich Bücher und Zeitschriften mit liberalem Inhalt verbrannt. Es folgte die Reform verschiedenster Bereiche des mallorquinischen Bildungssektors. 1829 kam das vorübergehende Ende der Universität von Palma. Die Institution wurde in die Hochschule von Lérida integriert. Erst 1951 sollte Palma wieder eine neue Universität erhalten.

Das Ende der alten administrativen Einheiten kam schließlich mit der schon unter Fernando VII. geplanten und dann unter der Regentschaft Cristinas de Borbon in die Praxis umgesetzten großen Verwaltungsreform. Mit Dekret vom 30. November 1833 wurden die alten, den mittelalterlichen »Reinos« folgenden Strukturen bzw. Verwaltungseinheiten aufgelöst und in 49 Provinzen neu geordnet. An der Verwaltungsspitze jeder dieser Provinzen stand ein vom König ernannter Gouverneur, gleichzeitig Vorsitzender des regionalen Rats der Deputierten. Diese Strukturreformen betrafen natürlich auch das ehemalige Reino de Mallorca, welches ebenfalls eine neue Provinzialverwaltung und neue Gemeindegrenzen erhielt. Die Insel wurde dementsprechend in die Verwaltungsbezirke Palma, Inca und Manacor gegliedert.

Die auch Mallorca einschneidend treffenden Säkularisationswellen und Enteignungen der 1830er Jahre haben einen komplexen politischen und sozialen Hintergrund. Die damalige spanische Regierung stand im Zeichen der Rivalität zwischen den erzkonservativen Royalisten – den sogenannten *apostólicos* – und gemäßigten Kräften, denen es vor allem auf eine wirtschaftliche Erholung des Landes ankam. Gallionsfigur der *apostólicos* war König Fernandos Bruder Don Carlos. Carlos' Hoffnungen auf die Thronfolge schienen 1829 äußerst fragwürdig, da Fernando seine Nichte Maria Cristina von Neapel geheiratet und von ihr eine Tochter, Isabel, bekommen hatte. Hatte doch König Fernando in einer Pragmatischen Sanktion die alte Regelung der spanischen Borbonen von 1713 außer Kraft gesetzt, die männlichen Mitgliedern des Königshauses Vorrang bei der Thronfolge gab. Damit war die Keimzelle für den nach Fernandos Tod im September 1833 ausbrechenden Bürgerkrieg gelegt. Carlos war nicht bereit, seine Thronanwartschaft zugunsten der minderjährigen Isabel II. aufzugeben, und sammelte eine loyale Anhängerschaft – die sogenannten Carlisten – hinter sich. Unter der Oberfläche des dynastischen Konflikts wurden die ideologischen Auseinandersetzungen der letzten Jahrzehnte weitergeführt.

Carlos de Borbón verfügte auch auf Mallorca über zahlreiche Anhänger. Sie sammelten sich im August 1835 in Manacor und riefen dort Carlos zum rechtmäßigen König Spaniens aus. Auf Anordnung von Mallorcas Generalkapitän, Duque de Montenegro, gingen Regierungstruppen in den folgenden Monaten mit großer Härte gegen die von Bartomeu Riera geführten mallorquinischen Carlisten vor. Viele von ihnen – unter anderem Riera – wurden nach kurzen Gerichtsverhandlungen wegen Hochverrats verurteilt und exekutiert. Die Lage blieb angespannt und verschärfte sich 1838 erneut, als Generalkapitän Villacampa den Kriegszustand über die Insel verhängte, um den Waffenschmuggel an die Carlisten zu unterbinden.

Ungeachtet dieser politischen Instabilität hatten sich manche Bereiche der Wirtschaft Mallorcas erholt; andere Einnahmequellen, wie etwa der Kohleabbau bei Binissalem, wurden neu erschlossen. Gleichzeitig war auch auf Mallorca im Zug der veränderten Arbeitsprozesse, der Massenherstellung und innovativer Märkte die Zeit der Zünfte abgelaufen. Sie wurden 1836 per Dekret endgültig aufgehoben, der Weg für einen (mehr oder weniger) freien Wettbewerb war geebnet. Gleichzeitig profitierte die mallorquinische Landwirtschaft von der Entwicklung der Konservierungstechnik mit Konservendosen. Eingelegte Früchte wurden in verschiedene Gegenden Nordeuropas und bis nach Nordamerika verschifft. Der zunehmende Export von Kohle, Wein, Früchten, verarbeiteter Baumwolle und Leinen nutzte auch den Werften und dem Schiffsbau. Laut den Archivalien erreichten um 1840 jährlich 40 große Schiffsladungen aus Mallorca Nordamerika.

Hinzu kamen die Effekte politischer Entscheidungen. Ministerpräsident Juan Álvarez Mendizábal hatte 1836 die Enteignung kirchlicher Ländereien angeordnet. Seine Erlasse zeigten auch auf Mallorca ihre Wirkung. In den folgenden Jahren ersteigerten Privatpersonen insgesamt 140 einstmals der Kirche gehörende Latifundien. Hinzu kam der Erwerb von 120 größeren, ehemals städtischen kirchlichen Besitztümern. Besonders auf dem Land machte sich dieser Besitzerwechsel bemerkbar, ehemals brach liegendes Land wurde kultiviert und bewirtschaftet. Zusätzlich konnte durch die schon erwähnte Trockenlegung der Sümpfe von Albufera bei Alcúdia neues Ackerland nutzbar gemacht werden. Insofern überrascht es nicht, dass die Einwohnerzahl der Insel bis zur Mitte des 19. Jahrhunderts auf etwa 190 000 anwuchs; davon lebten etwa 50 000 in Palma.

Ein derartiges Wachstum und neue technische und wirtschaftliche Herausforderungen machten einen Ausbau des Curriculums der höheren Lehranstalten nötig. 1835 wurde das sogenannte »Institut Balear« gegründet, eine Hochschule zum Studium der Mathematik, des Englischen, Französischen, Kastilischen und der Alten Sprachen. Sein Sitz war der ehemalige Jesuitenkonvent von Monti-Sion in Palma. Auch auf kulturellem Terrain machten sich Zeichen eines wachsenden Selbstbewusstseins bemerkbar. Nach und nach kehrten viele der unter Fernando VII. exilierten Intellektuellen in ihre Heimat zurück und befruchteten das kulturelle Milieu mit neuen Gedanken englischer oder französischer Philosophen und Künstler. Mit ihnen kam zum Beispiel die Bewegung der Romantik nach Spanien. Mit der Gründung der Literaturzeitschrift »La Palma« 1840 fand die iberische Romantik auch ihren Widerhall auf Mallorca. Zwar edierten die Schriftsteller und Publizisten Josep Maria Quadrado, Antoni Montis und Tomàs Aguiló i Forteza die Artikel der Zeitschrift auf Kastilianisch, dennoch gilt »La Palma« mit ihren Beiträgen zur Kultur, Literatur, Folklore und Geschichte der Insel als bedeutende Kraft zur Identitätsfindung Mallorcas. Im ähnlich patriotischen Zusammenhang standen die historischen Publikationen des Kapuzinermönchs Lluís de Vilafranca. Es war vor allem der in

Sóller geborene liberale Abgeordnete und Bischof Don Bernat Nadal, der für eine Wiederentdeckung und zarte Renaissance der mallorquinischen Sprache und Kultur sorgte. Nadal gab eine Edition des Katechismus in Mallorquinisch heraus. Hintergrund ist die Wendung und Öffnung verschiedener Vertreter der Kirche zur Alltagskultur und zu den regionalen Eigenheiten des Landes, nicht nur in Spanien, sondern in der gesamten katholischen Kirche dieser Zeit. Dies geschah nicht zuletzt in dem Versuch einer tieferen und umfassenderen Verwurzelung des Katholizismus in den teilweise durch die politischen Entwicklungen entwurzelten Volksschichten und der Suche nach einer neuen Identität.

Die Säkularisation und Enteignungen der Jahre 1835 und 1836 bedeuteten nicht nur soziale und kulturelle Einschnitte, sondern auch eine Veränderung des urbanen und architektonischen Profils der Insel. So wurden etwa die weitläufige Anlage des Dominikanerklosters im Zentrum von Palma, Symbol früherer Macht der religiösen Orden und der Inquisition, das Kloster San Felipe Neri oder der große Konvent der Augustinerinnen von Santa Margalida (Santa Margarita) abgebrochen. Andere Klöster, wie das Santuari de Nuestra Senyora de Cura de Randa oder das 1440 gegründete Kloster de Jesus, mussten aufgegeben werden und verfielen. Wieder andere Klöster und Gebäude in Kirchenbesitz wurden verkauft und in Ställe, Lagerhallen oder Wohnungen umfunktioniert. Insgesamt wechselten über 250 größere kirchliche Besitzungen und Latifundien mit einer Gesamtfläche von 1620 Hektar ihren Besitzer. Der Erlös floss in die leeren Staatskassen. Mit Onofre Cortès gelangte 1836 der erste »Converso« als *concejal* (Rat) in das Stadtparlament Mallorcas. Die Zahl der Pfarreien wurde auf 40, jene der Vikariate auf 37 reduziert.

Eine der Hauptursachen für die Instabilität der politischen Ordnung und Schwäche der im 19. Jahrhundert rasch wechselnden Regierungen war die wachsende Diskrepanz zwischen städtischer Bourgeoisie und der auf dem Land lebenden Bevölkerung. Gerade die gemäßigten liberalen politischen Kräfte fanden nie den für eine kraftvolle Regierung nötigen Rückhalt auf dem Land. Weite Bereiche der Landbevölkerung blieben weiterhin unter dem konservativen Einfluss der Kirche; einige Fraktionen – besonders jene der Tagelöhner – gingen den entgegengesetzten Weg und tendierten zur politischen progressiven Radikalisierung. Die Bedeutung dieses Segments der Bevölkerung lässt sich leicht anhand statistischer Angaben belegen. Noch um 1900 waren ungefähr zwei Drittel der Bevölkerung in der Landwirtschaft tätig; 60 Prozent der Gesamtbevölkerung konnte weder lesen noch schreiben.

Es würde den Rahmen dieser Monographie sprengen, auf die von zahlreichen Konflikten zwischen *moderados, progresistas* und Carlisten geprägte Regentschaft Köngin Isabels II. näher einzugehen. In der sich am Ende der 1860er Jahre zuspitzenden Krise war es erneut das Militär, welches sich zur Rettung der öffentlichen Ordnung berufen sah. Im September 1868 setzte es unter Führung des hochgeachteten Veteranen der Marokko-Kampagne der Jahre 1859/60, General Juan Prim, die Regierung ab und zwang die ungeliebte Königin Isabel II. ins Exil. Prim wurde rasch zur Gallionsfigur der *progresistas*. Die sogenannte »Septemberrevolution« von 1868 stürzte das Land in einen Strudel von weiteren Aufständen, politischen Umwälzungen und rasch wechselnden Regierungen.

Die Republikaner und *progressistes* Mallorcas hatten bereits in den Jahren zuvor für politische Gärung auf ihrer Insel gesorgt. Ein wichtiger Anstoß war durch den Republikaner-Führer Emilio Castelar persönlich gegeben worden, der 1862 einige Monate auf Mallorca verbracht hatte. Im Zug der »Septemberrevolution« von 1868 wurde auch auf der Insel ein Revolutionsrat gebildet (»La Junta Revolucionària de Govern des les Balears«), doch auch dieser konnte die folgenden gewaltsamen Übergriffe gegen Vertreter des Bürgertums und Straßenschlachten in Palma nicht verhindern. Das Rathaus von Palma wurde gestürmt, Registratur und Archiv in Brand gesetzt, das Denkmal von Isabel II. auf der Plaça de la Reina als Symbol der alten Ordnung zerstört. Von einem Zusammenschluss verschiedener Teile der Bevölkerung, vor allem von Vertretern der besitzlosen Landarbeiter und der Handwerker, wurde die Republik ausgerufen.

Die Verfassung von 1869 versuchte sowohl den Ansprüchen der liberalen Bourgeoisie, der *progresistas*, als auch der Demokraten gerecht zu werden. Zwar sollte das System einer konstitutionellen Monarchie beibehalten werden, dennoch enthielt die Konstitution eine Vielzahl neuer progressiver Elemente; darunter das Wahlrecht für alle männlichen Personen über 25, Religionsfreiheit, das Ende der Zensur und das freie Recht auf die Gründung von Clubs und Gesellschaften. Im internationalen Vergleich stand diese Verfassung an der Avantgarde politischer Systeme, besonders die Verkündung der Religionsfreiheit musste zur tiefen Polarisierung der Fronten führen und unterschätzte den nach wie vor vorhandenen Einfluss der Katholischen Kirche. Dennoch stand die Beibehaltung des Systems der konstitutionellen Monarchie den Vorstellungen der Republikaner und radikalen *progresistas* entgegen.

Zwar erlaubte die neue Verfassung erstmals die freie Wahl von Bürgermeistern und Stadtmagistraten, dennoch waren Mallorcas *progressistes* um

Marià de Quintana und Josep Rosich nicht zufrieden. Aus den Wahlen vom Februar 1869 waren die gemäßigten und königstreuen Parteien als Sieger hervorgegangen; eine Beruhigung der Lage stellte sich jedoch immer noch nicht ein. Daher zog die Regierung in Cartagena Kriegsschiffe und Truppentransporter zusammen und entsandte Soldaten nach Mallorca, um die Lage gewaltsam zu beruhigen. Joanot Colom und Joan Crespí, die Anführer des Aufstands der *agermanados* von 1521, wurden zu Identifikationsfiguren und »Märtyrern« der progressiven Kräfte auf Mallorca.

Es folgten kurze Intermezzi: die Herrschaft Amadeos von Savoyen auf dem spanischen Königsthron und 1873 eine von den Demokraten und *progresistas* ausgerufene sogenannte »Erste Republik«. Anfang 1874 hatte die Armee wieder genug Kräfte gesammelt, um unter der Führung der Generäle Manuel Pavía und Francisco Serrano Domínguez das Experiment der Republik für beendet zu erklären. Auf Mallorca kam es zu starken Protesten gegen die Ereignisse in Madrid. In den folgenden Monaten gab es auf der Insel zahlreiche blutige Zusammenstöße zwischen regierungstreuen Kräften und Anhängern der Protestbewegung. Generalkapitän Palanca sah sich gezwungen den Kriegszustand auszurufen; eine vorübergehende Beruhigung der Lage gelang nur unter großen Mühen.

Ende 1874 beschlossen der neue starke Mann innerhalb der Armee, Brigade-General Arsenio Martínez-Campos, und die sich um ihn gruppierenden konservativen Kräfte, die Monarchie der spanischen Borbonen wieder aufzurichten. Damit begann im Dezember 1874 die Herrschaft von Königin Isabels Sohn Alfonso XII. Mit leichter Verzögerung wurde Alfonso XII. im Januar 1875 auch auf Mallorca als offizieller König Spaniens anerkannt. Aus den Parlamentswahlen von 1876 gingen auf Mallorca die königstreuen Kräfte als eindeutige Sieger hervor. Der erste Besuch Alfonsos XII. auf Mallorca 1877 sollte zur Integration und zur Festigung der »iberischen« Identität der Insel beitragen. Mallorquinische Radikale wie Ruiz Zorilla lehnten weiterhin jede monarchistische Regierungsform ab.

Mittlerweile hatte die neue Technik der Dampfschifffahrt Mallorca enger mit dem spanischen Festland verbunden. Bereits seit der Mitte der 1830er Jahre bestand eine regelmäßige Fährverbindung mit Barcelona. Der Siegeszug der Dampfschifffahrt und die guten Verbindungen nach Barcelona, Marseille und Genua sollten schließlich entscheidend zur Popularität der Insel bei Adel und Großbürgertum als Ziel eines frühen Tourismus beitragen, zu den Besuchern zählten Chopin und George Sand.

In den letzten Jahrzehnten des 19. Jahrhunderts verband man die Inselstädte durch ein Netz von Eisenbahnlinien. 1872 wurde eine mallorquinische Eisenbahngesellschaft gegründet (»Societat del Ferrocarril de Mallorca«). Drei Jahre später eröffnete die erste Eisenbahnlinie; sie verband Palma mit der zentral im Landesinneren an der wichtigen Straße nach Pollença gelegenen Kleinstadt Inca. 1879 wurde Manacor, 1897 Felanitx an das Eisenbahnnetzt angeschlossen. Zur weiteren Attraktivität der Insel in den Kreisen des europäischen Adels und Großbürgertums mag der Naturforscher und Landeskundler Erzherzog Ludwig Salvator von Österreich-Toskana beigetragen haben. Er hatte sich 1867 in Son Miramar niedergelassen und veröffentlichte die Ergebnisse seiner natur- und landeskundlichen Forschungen in prachtvollen Buchausgaben, die er an Freunde verschenkte. Von seinem neunbändigen, reich illustrierten Prachtwerk »Die Balearen« erschien 1897 auch eine Volksausgabe in Deutschland. Bedeutender Wirtschaftsfaktor wurde der Tourismus allerdings erst in der ersten Hälfte des 20. Jahrhunderts.

Der Ausbau der Eisenbahn, des Kohleabbaus, der Werft- und Bauindustrie, von Konservenfabriken und Dienstleistungen aller Art führte auch auf Mallorca – speziell in Palma – zur Entstehung eines Proletariats und einer Arbeiterbewegung. Damit einher gingen erste vorsichtige Versuche einer gewerkschaftlichen Organisation, spezielle Schulen, Versicherungen und Medien wie Zeitungen und Zeitschriften. 1870 wurde unter dem Vorsitz des Maurers Francesc Tomàs das sich für die Arbeiter einsetzende »Centre Federal de Societats Obreras de Palma« gegründet. Bereits ein Jahr zuvor war die Zeitschrift »El Obrero« (»Der Arbeiter«) – seit 1900 »El Obrero Balear« – gegründet worden. Diese Einrichtungen waren von Anbeginn mit den Entwicklungen auf dem Festland, speziell mit denen Kataloniens, eng vernetzt. Francesc Tomàs und Miquel Payeras nahmen im Juni 1870 als Delegierte Mallorcas am ersten gesamtspanischen Arbeiterkongress (katal. Congrés Obrer Espanyol) in Barcelona teil

Natürlich war für in- und ausländische Beobachter die Abhängigkeit der wiedergekehrten Borbonen von der Generalität unverkennbar. Sie sollte für viele Jahrzehnte ein wesentliches Profil spanischer Politik bleiben und die Gesellschaft und das geistige Klima des Landes prägen. Die Verfassung von 1876 schrieb eine Machtbalance zwischen Monarch und den »Cortes« fest. Macht und Einfluss des Königs wurden in erheblichem Maße wiederhergestellt. Alfonso XII. verfügte über das Recht der Ernennung und Entlassung von Ministern, eines Vetos gegen neue Gesetze, und er konnte sogar die Regierungspartei durch die Opposition ablösen lassen. Gemäß einem am britischen Modell orientiertem Konzept des *turno pacífico* sollten sich zwei große Parteien – die aus den *progresistas*, Demokraten und Republikanern neu formierte Liberale Partei und die Konservative Fraktion – in der Regierung abwechseln.

Ein erkennbarer ökonomischer Aufschwung begünstigte eine lange Phase politischer Ruhe und Konsolidierung; eine Situation, die es der Liberalen Partei in den 1880er Jahren gestattete, weitere Lockerungen in der Pressefreiheit durchzusetzen und Zugeständnisse an die Gewerkschaften zu machen. 1881 wurde die »Unió Obrera Balear« gegründet; die Gewerkschaft sorgte gleichzeitig für die Einrichtung einer Schule für Arbeiterkinder und einer Bibliothek. 1909 erfolgte die Gründung der »Federacio Socialista Balear«. Bereits 1890 hatten sozialistische Kräfte die »Ateneu Obrer Mallorquí« und wenig später der Zeitschrift »Bandera Roja«. Gegründet. Treibende Kraft hinter »Bandera Roja« war der Publizist Pere Pascual Morey. Der »Ateneu Obrer Mallorquí« wurde unter dem Vorsitz von Francesc Roca zum »Federació Local de Societats Obreres«.

Ebenfalls um die Jahrhundertwende hatte die katholische Kirche den »Cercle d'Obrers Catòlics« gegründet. Auch der »Cercle« hatte eine Schule für Arbeiterkinder eingerichtet und verfügte ferner über eine Notkasse für Arbeiter. Besonders die Bischöfe Pere Joan Campins Barceló – ein gebürtiger Mallorquiner – und Rigobert Domènech Valls sowie der Jesuitenpater Pere Vives zeigten sich am Beginn des 20. Jahrhunderts an den Entwicklungen in der Arbeiterschaft und den Problemen ihrer Familien interessiert. Dank Campins Barcelós Initiative entstand schließlich 1916 die »Federació Obrera Católica de Mallorca«. Einige Jahre zuvor hatte Vives den »Patronat Obrer« gegründet.

1890 wurde das allgemeine Wahlrechts für alle männlichen Bürger Spaniens eingeführt; eine Errungenschaft, die in ihrer Wirkung allerdings nicht überschätzt werden darf. Der große Anteil der Analphabeten und damit die ärmeren Bevölkerungsschichten blieben von den Wahlen weiterhin ausgeschlossen. Gemäß den Untersuchungen des Jahres 1861 konnten auf Mallorca 93 % der weiblichen und über 75 % der männlichen Bevölkerung weder lesen noch schreiben. Die Bevölkerungszahl war unterdessen – trotz verschiedener Cholera- und Typhusepidemien zwischen 1840 und 1890 – von 170 000 auf etwa 250 000 Einwohner weiter angestiegen. Einer für diesen Zeitraum ermittelten Geburtenrate von 25 Promille stand eine Mortalität von etwa 22 Promille gegenüber.

Die Emigrationswelle, die Mallorca am Ende des 19. Jahrhunderts erfasste, war nicht nur auf direkt von Politik und Wirtschaft verursachte Gründe zurückzuführen, sondern wurde unter anderem durch die Reblaus- und Virenplagen verursacht, die nach 1890 vorübergehend die Wein- und

Orangenkulturen auf der Insel zerstörten. Die Bedeutung, die der Weinanbau damals auf Mallorca erreicht hatte, lässt sich an der jährlichen Produktionsmenge von 750 000 Hektoliter erkennen. Darüber hinaus hatte eine protektionistische Politik der französischen Regierung eine negative Auswirkung auf den mallorquinischen Weinexport.

Die zur Kompensation gepflanzten Mandelbäume, die bis heute das Landschaftsbild Mallorcas prägen, und der mittlerweile auf eine Fläche von 19 000 Hektar ausgedehnte Feigenanbau konnten die Arbeitslosigkeit der vielen vom Weinbau und den Orangenkulturen lebenden Einwohner nicht verhindern. Gemäß den Passagierlisten emigrierten in den 1890er Jahren jährlich etwa 2200 zumeist jüngere, arbeitsfähige Mallorquiner. Viele der Emigranten verließen Mallorca Richtung Barcelona, Frankreich, Belgien, Chile und Argentinien. Die Ereignisse dieser Zeit prägten das Gesicht der Insel bis heute; die vor der Virenplage gezählten 16 000 Hektar zum Weinanbau waren auf etwa 4000 Hektar geschrumpft. 1870 bedeckten Mandelbäume etwa 5000 Hektar des Landes, hundert Jahre später war diese Fläche auf 70 000, also weit über das Zehnfache, ausgedehnt worden.

Im Jahr 1898 verlor Spanien seine letzten großen überseeischen Besitzungen Kuba, Puerto Rico und die Philippinen; durch diesen Verlust von Absätzmärkten gerieten auch die mallorquinische Schiffbauindustrie und die Handelsschifffahrt in eine Rezession. Durch die Person des aus Mallorca stammenden Generalgouverneurs der Philippinen, Valerià Weyler i Nicolau, war die Insel mit den damaligen Geschehnissen in Übersee besonders verbunden. Weyler wurde später spanischer Kriegsminister und einflussreicher Abgeordneter der »Cortes«.

Es war ebenfalls ein Mallorquiner, der in diesen Zeiten die spanische Politik wesentlich mitbestimmte. Der 1853 in Palma geborene Antoni Maura i Montaner orientierte sich zunächst an den Zielen der Liberalen, bevor er unter dem Eindruck der Kuba-Krise in das Lager der Konservativen wechselte und zum Justizminister und Ministerpräsidenten aufstieg. Das Trauma des Verlusts von Kuba ließ die politische und gesellschaftliche Gärung in Spanien erneut zu Tage treten und trieb die regierenden Parteien nach 1899 dazu, ihr bemühtes Festhalten am Status Quo zu überdenken. Konservative Politiker wie Francisco Silvela oder Antoni Maura votierten für eine verstärkte Selbständigkeit der Stadt- und Gemeindeverwaltungen und damit für eine Entkrampfung im angespannten Verhältnis zwischen der Madrider Zentralregierung und den Regionen. Jeder Angriff auf das nach wie vor existierende System des *turno pacífico* wurde jedoch von der Mehrheit der Vertreter der regierenden Parteien strikt abgewiesen. Als

1907 Maura zum Ministerpräsidenten aufstieg, plante er eine »Revolution von oben« und wollte die Korruption intensiv bekämpfen. Doch hatten die Pläne angesichts des allgemeinen Bestrebens, Besitzstand zu erhalten, keine Chancen auf Verwirklichung. Dies galt umso mehr, als Mauras politische Position durch die Marokko-Krise des Sommers 1909 dauerhaft beschädigt wurde. Als Maura zur Verteidigung der spanischen Enklaven im nördlichen Marokko im Juli die Reservisten mobilmachen ließ, bildete dies in Katalonien den letzten Anstoß für einen Arbeiteraufstand. Der Moment schien reif für umfassende Veränderungen des politischen Gefüges; die Liberalen kritisierten das harte Eingreifen des Heeres und bildeten eine Allianz mit den Republikanern. Antoni Mauras Zeit als Ministerpräsident war damit abgelaufen; angesichts der wachsenden Unpopularität des strenggläubigen, konservativen Katholiken Maura fürchtete Alfonso XIII. auch um den Status seiner Monarchie und berief ihn trotz seiner Mehrheit in den »Cortes« ab.

Mit Sicherheit war es auch der Verdienst des auf Mallorca beliebten Maura, dass dort in den ersten beiden Jahrzehnten des 20. Jahrhunderts Konservative und Liberale in der Mehrheit waren und die radikaleren Kräfte sich kaum durchsetzen konnten. Die wichtigsten zu wählenden Ämter blieben im Allgemeinen in den Händen der *conservadors*, *mauristas* und gemäßigten *liberals*. Ein weiterer Grund mag die Sozialstruktur der Insel gewesen sein. Im Gegensatz zu manchen Regionen Kataloniens oder des iberischen Nordwestens verfügte die Insel über keine ausgeprägten Industriezonen; ebensowenig besaß sie ausgedehnte, von Tagelöhnern und weitgehend besitzlosen Landarbeitern bewirtschaftete Flächen wie etwa Andalusien. Die Bildungsmöglichkeiten waren ebenfalls andere als in den fast ausschließlich von Landwirtschaft lebenden Flächenregionen Andalusiens und Kastiliens. Konnten bis zur Jahrhundertwende noch etwa 70 Prozent der Mallorquiner nicht lesen und schreiben, verringerte sich der Anteil der Analphabeten in den ersten Jahrzehnten des 20. Jahrhunderts wesentlich.

Die ersten drei Jahrzehnte des 20. Jahrhunderts waren im Bereich der Ein- und Auswanderung von einem negativen Saldo geprägt. Andalusien bildete damals ein großes Reservoir an Arbeitsemigranten. Viele von ihnen suchten auch auf Mallorca Arbeit und Auskommen. Erst nach 1930 wanderten wieder mehr Personen ein, als die Insel verließen; diese Tendenz sollte sich im Besondern nach 1950 mit dem durch den Tourismus steigenden Bedarf an Arbeitskräften verstärken.

Zu dem oben erwähnten Wein-, Feigen-, Oliven-. Getreide- und Baumwollanbau, der Textil- und Seifenindustrie, der Salzgewinnung und dem

Schiffsbau kamen im Verlauf des 19. Jahrhunderts weitere Einkommensmöglichkeiten hinzu. Nach 1835 begann bei Binissalem die Kohleförderung in einer Kohlemine. In Palma, Manacor und Inca entstanden Konservenfabriken; gleichzeitig wurde die Produktion und der Export von Trockenfrüchten und von Konfitüre intensiviert. Gemäß den Angaben von 1860 waren damals etwa 197 000 Hektar der knapp 361 000 Hektar Gesamtfläche von Mallorca und Cabrera kultiviert und bewirtschaftet. Dabei entfielen etwa 26 000 Hektar auf den Anbau von Oliven, 15 500 auf Wein und 13 000 Hektar auf den Anbau von Feigen.

Ein besonders populärer Exportartikel wurde Anislikör, der in Binissalem, Felanitx, Manacor, Llucmajor und Santa Maria hergestellt wurde. Hinzu kam eine Steigerung in der Verarbeitung von Leder und Tierhäuten, speziell der Schuherstellung. Der Großteil dieser Produkte wurde auf die Iberische Halbinsel, auf die Philippinen, nach Kuba und Puerto Rico exportiert. Mit dem Verlust dieser überseeischen Besitzungen am Ende des Jahrhunderts brachen gleichzeitig für Mallorca auch wichtige Absatzmärkte weg. Bis dahin erwirtschaftete Mallorca einen leichten Außenhandelsüberschuss; dies ließ sich erst wieder erreichen, als man die Exporte nach Nordafrika und Südfrankreich verstärken konnte. Und mit der komplexer werdenden Welt des Handels Schritt zu halten, wurde 1880 in Palma eine Handelsschule gegründet.

Mit lediglich 130 registrierten Fischerbooten und einer Besatzung von etwa 1000 Mann spielte der Fischfang nach wie vor nur eine untergeordnete Rolle. Ebenso nahm die Viehzucht auf der Insel keine bedeutende Rolle ein. Der Landwirtschaftszensus von 1885 führte etwa 72 000 Schafe, 66 000 Ziegen und 71 000 Schweine auf; eine geringe Zahl angesichts der Größe der Insel. Die Fleischversorgung blieb teilweise von Importen abhängig. Zu den wichtigsten Importgütern zählten Zucker, Kaffee, Kakao, Weizen, Hülsenfrüchte, Tabak, Holz, Petroleum, Eisen, Werkzeuge und Maschinen verschiedenster Art. Die mit der zunehmenden Bevölkerung und Handelsvernetzung weiter steigende Bedeutung des Imports und Exports für das Bruttosozialprodukt zeigt sich in der wachsenden Transportkapazität mallorquinischer Handelsschiffe. 1802 waren auf Mallorca 171 Handelsschiffe registriert. In der Mitte des Jahrhunderts war diese Zahl auf ungefähr 500 gestiegen. Davon verfügten etwa 100 über eine Tonnage von über 70, waren also für Passagen nach Nordafrika, Italien oder Südfrankreich geeignet. Schiffe mit einer kleineren Tonnage wurden im Allgemeinen im Verkehr zwischen den Balearen eingesetzt. Dabei wurde mit dem zweimastigen *llaüt* ein Schiffstyp benutzt, der bereits über mehr als dreihundert Jahre Geschichte in den mallorquinischen Gewässern zurückblicken konnte. Etwa 10 in Mallorca registrierte Schiffe besaßen eine Tonnage von 400 Tonnen und mehr und übernahmen den Fernhandel mit den überseeischen Gebieten, Kuba, den Philippinen oder Puerto Rico. Zwischen 1860 und 1870 konstruierten und produzierten die mallorquinischen Werften insgesamt etwa 270 Schiffe mit einer Gesamttonnage von etwa 6000.

Als allmählich die Dampfschiffe die Segelschiffe ablösten, waren die zeitlichen Abläufe von Handelsgeschäften besser planbar, ein Zustand, der für die auf maritimen Transport angewiesene Inselgesellschaft von besonderer Bedeutung war. 1855 wurde die erste mallorquinische Dampfschiffgesellschaft (»Empresa Mallorquina de Vapores«) gegründet. Ihre Schiffe wurden in England gefertigt. 1870 kamen die »Sociedad Transatlántica Mallorquina« und »Empresa Marítima a Vapor« hinzu. Nicht alle diese Gesellschaften erwiesen sich als rentabel. Sie fusionierten schließlich 1891 zur »Isleña Marítima«.

Mit der Ausdifferenzierung des Handels, der Einrichtung neuer Industrien und einer wachsenden Verzahnung mit international operierenden Konsortien und Finanziers verstärkte sich der Bedarf an einheimischen Banken und einer Neuordnung der Versicherungswirtschaft. 1864 wurde der »Banco Balear« (katal. »Banc Balear«) gegründet, eine Einrichtung, die schließlich von dem »Banco d'España« übernommen werden sollte. 1872 entstand der »Crèdit Balear«, 1878 der »Cambio Mallorquín«, einige Jahre später der »Banco Agrícola Comercial«, »Banco de la Baleares« und »Banco Mallorquín«. Der 1871 gegründete »El Seguro Mallorquín« konzentrierte sich vor allem auf die Versicherung des Seehandels.

Mit dieser sich verändernden Finanz-, Industrie- und Sozialstruktur waren am Ende des 19. Jahrhunderts die tiefen Verwerfungen der folgenden Jahrzehnte bereits vorgezeichnet. In den Augen vieler *progresistas*, Demokraten und Sozialisten – darunter den Mitgliedern der 1910 gegründete »Confederación Nacional del Trabajo« (C.N.T.) oder des älteren, 1879 von Pablo Iglesias gegründeten »Partido Socialista Obrero Español« (P.S.O.E.) – bedeutete der Einfluss der Kirche und des Katholizismus weiterhin eine Behinderung des Fortschritts und sozialer Gerechtigkeit. Regierung, Monarchie und Kirche erschienen als sich gegenseitig stützende Einheit. Anti-Klerikalismus war daher häufig auch Widerstand und Ablehnung der Monarchie und Regierung. Im Rückblick war gerade der sich radikalisierende Anti-Klerikalismus eines der Indizien dafür, dass die Gesellschaft auseinanderdriftete. Die Regierung und konservativen Kreise der Bourgeoisie und Monarchisten interpretierten die Angriffe der linken Kräfte gegen die Kirche bezeichnenderweise stets auch als Angriffe gegen das herrschende System und die spanische Nation. Insgesamt bleibt jedoch festzuhalten, dass im Vergleich zu den wachsenden radikalen Tendenzen in den Ballungszentren des iberischen Festlands die Bewegung des Sozialismus – auch in ihrer Haltung zu Kirche und Religion – auf Mallorca relativ moderat blieb. Die sich im Verlauf des Ersten Weltkriegs formierenden kommunistischen Gruppierungen fanden trotz der 1921 einsetzenden Herausgabe des »Comunista Balear« in den Intellektuellenkreisen nur wenig Rückhalt.

Insgesamt bleibt jedoch festzuhalten, dass sich nicht nur auf Gewerkschaftsebene der Einfluss der katalanischen Entwicklung auf Mallorca bemerkbar machte. Besonders deutlich zeigte sich die Wirkung der »Lliga Regionalista de Catalunya« auf die sich allmählich ausformenden mallorquinischen Gedanken und Konzepte zu Autonomie. Ein wichtiger mallorquinischer Vordenker war hier der eine »linguistische, politische, jurisdiktionelle und administrative Eigenständigkeit« der Insel bzw. der Balearen innerhalb einer iberischen Föderation propagierende Enric Prat de la Riba. Verschiedene Gedanken de la Ribas wurden – in gemäßigter Form – von der am Beginn der 1920er Jahre neu gegründeten Partei »Liberal Autonòmic Mallorquí« aufgenommen. Zur gleichen Zeit formierte sich die von verschiedensten Klientelen des rechten bis linken Spektrums unterstützte »Associació per la Cultura de Mallorca«.

XII. Von der Republik zur Francodiktatur

Die politische und gesellschaftliche Entwicklung Spaniens nach dem Ersten Weltkrieg stand im engen Kontext einer allgemeinen Krise der jungen liberalen Demokratien in Kontinentaleuropa; eine Entwicklung, die in Italien und später in Deutschland zur Machtergreifung der Faschisten führen sollte. Autoritäre Systeme mit konservativen Werteordnungen schienen für weite Teile der Bourgeoisie und der einen gesellschaftlichen Abstieg fürchtenden Mittelklasse die einzige Alternative gegen die beunruhigende Emanzipation der Arbeiterklasse und die sozialistischen Bewegungen. Der Boden für die spätere Diktatur Francos war damit bereitet; das Vertrauen weiter Schichten in die Kraft und Integrität der zivilen Regierungen geschwunden. Die Kirche und andere fest in der iberischen Gesellschaft verankerte Traditionen sollten allerdings die Ausbildung eines radikalen Faschismus deutscher Prägung verhindern.

Die Empörung der spanischen Öffentlichkeit über die Niederlagen spanischer Truppen in Marokko wurde von dem damaligen Generalkapitän und Militär Miguel Primo de Rivera mit Hilfe von König Alfonso XIII. zum Sturz der Regierung instrumentalisiert. Im September 1923 löste der König – in klarer Verletzung seines Schwurs auf die Verfassung – die »Cortes« auf und ernannte Primo de Rivera zum Führer eines militärischen Direktoriums. Dies geschah nicht nur auf Betreiben des Militärs, sondern auch mit weitgehender Zustimmung der Bourgeoisie, der Industriellen, der Großgrundbesitzer und des Klerus, die sich ein Ende der inneren Unruhen wünschten. Die Respektsperson General Primo de Riveras versprach zu verhindern, dass das Land den bolschewistischen, sozialistischen oder anarchistischen Umtrieben zum Opfer fallen würde. Dennoch kam es auf Mallorca, auch seitens konservativ-bürgerlicher Kreise, zu Protesten gegen Primo de Riveras Machtergreifung. Als Reaktion auf die Proteste wurden verschiedene Parteien verboten. In den folgenden Monaten und Jahren wurden dem Direktorium gegenüber kritisch eingestellte Bürgermeister, Stadträte und Politiker – darunter der mittlerweile in Palma lebende Oberstleutnant Valerià Weyler i Nicolau, hochdekorierter Veteran der Kämpfe um Kuba und die Philippinen – aus ihren Ämtern entfernt und des Verrats angeklagt.

Primo de Riveras restriktive Maßnahmen, die Aufhebung der Verfassung von 1876, die Wiedereinführung einer strengen Zensur, das Verbot von Streiks und die Eindämmung demokratischer Bewegungen, schienen der notwendige Preis, um Spanien wieder zu alter Stärke zurückzuführen. Loyalität zur Monarchie, Kirche und Vaterland *(patria)* wurden als Pfeiler der inneren Erneuerung des Landes ausgerufen. Im Dezember 1925 schien die Zeit reif für eine vor allem aus Juristen und Ökonomen zusammengesetzte, bürgerliche Regierung unter der Kontrolle des Militärs, die ein auf weitgehende Autarkie zielendes Wirtschaftsprogramm einleitete. Wichtigstes Ziel dieses Programms war der Schutz der heimischen Landwirtschaft und Industrie durch protektionistische Maßnahmen. Mehr noch als diese Maßnahmen war es der allgemeine internationale wirtschaftliche Aufschwung nach dem Ende des Ersten Weltkriegs, der Spaniens Industrie ein beeindruckendes Wachstum von etwa 40 Prozent bescherte.

Nach dem Vorbild Italiens unter Mussolini wurde 1926 die Sozialpolitik von Grund auf reformiert. Die medizinische Versorgung und der Wohnungsbau wurden massiv staatlich subventioniert; damit entschärfte sich gleichzeitig die Agitation verschiedener Fraktionen der Arbeiterbewegung gegen die Regierung. Langfristig gelang es jedoch auch der harten Hand General Primo de Riveras und seiner Marionetten nicht, die divergierenden Kräfte des Landes auf eine einheitliche Linie einzuschwören. Sein Plan, das bisherige Parteiensystem durch eine breit aufgestellte patriotische Union (»Unión Patriótica«) zu ersetzen, stieß bei verschiedensten Seiten auf Ablehnung. Das Problem der Autonomie-Bestrebungen in Mallorca, Katalonien und dem Baskenland blieb ungelöst. Die kategorische Absage der Madrider Zentralregierung an jegliche Form der katalanischen Selbstverwaltung und das Verbot der katalanischen Sprache in den Schulen und Universitäten führte letztlich zur wachsenden Unbeliebtheit Primo de Riveras und der neuen Regierung in Katalonien und auf Mallorca und vereinte die Konservativen mit den Republikanern im Nordosten Spaniens.

Im Januar 1930 sah General Primo de Rivera keinen anderen Ausweg, als seinen Rücktritt anzubieten. Der König akzeptierte. Primo de Riveras Nachfolger, General Dámaso Berenguer, versprach Schritte zur Ausarbeitung einer liberalen Verfassung und nahm viele der alten Restriktionen zurück. Diese vorsichtige Lockerung erlaubte es den autonomistischen und separatistischen Kräften auf Mallorca wieder parteipolitisch aktiv zu werden. Die sich auch in Spanien immer stärker abzeichnende globale wirtschaftliche Rezession erschwerte allerdings einen sanften und harmonischen politischen Umbruch. Arbeitslosigkeit und politische Agitation führten zu einer zunehmenden Radikalisierung und Militarisierung der politisch und gewerkschaftlich organisierten Vertreter der Arbeiterklasse.

Auch die vom Abstieg bedrohte bürgerliche Mittelklasse befand sich in Aufruhr und Angst.

In dem im August 1930 geschlossenen Abkommen von San Sebastián formierten sich die Sozialisten, Republikaner und progressiven katalanischen Gruppierungen zu einer Allianz gegen die Monarchie. Am 14. April 1931 wurde mit der Abdankung König Alfonsos XIII. die Zweite Spanische Republik eingeläutet. Die separatistischen Kräfte im Baskenland und Katalonien – und auch auf Mallorca – hofften auf den baldigen Durchbruch zur Autonomie. Für die radikalen Sozialisten und Kommunisten erschien die Republik als erster großer Schritt auf dem Weg zur sozialen Revolution. Auf Seiten der Konservativen und der Kirche dagegen herrschten Angst und Ungewissheit, eine Situation, die nur zu bald von rechten Kräften politisch aufgegriffen und instrumentalisiert werden sollte.

Die Wahlen für die »Cortes« im Juni 1931 zeigten insgesamt eine Vormachtstellung der Koalition von Sozialisten und Republikanern. Der sozialistische P.S.O.E. ging mit 116 Sitzen als stärkste Partei aus den Wahlen hervor. Auf Mallorca hingegen stellte sich die Situation anders dar. In den Regional- und Gemeindewahlen vom April 1931 erhielten die konservativen und rechtsgerichteten Parteien mehr Stimmen als die Sozialisten. Es ist in der Forschung umstritten, inwieweit dieses Ergebnis auch durch den Einfluss des in Santa Margalida geborenen Bauunternehmers, Spekulanten und Abgeordneten der Liberalen im spanischen Parlament, Joan March i Ordinas, zustande kam. March bewies in seiner Karriere großes populistisches Gespür, und sein Geld und sein Einfluss – nicht zuletzt durch die von ihm gegründete und kontrollierte Tageszeitung »El Día« – konnten meinungsbildend wirken. Es war March, der 1924 der Arbeiterschaft von Palma einen großen Versammlungspalast (»Casa del Pueblo«) bauen ließ und schenkte.

Die rechtsgerichtete, konservative bzw. royalistische Klientel wurde damals auf Mallorca von den Parteien der »Renovación Española«, »Unión de Derechas«, und »Falange Española«, das liberale Zentrum von dem »Partit Liberal Demòcrata« und dem »Partit Regionalista« vertreten. Der linke Flügel war durch den »Partit Republicà Federal« und »Partido Socialista Obrero Español« repräsentiert. Um ihren Einfluss auf die Arbeiterschaft zu verstärken, gründete die »Falange« auch auf Mallorca eine Gewerkschaft, den »Sindicato Regional Autónomo de Obreros de la Producción y Distribución de Baleares«.

Politischer Optimismus mit groß angelegten Reformplänen einerseits und die harten Fakten der Realität andererseits waren zwei grundverschiedene Dinge. Die Zweite Republik sah sich von Anbeginn mit massiven nationalen wie auch globalen Herausforderungen konfrontiert. Dabei handelte es sich zum einen um die Folgen der Weltwirtschaftskrise, zum anderen um das noch von der Regierung Primo de Riveras übernommene enorme Staatsdefizit. Das Staatsdefizit, bröckelnde Exporte, wachsende Arbeitslosigkeit und zurückgehende Einkommen behinderten die Durchführung der geplanten umfassenden sozialen Reformen massiv. Dass die regierenden Parteien kein gemeinsames ideologisches Konzept und politisches Programm einte, trug nicht zur Vereinfachung der Lage und zur Konsensbildung bei. Die nicht in der Regierung vertretenen konservativen und reaktionären Kräfte und weite Teile der Kirche lehnten die neuen Sozialreformen ohnehin ab. Aus ihrer Sicht drohte nicht nur der gesellschaftliche und ökonomische Ruin Spaniens, sondern auch die Zerstörung der Identität des Landes. Dieses scheinbare Orientierungsvakuum wurde von separatistischen und regionalpatriotischen Gruppierungen – etwa dem »Partit Regionalista« – umgehend zu Vorstößen für weitgehende regionale Selbständigkeit genutzt. So kam bereits damals der Vorschlag eines Autonomie-Status für die Balearen-Provinz auf, der in Madrid polemisch und aggressiv diskutiert wurde. Er brachte besonders die Vertreter der sozialistischen Parteien in Gewissenskonflikte, untersagte doch Artikel 13 der neuen Verfassung der Republik das System einer Föderation autonomer Regionen.

Die im Dezember 1931 in Kraft tretende Verfassung war dennoch ein Meilenstein auf dem Weg zur Demokratisierung Spaniens. Der Senat wurde abgeschafft und das Parlament auf eine Kammer reduziert. Erstmals erhielten Frauen aktives und passives Wahlrecht. Kirche und Staat wurden getrennt, Eigentum und Erziehungstätigkeit der Kirche stark begrenzt, der Jesuitenorden in Spanien verboten. Die Agrar- und Landreformen wurden zum ernsten Belastungstest für die Regierung, und die durch sie hervorgerufenen Reaktionen zeigten die Ambivalenz der Interessen und die scharfen Gegensätze zwischen den Gesellschaftsgruppen. Die Verordnungen von Arbeitsminister Largo Caballero wurden von vielen Großgrundbesitzern weitgehend ignoriert. Auf der anderen Seite gingen vielen Mitgliedern der C.N.T. und der neugegründeten »Federación Nacional de Trabajadores de la Tierra« (F.N.T.T.) die Beschlüsse der Regierung nicht weit genug; sie erwarteten ungeduldig eine Enteignung der Großgrundbesitzer und Verteilung des fruchtbaren Landes an die Besitzlosen. Bereits im Dezember 1931 rief die F.N.T.T. zu einem allgemeinen Streik auf, in dessen Verlauf es auch auf Mallorca zu gewaltsamen und blutigen Übergriffen kam.

Eine andere dringliche und ähnlich delikate Aufgabe war die Neuordnung des Verhältnisses der Regierung zur spanischen Landeskirche. Gemäß Paragraph 26 der Verfassung sollten Kirche und Religion keinen Einfluss mehr auf die Institutionen des Staats haben. Die dominante Beteiligung der religiösen Orden am Erziehungssystem wurde beendet; stattdessen wurden mehr als 6000 neue staatliche laizistische Schulen eingerichtet. Religiöse Symbole wurden aus den staatlichen Schulen verbannt, Scheidung legalisiert, Einkommen und Besitz der Kirche weit mehr als bisher besteuert. Bei einem Großteil der Bevölkerung, vor allem seitens des bürgerlichen Lagers, stießen diese Maßnahmen auf Ablehnung. Aus den Wahlen vom November 1933 ging die Koalition der rechts-konservativen Parteien, die C.E.D.A. und der »Partido Radical«, als knapper Gewinner hervor; auf Mallorca zeigte das Abstimmungsverhältnis einen noch eindeutigeren Sieg der Rechts-Konservativen.

In Anbetracht der bekannten Gegnerschaft der C.E.D.A. zur Republik wurde nicht ihr Führer, sondern der Vorsitzende der radikalen Republikaner, Alejandro Lerroux, vom Staatspräsident Alcalá Zamora mit der Regierungsbildung beauftragt. In der nun folgenden, von den Sozialisten und linken Republikanern als *bienio negro* (»die zwei schwarzen Jahre«) etikettierten Periode nahm die regierende Koalition der rechts-konservativen Parteien einige der zuvor durchgeführten Reformen zurück. Verschiedene Reformen zur Eindämmung des kirchlichen Einflusses auf die Politik wurden ausgesetzt, die Verpflichtung der Großgrundbesitzer, ihre Arbeitskräfte innerhalb der Gemeindegrenzen zu suchen, abgeschafft. Auf Mallorca hatte sich mittlerweile die »Esquerra Republicana Balear«, ein Zusammenschluss des »Partit Republicà Radical Socialista Independent« und der separatistischen »Acció Republicana de Mallorca«, gebildet.

Im Oktober 1934 gab Präsident Alcalá Zamora dem Druck der C.E.D.A. nach, und die Partei erhielt drei Ministerposten in der Regierung Lerroux. Für die Sozialisten und anderen Linksgruppierungen war dies der letzte Anstoß zum aggressiven Protest. Die U.G.T. rief zum unbefristeten Generalstreik auf und unterstützte offen das Begehren der katalanischen Separatisten nach vollständiger Autonomie. Lerroux' Regierung rief umgehend den Kriegszustand aus und mobilisierte das Militär zur Niederschlagung der Streikenden. Mit ähnlich radikalen Mitteln wurde der vom Führer der katalanischen Regionalregierung Lluis Companys ausgerufene Aufstand gegen die Madrider Zentralregierung beendet. Companys Ziel eines autonomen Kataloniens blieb eine Chimäre. Das Gebiet mit den meisten Problemen war Asturien, wo 40 000 bewaffnete Bergarbeiter der frisch gegründeten »Alianza Obrera« weiterhin Widerstand leisteten. Den Widerstand der asturischen Bergarbeiter schlugen Kontingente der spanischen Fremdenlegion und aus Marokko nach Norden verlegte Truppen unter General Franco blutig nieder.

Als Konsequenz der Oktober-Aufstände wurden 40 000 Mitgliedern linker Gruppierungen und Parteien – darunter auch Francisco Largo Caballero und die Führer der C.N.T. und F.A.I. – und katalanische Separatisten verhaftet. Die Aufstände – vor allem der asturischen Bergarbeiter – wurden zum idealen Vorwand der C.E.D.A., auf die massiven Gefahren eines Zerfalls von Spanien in Terror und Anarchie zu verweisen. Im Mai 1935 stellte die C.E.D.A. bereits fünf Minister im Kabinett von Lerroux. Mit Hilfe dieser Minister rückten ihre Anhänger unter den Offizieren, darunter Franco, Fanjul und Goded, in Schlüsselpositionen des Heeres auf. Francisco Franco hatte zwischen 1933 und 1935 aufgrund seiner Position eines Militärkommandeurs (»Commandant General«) der Balearen enge Kontakte mit Mallorca und vor allem Joan March.

Aus den Wahlen vom Februar 1936 ging die »Frente Popular« mit 278 von insgesamt 470 Sitzen der »Cortes« als Sieger hervor. Die radikalen rechten Gruppierungen erreichten lediglich 124 Sitze, 88 davon gingen an die C.E.D.A. Auf Mallorca waren es wieder das Zentrum und die rechten Gruppierungen, welche die Mehrheit der Stimmen erhielten. Die zahlreichen Regierungsgegner fanden vor allem Unterstützung in den Kreisen des von den Reformen desillusionierten Proletariats und der Landbevölkerung, denn dort hatten viele den Glauben an die Kraft einer parlamentarischen Demokratie zur Lösung der Probleme von Armut und Arbeitslosigkeit verloren. In den großen Industriestädten kam es vermehrt zu wilden Streiks, in den verarmten ländlichen Regionen Andalusiens und der Extremadura zu Übergriffen gegen Großgrundbesitzer.

Auch in den Reihen der Regierung machten sich Tendenzen zu Radikalisierung und zu unabgestimmten Aktionen bemerkbar. Staatspräsident Niceto Alcalá Zamora wurde auf sozialistischem Druck aus dem Amt gedrängt. In den Augen der Bevölkerung schien die Regierung unfähig, die stetig zunehmende Zahl politisch motivierter Terrorakte – sowohl von Seiten der extremen Rechten als auch Linken – wirksam einzudämmen. Aus der Sicht der konservativen Presse schlitterte das Land unaufhaltsam in Anarchie und Chaos. Ein Putschversuch seitens rechtsgerichteter Militärs schien nur eine Frage der Zeit. Azaña Díez' Regierung versuchte die Lage in letzter Minute zu entschärfen, indem bekannt anti-demokratisch bzw. antirepublikanisch eingestellte Offiziere in entlegene Regionen des Landes versetzt wurden; General Franco wurde vorübergehend auf die Kanarischen Insel abgeordnet, General Mola nach Navarra und Manuel Goded Llopis, eine der Schlüsselfiguren des sich anbahnenden Putsches, auf die Balearen.

Die Kontakte der den Putsch vorbereitenden Militärs mit Mallorca gingen noch wesentlich tiefer. Eine weitere Schlüsselfigur für ihren späteren Erfolg war der bereits erwähnte mallorquinische Unternehmer, Bodenspekulant und Abgeordnete der Liberalen im spanischen Parlament, Joan March i Ordines. Für die Franquisten sollte seine finanzielle Unterstützung beim Kauf von Kriegsgerät, Panzern und Flugzeugen entscheidend zum Sieg über die Republikaner beitragen. Die Ermordung von José Calvo Sotelo, Kopf der »Renovación Española«, durch republikanische Polizisten am 13. Juli 1936 wurde zum Funken, der den lange schwelenden Konflikt zur Explosion brachte. Vier Tage später erhoben sich die in Marokko stationierten Einheiten unter General Francisco Franco gegen die Regierung; in den nächsten Tagen reihten sich viele der über ganz Spanien verteilten Militärkontingente in die Front der Aufständischen ein.

Mangels Unterstützung der Marine blieb es General Francos Divisionen zunächst verwehrt, von Marokko nach Spanien überzusetzen. In weiten Teilen Andalusiens, der Extremadura, den Regionen von Murcia und Valencia, dem nördlichen Baskenland, in Katalonien und der Hauptstadt Madrid erklärte sich die Mehrheit der Bevölkerung mit Azaña Díez' Regierung solidarisch. Wie nach den Ausgängen der letzten freien Wahlen zu vermuten, stellte sich die Mehrheit der Mallorquiner auf die Seite der Aufständischen. Sozialistischen Widerstand größeren Ausmaßes gab es lediglich in Sóller, Port de Pollença, Sa Pobla und Manacor. Insgesamt konnte die von Militärkommandant Goded ausgerufene neue Regierung unter Zivilgouverneur Oberstleutnant Luis García Ruiz, dem Präsidenten des Inselrats (»Diputació«), und dem Bürgermeister von Palma, Mateu Zaforteza, relativ ungestört ihre Arbeit aufnehmen. Eine eilig gegründete »Junta de Ordenación de la Economia de las Baleares« sollte den Handel der Inseln kontrollieren, konnte aber den wachsenden Schwarzmarkt und Schmuggel der folgenden Bürgerkriegsjahre nicht wesentlich eindämmen. Im Gegensatz zur Situation auf Mallorca versprach die gesamtspanische Ausgangslage im Juli 1936 ein zähes Ringen um die Macht.

Vor Ausbruch des Bürgerkriegs war die dominante Rolle General Francos an der Spitze der Nationalisten kaum abzusehen. Der nominelle Kopf der konservativen Rebellen, General Sanjurjo, starb wenige Tage nach Ausbruch des Aufstands bei einem Flugzeugabsturz. Der Führer der »Falange«, José Antonio Primo de Rivera, konnte aufgrund seiner Inhaftierung nicht aktiv am Geschehen teilnehmen und wurde kurze Zeit später hingerichtet. Die Generäle Fanjul und Goded erlitten im August 1936 ein ähnliches Schicksal. Mit dem Ableben dieser potentiellen Rivalen um die Führerschaft der Aufständischen gelang es dem hochdekorierten Veteranen der Marokko-Kampagnen der 1920er Jahre Francisco Franco rasch, seine exponierte Position zu festigen. Im September 1936 wurde er von dem in Burgos tagenden »Nationalen Verteidigungs-Komitee« zum »Generalísimo« der Streitkräfte der Nationalisten ernannt. Francos Kontakte zu den faschistischen Regierungen Deutschlands und Italiens halfen ihm, seine Macht auszubauen.

Der Transport eines großen Teils der Truppen General Francos von Marokko nach Andalusien war nur mit Hilfe deutscher und italienischer Transportflugzeuge, Schiffe und Logistik möglich. In den folgenden Monaten und Jahren erhielten die Nationalisten permanenten deutschen und italienischen Nachschub an Waffen und Unterstützung durch Spezialisten. Mallorca spielte – nicht zuletzt durch die Unterstützung von Joan March – als Basis der franquistischen Luftwaffe und Marine für die Nationalisten eine entscheidende Rolle. Ein großer Teil der Flugzeuge wurde durch Vermittlung Marchs im faschistischen Italien erworben. Palmas und Pollenças Häfen wurden zu permanenten Stützpunkten der Kreuzer »Canarias«, »Baleares« und »Almirante Cervera« und anderer auf Seiten der Franquisten kämpfenden Kriegsschiffe. Die »Baleares« wurde im März 1938 am Kap von Palos Opfer republikanischer Torpedoboote. Bis zu seinem Tod Ende 1936 war Francisco Francos Bruder Ramón stationierter Befehlshaber der Luftwaffenbasis auf Mallorca. Bereits im August 1936 hatte es auf der Insel die ersten »Säuberungsaktionen« gegen Anhänger der Sozialisten gegeben. Im gleichen Monat ging eine Einheit der Republikaner unter dem Befehl von Kapitän Albert Bayo i Girau im Hafen von Porto-Cristo an Land, sie wurde von Truppen Oberstleutnants García Ruiz mit Unterstützung italienischer Luftstreitkräfte zurückgeschlagen. Die von Bayos Truppen zuvor besetzten Inseln Formentera und Ibiza wurden im September von den Nationalisten zurückerobert.

Die systematische Aufarbeitung der Geschichte des Spanischen Bürgerkriegs war unter der Regierung Francos lange blockiert und bleibt auch für Mallorca bis heute in vielen Bereichen ein Desideratum der Forschung. Forschungen der letzten Jahre zum Verhältnis des mallorquinischen Klerus zur Frankodiktatur ergaben in einigen Fällen eine durchaus kritische Haltung. Dies trifft auch auf Mallorcas damaligem Oberhirten, Bischof Josep Miralles i Sbert, zu. Der frühere Bischof von Lleida und Erzbischof von

Barcelona wurde als unbequemer Geistlicher gleichsam auf die Balearen-insel abgeschoben. Desgleichen konnte in den letzten Jahren herausgearbeitet werden, welche wichtige Rolle die in den Dienst der Franquisten gestellte mallorquinische Industrie bei der Herstellung von Uniformen, Munition und anderem Kriegsgerät spielte. Wir haben bereits darauf hingewiesen, dass ein großer Teil der Bevölkerung und der Administration Mallorcas von Anfang an auf Seiten Francos stand. Bereits kurz nach dem Militärputsch befand sich Mallorca großteils unter Kontrolle der Franquisten. Wenige Monate später begann eine »Säuberungsaktion« gegen Feinde der nationalen Bewegung, organisiert und geleitet von Arconovaldo Bonacorsi (»Conde Rossi«), einem italienischen Faschisten und Mussolini-Vertrauten in Diensten der spanischen Nationalisten. Diesen Verfolgungen fielen in den kommenden Jahren über 3000 sozialistischer und kommunistischer Umtriebe Verdächtigte zum Opfer, darunter der Arzt und frühere Vorsitzende der Partei »Esquerra Republicana Balear«, Emili Darder i Cànaves sowie der Rechtsanwalt und frühere sozialistische Parlamentsabgeordnete Alexandre Jaume. Andere Politiker, wie der Präsident der Gewerkschaft U.G.T. auf den Balearen, Ignasi Ferretjans, und viele weitere Gewerkschaftler, Intellektuelle und Künstler emigrierten.

Interessanterweise hatten auf Mallorcas Nachbarinsel Menorca bis zum Ende des Bürgerkriegs die Anhänger der Sozialisten die Oberhand. Francos »Säuberungen« setzten dort erst 1939 ein. Von diesen »Säuberungen« waren auf Mallorca auch etwa 30 auf die Insel geflüchtete Personen jüdischen Glaubens betroffen, die zurück nach Deutschland ausgewiesen wurden. Auf der anderen Seite Mallorca Rekrutierungs- und Trainingsort für tausende von franquistischen Soldaten, die an den Kriegsschauplätzen auf dem Festland eingesetzt wurden.

Im Winter 1936/37 hatte die militärische Situation ein Patt erreicht, das durch die Ankunft der deutschen Legion Condor und starker italienischer Truppenverbände eine neue Dynamik erhielt. Mallorca war eine wichtige Basis der deutschen und italienischen Militärmaschinen bei ihren Bombardements von Zielen an der iberischen Mittelmeerküste. Die sowjetische Hilfe und die bedeutende Rolle der kommunistischen Kämpfer in der Verteidigung Madrids stärkten die Stellung der Kommunisten innerhalb des Verbunds der Republikaner. Dies führte zu der bizarren Situation, dass nun auch auf spanischem Boden ein blutiger Kampf zwischen Demokraten, Sozialisten, Kommunisten, Trotzkisten und Anarchisten ausgetragen wurde. Das Ende des republikanischen Widerstands wurde indes nicht im Land selbst, sondern auf dem Parkett der internationalen Politik eingeleitet.

England und Frankreich verweigerten aus Interesse an einer Entspannungspolitik mit Nazi-Deutschland weiterhin konkrete Hilfe. Mit der vorübergehenden Annäherung zwischen Hitler und Stalin und der damit verbundenen Neuordnung und Abstimmung der deutschen und russischen Interessen in Ost- und Südosteuropa ließ die sowjetische Unterstützung der spanischen Republik nach. Damit war für Francos Truppen der Weg frei für eine rasche Eroberung der in republikanischer Hand verbliebenen Regionen. Ende März 1939 konnte Franco das Ende des Kriegs und der »sozialistischen und kommunistischen Anarchie« verkünden.

Wie nicht anders zu erwarten, setzten umgehend politische Verfolgungen ein. Noch vor dem Fall Madrids hatte Franco ein Gesetz beschlossen, welches rückwirkend die Unterstützung der republikanischen Politik und Streitkräfte bzw. anti-nationalistisches Agitieren und sogar mangelnde Unterstützung der »nationalistischen Sache« zum Verbrechen erklärten. Im März 1940 wurde diese juristische Verfolgung Andersdenkender durch das Gesetz zur Bekämpfung des Kommunismus und der Freimaurerei erweitert. Francos 1937 gegründete »Falange Española Tradicionalista y de las Juntas de Ofensiva Nacional Sindicalista« (F.E.T.-J.O.N.S.) darf indes nicht mit den faschistischen Parteien Deutschlands oder Italiens gleichgesetzt werden. Es handelt sich vielmehr um eine unter Bürgerkriegszuständen gebildete Vereinigung unterschiedlichster konservativer, reaktionärer und faschistischer Strömungen. In diesem spezifisch spanischen Konstrukt waren die monarchistisch-konservativen und katholischen Traditionen wesentliche prägende Momente. Zwar übernahm die F.E.T.-J.O.N.S. Symbole der faschistischen Falange, viele Elemente der faschistischen Ideologie blieben dem konservativen Traditionalisten Franco allerdings eher fremd. Im Zentrum der Weltanschauung des »Caudillo« nahm der häufig zitierte populistischen Slogan »Dios, Patria, Familia« ein zentrale Stelle ein.

Die Kirche blieb ein wesentlicher Pfeiler der Legitimation und Macht des Franquismo. Bereits während des Bürgerkriegs – im August 1937 – hatte Papst Pius XI. nach entscheidender Vermittlungsarbeit durch den Erzbischof von Toledo, Kardinal Gomá, die Regierung der Nationalisten anerkannt. Wie nicht anders zu erwarten, wurden die auf Kosten der Kirche vorgenommenen Reformen der früheren Regierungen wieder zurückgenommen; die katholische Kirche erstrahlte wieder als Hüterin moralischer Werte und Klammer nationaler Identität.

Im ersten Nachkriegskabinett der Franco-Regierung vom August 1939 waren Ministerposten an die verschiedenen Fraktionen der »Nationalisten« – Monarchisten, Falangisten und Katholisch-Konservative – verteilt.

Der »Caudillo« selbst nahm als Staatsoberhaupt und »Presidente del Gobierno« eine patriarchenähnliche Position über der Riege der Minister ein, die von der Propaganda zum Garanten spanischer Identität und Unabhängigkeit aufgeblasene Figur eines Übervaters. In den folgenden Jahrzehnten präsidierte Franco über zwölf Regierungen bzw. Kabinette.

Zwar blieb Spanien im Zweiten Weltkrieg offiziell neutral, dennoch duldete Franco die geheime Nutzung mallorquinischer Häfen durch deutsche U-Boote. Palmas Flughafen wurde für viele beschädigte Flugzeuge der Achsenmächte zum willkommenen Notlandefeld. Während des deutschen Frankreichfeldzugs besaßen die Balearen ferner eine strategische Bedeutung, als sie einen Austausch zwischen Frankreich und den französischen Kolonien in Nordafrika verhinderten. Entsprechend seiner Bedeutung wurde Palmas Hafen seit 1942 befestigt und erweitert. Das Hafenbecken wurde vergrößert und vertieft sowie die östlichen und westlichen Hafenmolen ausgebaut.

Die Konsequenzen dieser Kollaboration mit dem faschistischen Deutschland und Italien sollten durch den unmittelbar nach der deutschen Niederlage einsetzenden Kalten Krieg abgemildert werden. Zwar wurde Spanien nach dem Ende des Kriegs nicht als Mitglied in die neu gegründeten Vereinten Nationen aufgenommen und von den Hilfen des Marschall-Plans weitgehend ausgenommen, dennoch versuchten die Westmächte niemals ernsthaft, die Franco-Regierung zu stürzen. Ein Machtwechsel zugunsten sozialistischer oder kommunistischer Kräfte sollte im Zeitalter eines sich anbahnenden Konfliktes mit Russland unter allen Umständen vermieden werden.

Außenpolitisch war damit auch nach dem Ende des Zweiten Weltkriegs der Boden für eine Kontinuität der Regierung Francos bereitet. Innenpolitisch wurden 1947 mit dem sogenannten »Gesetz der Nachfolge« wesentliche Weichen gestellt. Franco sicherte sich mit diesem von den »Cortes« und einem Volksreferendum bestätigten Gesetz das Recht zur Amtsführung bis zu seinem Lebensende. Sein Nachfolger als Staatsoberhaupt sollte ein Mitglied der spanischen Borbonen sein. Damit wurde es zur Gewissheit, dass die Macht der Falangisten endgültig in die Hände der Monarchisten gewandert war und der »Caudillo« die Unterstützung letzterer und der Kirche als Fundament seiner Regierung betrachtete.

Im Klima des sich verschärfenden Kalten Kriegs wurde Francos Spanien – besonders für die USA – wieder hoffähig. 1950 erhielt Spanien von den Vereinigten Staaten einen Kredit in Höhe von 62 Millionen US-Dollar. Im gleichen Jahr erlaubte die UN-Vollversammlung ihren Mitgliedern die

Wiederaufnahme vollständiger diplomatischer Beziehungen mit Spanien. Im sogenannten »Pakt von Madrid« (1953) gestattete Franco gegen umfangreiche Finanzhilfen die Errichtung amerikanischer Militärbasen und -flughäfen auf spanischem Territorium. Auf Mallorcas höchstem Berg, dem Puig Mayor, entstand eine hochmoderne amerikanische Radaranlage. Im Gegenzug flossen zwischen 1953 und 1957 nicht weniger als 625 Millionen US-Dollar in die chronisch unterfinanzierte spanische Staatskasse. Von wirtschaftlich noch größerer Bedeutung war die damit einhergehende Öffnung Spaniens für private nordamerikanische Investoren. 1955 wurde das Land Vollmitglied der Vereinten Nationen.

Trotz dieser propagandistisch gefeierten Erfolge in der Außenpolitik und amerikanischer und mittlerweile auch europäischer Investitionen konnte von einem wirtschaftlichen Aufschwung des Landes keine Rede sein. Das autarkistisch ausgerichtete Profil behinderte – ganz im Gegensatz zur Entwicklung im zeitgenössischen Nachkriegs-Westdeutschland – Wachstum und wirtschaftliche Effizienz. Mehr und mehr Arbeiter und auch Fachkräfte – insgesamt weit über drei Millionen – verließen das Land in Richtung Argentinien oder auch Frankreich und Deutschland auf der Suche nach besser bezahlter Arbeit.

Francos besonderes Augenmerk galt der Bekämpfung jeglicher separatistischer Bestrebungen und Tendenzen zur politischen und kulturellen Autonomie. Der Gebrauch des Baskischen, Katalanischen oder Galicischen in Ämtern, Schulen, Universitäten und in der Öffentlichkeit war zugunsten des Kastilischen strengstens untersagt; selbst die Demonstration regionaler kultureller Eigenheiten wurde misstrauisch beobachtet. Dies betraf auch auf das auf Mallorca gesprochene Katalanisch bzw. Mallorquinisch; obwohl viele Teile der Landbevölkerung nur diese Sprache beherrschten, versuchte man sie in der Schulerziehung systematisch auszumerzen. Einige Pfarrer und Kleriker bemühten sich dennoch im Geheimen dieser Kulturnivellierung entgegenzuwirken. Das Programm einer alles nivellierenden »Hispanidad« wurde zum Markenzeichen spanischer Kulturpolitik und Leitlinie der Geschichtsforschung.

Francos Inszenierung der Macht und Identität Spaniens blieb rückwärtsgewandt. Dies zeigt sich auch in seiner »Mallorca-Politik«. Sein erster Besuch der Insel nach dem Ende des Bürgerkriegs erfolgte 1947 anlässlich der feierlichen Überführung der Gebeine der mallorquinischen Könige Jaume II. und Jaume III. in die Trinidad-Kapelle der Kathedrale von Palma.

Während es zuvor auf Mallorca nicht unbedeutende künstlerische Bewegungen wie den »Modernismo« (katal. *modernisme*), den katalanischen

»Noucentisme« und die sogenannten Avantgarde (katal. *avantguardisme*) mit Künstlern wie Santiago Rusiñol, Joaquim Mir oder Antoni Gelabert gab, wichen diese in den späten 1930er Jahre einer – politisch gewollten – Rückkehr zu älteren Traditionen und Konventionen.

Dennoch nahm die Insel im Vergleich zum Festland eine gewisse Sonderstellung ein. Nach dem Ende des Bürgerkriegs hatte sie sich zu einem halb geduldeten Zufluchtsort für Republikaner und deren Sympathisanten entwickelt. Bereits während des Bürgerkriegs war das Luxushotel Formentor Treffpunkt der Franco-Kritiker und der Intellektuellen, die den Sozialisten nahstanden. Mehr noch als in anderen Regionen Spaniens war es in den 1950er Jahren der Tourismus, der Mallorca erneuten wirtschaftlichen Aufschwung brachte. Dazu gehörten auch die zahlreichen infrastrukturellen Großprojekten wie der Ausbau des Flughafens von Son Sant Joan und der Bau von Autobahnen und Straßen, um die Insel (und die Ferienanlagen) zu erschließen. Hinzu kam die Erweiterung und Modernisierung des Hafens von Palma und der Bau des Stausees Gorch Blau für die Wasserversorgung.

Wenige Zahlen mögen genügen, die wachsenden Herausforderungen an mallorquinische Städte, Infrastruktur und Hotellerie aufzuzeigen. Waren es 1933 etwa 30 000 Personen, die Mallorca als Urlaubsziel wählten, hatte sich diese Zahl 1960 verzehnfacht. 1990 kamen über 4 Millionen Touristen auf die Insel. Mittlerweile beläuft sich diese Zahl auf etwa 9 Millionen. Die touristische Erschließung geschah häufig ungeordnet und unkontrolliert und führte zu Zerstörung wertvoller Natur und vor allem von Küstenregionen. Der negativ konnotierte Begriff der »Balearisation« entstand. Der Tourismus veränderte nicht nur das physische, infrastrukturelle und urbane Profil der Insel, sondern beeinflusste auch die sich – vielleicht mehr als in Festlandspanien – allmählich verändernde konservative Sozialstruktur, den lokalen Arbeitsmarkt und das soziale Gefüge. Während in den 1950er Jahren noch über 40 Prozent der Mallorquiner in der Landwirtschaft, im Fischfang und den entsprechenden Zulieferbetrieben beschäftigt waren, waren es dreißig Jahre später nur noch etwa 20 Prozent. Im Fischfang und den mit ihm verbundenen Industrien sind mittlerweile nur noch etwa 1,5 Prozent der arbeitenden Bevölkerung tätig. Dieser Produktionszweig macht heute nur noch etwa 1,5 Prozent des mallorquinischen Bruttoinlandsprodukts aus. Der neu entstehende, massiv und rasch wachsende Dienstleistungssektor sorgte für eine zunehmende Durchlässigkeit zwischen den Bevölkerungsschichten und für eine Liberalisierung einstmals verfestigter Normen.

Die auf Initiative von Francesc de B. Moll 1962 entstandene Gesellschaft der »Obra Cultural Balear« riskierte mit ihrer Förderung und Propagierung mallorquinischer Traditionen und Kulturformen häufig ablehnende und repressive Reaktionen der politischen Autoritäten in Madrid. Besonders der Gebrauch der katalanischen Sprache wurde immer wieder zum Streitpunkt. In den letzten Jahren des Franco-Regimes benutzten allerdings auch auf Mallorca die Parteien des P.S.O.E. oder der neuformierte Partit Socialista Popular (P.S.P.), der Partit Socialdemòcrata Balear (P.S.B.) oder die Aliança Nacional Mallorquina (A.N.A.M.) das Katalanische in ihren Manifesten und Parteiprogrammen. Vielleicht noch wichtiger für das Selbstbewusstsein der Inselbewohner war der von Bischof Jesús Enciso Viana und seinem Nachfolger Rafael Álvarez Lara in den 1960er Jahren gegen zahlreiche politischen und auch innerkirchlichen Widerstände durchgesetzte Gebrauch des Katalanischen im Katechismus und der Liturgie.

Die administrative und politische Ordnung Mallorcas unterschied sich bis in die 1970er Jahre wenig von den übrigen Regionen Spaniens. Die Insel war seit 1925 in 52 Gemeinden *(municipis)* gegliedert. Palma, Alcúdia, Felanitx, Inca, Sóller, Manacor und Llucmajor besaßen den Status von Städten. Die für die Jahre zwischen 1960 und 1977 vorliegenden Zahlen zeigen in Bezug auf die Wirtschaft insgesamt eine deutliche Abnahme des Primärsektors (Landwirtschaft und Fischfang) von 23,3 Prozent auf 5,2 Prozent. Dies zeigte sich besonders deutlich in der ab dem frühen 20. Jahrhundert einsetzenden Abnahme der einstmals so bedeutenden Kultivierung von Olivenbäumen und entsprechend der Olivenölproduktion. Die Lage auf dem Sekundärsektor (Produktion) blieb – nicht zuletzt dank der als Motor wirkenden Baubranche – mit Schwankungen zwischen 25,3 Prozent und 22,5 Prozent relativ stabil, während der Tertiärsektor (Dienstleistungen) von 51,4 Prozent auf 72,3 Prozent deutlich zunahm. Letztere Zahlen waren vor allem dem wachsenden Tourismus zu verdanken. Insgesamt ist anzumerken, dass sich Mallorca hier wesentlich stärker der Entwicklung der europäischen Industriestaaten annäherte als der Situation Festlandsspaniens. Dort lag 1973 der Primärsektor immer noch bei 12 Prozent des Bruttoinlandsprodukts, während für den Sekundärsektor 37,8 Prozent und dem Tertiärsektor 50,2 Prozent angegeben wurden.

Im Verlauf des Jahrhunderts veränderte sich die Handelsbilanz insgesamt. Dies zeigt sich besonders deutlich im immer größer werdenden Außenhandelsdefizit im Bereich der Industriegüter und Rohstoffe. Der Tonnageumsatz im Hafen von Palma ist hier ein guter Indikator. Bereits in den frühen 1970er Jahren – bevor der Tourismus seine absolute Dominanz im Wirtschaftssektor erreichte – wurden über 2 Millionen Tonnen Waren in Mallorcas Häfen gelöscht, während lediglich etwa 300 000 Tonnen Güter zum Export oder zur Weiterverschiffung ausgeführt wurden. Mehr noch als in Gesamtspanien machte sich auf Mallorca ein Anstieg der Lebenshaltungskosten bemerkbar. Gemäß einer auf Palma konzentrierten Untersuchung stiegen die Lebenshaltungskosten zwischen 1936 und 1955 um beeindruckende 553 Prozent.

XIII. Zeitgeschichte – Vom Ende der Francodiktatur bis zu Mariano Rajoy

1973 trat Franco offiziell vom Amt des »Presidente del Gobierno« zurück; sein Nachfolger in diesem Amt Carrero Blanco fiel bereits im Dezember des Jahres einem Attentat der E.T.A. zum Opfer. Bereits zuvor – im März 1972 – hatte sich auf Mallorca die sogenannte »Taula Democràtica« formiert, ein Zusammenschluss aller demokratischen Oppositionsparteien. Vereint hofften sie, mit verstärkter Stimme Veränderungen herbeiführen und auch den politischen und administrativen Boden für eine Autonomie der Balearen vorbereiten zu können.

Wie vorgesehen, übernahm Borbonenprinz Juan Carlos (katal. »Joan Carles de Borbó«) nach Francos Tod im November 1975 das Amt des Staatsoberhaupts (»Presidente del Estado«). Bei seiner Krönung zum König wenige Tage später schwor Juan Carlos I., die Traditionen der nationalen Einheit zu garantieren; seine Anmerkungen zur Notwendigkeit, die immer noch durch den Bürgerkrieg aufgeworfenen Gräben einzuebnen und zur sozialen und gesellschaftlichen Harmonisierung deuteten jedoch gleichzeitig den Willen zur Neuorientierung an.

Nach dem Rücktritt des des konservativen Ministerpräsidenten Carlos Arias Navarro ernannte Juan Carlos den jungen Direktors des staatlichen Fernsehens und Radios Adolfo Suárez zum Ministerpräsidenten (»Presidente de Gobierno«). Dies sollte sich als entscheidender Schritt zur Erneuerung des Landes erweisen. Es war Suárez, der mit Unterstützung des Königs eine Reihe von Reformen durchführte, die Spanien auf den Weg zu einer modernen Demokratie westeuropäischer Prägung brachten. Entscheidende Meilensteine waren die Verabschiedung der Neuordnung der »Cortes« im November 1976 und das öffentliche Referendum im folgenden Dezember, das die Reformen mit einer Mehrheit von über 90 Prozent der Stimmen bestätigte. Damit waren wesentliche Strukturen des faschistischen Regimes abgeschafft und ein Spektrum verschiedener Parteien – darunter sogar die kommunistische Partei – zugelassen.

Bei den für den 15. Juni 1977 ausgerufenen Wahlen konkurrierten neben den erstmals wieder zugelassenen sozialistischen und kommunistischen Parteien der P.S.O.E. bzw. P.C.E. die von Manuel Fraga neu formierte rechtsgerichtete »Alianza Popular« (A.P.) und Adolfo Suárez' »Unión de Centro Democrático« (U.C.D.) sowie einige regionale baskische und katalanische Gruppierungen. Mit 34 Prozent der Stimmen und 166 Sitzen im

Parlament ging die U.C.D. als klare Gewinnerin aus den Wahlen hervor. Auf den Balearen erhielt die U.C.D. stolze 51 Prozent und erreichte damit vier Sitze in den »Cortes«, der P.S.O.E. erreichte lediglich 25 Prozent und stellte entsprechend zwei Deputierte. Mallorca entsandte zwei Senatoren der U.C.D. und einen des P.S.O.E., Menorca entsandte einen Senator der U.C.D. und Ibiza/Formentera einen Senator der »Alianza Popular«.

Die am 6. Dezember 1978 mit den Stimmen von 88 Prozent der Wähler verabschiedete neue Verfassung definiert Spanien als demokratische, parlamentarische Erbmonarchie, ausgestattet mit dem System einer aus zwei Kammern bestehenden Legislative. Die »Cortes Generales« bzw. das Parlament gliedern sich in den Senat (»Senado«) und das Abgeordnetenhaus (»Congreso de los Diputados«). 208 Mitglieder des Senats werden von der Bevölkerung direkt gewählt, die übrigen 51 von den Parlamenten der Autonomen Regierungen bestimmt. Die Mitglieder des Abgeordnetenhauses werden für vier Jahre direkt vom Volk gewählt. Dem Verlangen nach Autonomie wurde mit der Einrichtung von Regionalregierungen (Regionalparlamenten) im Baskenland, in Galicien und in Katalonien entsprochen. Unter in der Verfassung betonter Beibehaltung der Einheit der spanischen Nation erhielten diese Regionalregierungen umfassenden Spielraum, Erziehung, Verwaltung und Steuern in ihren Regionen zu bestimmen und ordnen. In den folgenden Jahren machten weitere Regionen vom Anspruch zum Aufbau von Regionalregierungen Gebrauch.

Auf dem Weg zur autonomen Region gingen die Balearen aufgrund innerer Konflikte zwischen den Inseln einen Sonderweg. Intensive Beratungen zur politisch-administrativen Gestalt der Balearen begannen mit der im Juli 1976 formierten »Assemblea Democràtica de Mallorca«. Zentraler Punkt der Forderungen war das Recht der balearischen Bevölkerung auf Selbstbestimmung. Im März und Juni des folgenden Jahres gab es weitere Erklärungen zum Schutz der Identität, zur Selbstbestimmung und zum Recht zur eigenständigen Regierung. Ein Plebiszit sollte über die Einführung dieser neuen Form der Regierung und Vewaltung entscheiden. Mehr als 20 000 Einwohner versammelten sich am 29. Oktober 1977 in Palma zur öffentlichen Unterstützung dieser Forderungen (»autonomia i autogovern«). Dieser politische Weg zur Autonomie wurden auf kulturellem Feld von dem zwischen 1975 und Ende 1977 tagenden Kongress für die katalanische Kultur (»Congrés de Cultura Catalana«) flankiert. An ihm nahmen Vertreter Nordkataloniens, Valencias, des Roussillon und der Balearen teil. Das Sekretariat der Kongressteilnehmer aus Mallorca wurde von Antoni Serra geleitet. 1978 erhielten die Balearen einen sogenannten »Prä-Autonomen

Status«, entsprechend wurde im Juli diesen Jahres ein Provisorischer Allgemeiner Inselrat der Balearen (»Consell General Interinsular provisional de les Illes Balears«) gebildet. Sitz des Rats wurde Palma, erster Präsident Jeroni Albertí Picornell. Arbeitssprachen des Rats wurden Katalanisch und Kastilisch.

Es dauerte bis 1983, bis man sich auf Palma als Hauptstadt der nun offiziell festgeschriebenen Autonomen Region Balearen einigen konnte. Die Kompetenzen und Rechte des Regionalparlaments der Balearen reichen nicht so weit wie jene Kataloniens und des Baskenlands. Es verfügt über über 59 Sitze; davon entfallen 33 Sitze auf Mallorca, 12 auf Menorca, 11 auf Ibiza und 3 auf Formentera.

Seit der Mitte der achtziger Jahre des vorigen Jahrhunderts besteht damit Spanien – neben den nordafrikanischen Enklaven von Mellila und Ceuta – aus 17 autonomen Regionen *(comunidades autónomas)*. Sieben autonome Regionen (Asturien, La Rioja, Madrid, Murcia, Navarra und die Balearen) bestehen aus einer Provinz, die übrigen aus mehreren Provinzen. Die autonome Region der Balearen – offizieller katalanischer Name »Illes Balears« (kast. »Islas Baleares«) – wird von der in Palma beheimateten Regierung (»Govern de les Illes Balears«) verwaltet. Sie setzt sich aus dem Präsidenten, Vizepräsidenten und Ministern bzw. Regierungsräten *(consellers)* zusammen. Die Regionalregierung bestimmt den Haushalt und kann Rechtsverordnungen erlassen.

Die ersten Wahlen zum Regionalparlament fanden am 8. März 1983 statt. Der Präsident *(president de les Illes Balears)* wird aus den Mitgliedern dieses Parlaments gewählt und muss anschließend vom König seine Ernennungsurkunde erhalten. Jede der größeren Balearen-Inseln (Mallorca, Menorca, Ibiza, Formentera) stellt einen sogenannten Inselrat *(consell Insular)*. Mallorca ist nun in 55 Gemeinden (*municipis*) mit jeweils einem Gemeinderat gegliedert.

Vor allem durch die Vergrößerung der Vorstädte und Vororte von Palma nahm auch die Zahl der Pfarreien wieder zu. Insgesamt verfügt die Insel nun über 133 Pfarreien bzw. Filialen, 110 davon werden von Pfarrern, 23 von Vikaren betreut. Bereits seit 1978 erscheinen die Orts- und Straßennamen wieder auf Katalanisch bzw. Mallorquinisch, und es wird in Schulen und Universitäten wieder katalanisch gesprochen und gelehrt. Dabei vereint Katalanisch als Schriftsprache die mündlichen Varianten wie Mallorquí, Valenciano etc. Als Klammer für eine gemeinsame spanische Identität bleibt gemäß Artikel 3 des Autonomiestatuts von 1983 das Kastilische zusammen mit dem Katalanischen offizielle Amtssprache.

Die Wahlen vom März 1979 hatten unterdessen den Rückhalt der »Unión de Centro Democrático« bei der Bevölkerung bestätigt. Die Partei konnte ihre Sitze im Parlament sogar auf 168 steigern. Der P.S.O.E. blieb mit 121 Sitzen zweitstärkste Kraft. Auch auf Mallorca konnte die U.C.D. ihr positives Ergebnis von 1977 wiederholen und schickte erneut zwei Deputierte in die »Cortes«, der P.S.O.E. entsandte einen Deputierten.

Die Geschlossenheit des P.S.O.E. und die ausgleichende Führung von Felipe González sollten sich bei den Wahlen im Oktober 1982 auszahlen. Der P.S.O.E. erhielt über 48 Prozent der Stimmen und damit 202 Sitze; zweitstärkste Kraft wurde das von Manuel Fraga neu formierte rechtsgerichtete Bündnis »Alianza Popular« (A.P.) mit 106 Sitzen. Gemäß der traditionell starken konservativen Basis erhielt die A.P. auf den Balearen einen stärkeren Zuspruch als auf dem iberischen Festland. Sie und der P.S.O.E. stellten jeweils zwei Deputierte für die »Cortes«. 1983 bestätigten die Regionalwahlen den Siegeszug des P.S.O.E. In 11 der 17 Regionen wurde er zur stärksten Partei. Auf Mallorca konnte sich der P.S.O.E. dagegen nicht als stärkste Partei durchsetzen. Aus den Wahlen zum Regionalparlament vom 8. März 1983 ging auf der Insel die A.P. als Sieger hervor. Die starke Klientel der Unternehmer und im umfangreichen Dienstleistungssektor Beschäftigten hatten für diesen Sieg gesorgt. Der im Vergleich zu den meisten Regionen Festlandsspaniens weniger bedeutsame Sektor der Industriearbeiter, die traditionell P.S.O.E. oder Linksparteien wählten, hatte sich nicht durchgesetzt. Aufgrund des Gesamtausgangs der Wahlen auf Menorca, Ibiza und Formentera besaß im Regionalparlament der Balearen jedoch insgesamt der P.S.O.E. die stärkste Fraktion. Dritte Kraft wurde die von Jeroni Alberti neu formierte »Unió Mallorquina« (U.M.). Im Juni des Jahres wurde mit Gabriel Cañelles Fons ein Mitglied der A.P. zum ersten Präsidenten der Autonomen Region der Balearen gewählt.

Felipe González und sein P.S.O.E. trieben in den folgenden Jahren die Verhandlungen für den Beitritt Spaniens in die Europäische Union weiter voran. Am 1. Januar 1986 erhielt das Land den Status eines Vollmitglieds, in den Besitz der vollen Mitgliedsrechte gelangte Spanien allerdings erst 1993. Der weitere Modernisierungsprozess des Landes blieb nicht ohne Rückschläge und Schwierigkeiten. Mit EU-Mitteln geförderte gewaltige Infrastrukturprogramme, industrielle Modernisierung und ein weiterhin boomender Tourismus kurbelten die Wirtschaft an. Dennoch vermochte die Regierung nicht, die Arbeitslosenzahlen auf die Werte anderer europäischer Industriestaaten zu drücken. Im Gegenteil: 1993 war die Zahl der Beschäftigungslosen auf 24 Prozent gestiegen.

Trotz der strukturellen Defizite und der Schwierigkeiten bei den Modernisierungs- und Liberalisierungsmaßnahmen hatte das Land im Umbau der Gesundheits-, Renten- und Sozialversicherungssysteme enorme Fortschritte erzielt. Nicht zuletzt aus diesem Grund errang der P.S.O.E. 1986 und 1989 komfortable Wahlgewinne. Die Wirtschaftskrise der frühen 1990er Jahre, eine Reihe von Korruptions-Skandalen und durch die Presse aufgedeckter Nepotismus schwächten den P.S.O.E. und die Stellung von Felipe González. Noch entscheidender für das Schwinden der Wählergunst waren die unterschiedlichen Ansichten zur Lösung der wirtschaftlichen Probleme und Reform des Arbeitsmarkts in den rechten und linken Flügeln der Partei.

Bei den Wahlen vom Juni 1993 erhielt der P.S.O.E. nur noch etwas über 38 Prozent der Stimmen und war zur Fortführung der Regierung gezwungen, eine Koalition mit Jordí Puyols katalanischer Nationalpartei (»Convergència I Unió«; C.i.U.) einzugehen. Aus Fragas A.P. war unterdessen der »Partido Popular« (P.P.) hervorgegangen. Der junger José María Aznar wurde neuer Führer der Partei; seine Präsentation des P.P. als moderne, den zukünftigen Herausforderungen Spaniens gewachsene Kraft fand bei den Wählern mehr und mehr positives Echo. Das Programm der Einheit und Unteilbarkeit der spanischen Nation wurde von dem P.P. als Erbe der Vorgängerpartei beibehalten. Nachdem der P.P. bei den Wahlen 1993 knapp 35 Prozent erreichte, löste er im März 1996 den P.S.O.E. ab. Der P.P. wurde, nachdem 1995 die Koalition zwischen dem katalanischen C.i.U. und dem P.S.O.E. zerbrochen war, mit knapp 39 Prozent der Stimmen und 156 Sitzen im Parlament die stärkste Partei. Aznar regierte im Folgenden in einer Koalition mit dem katalanischen C.i.U. und den baskischen Nationalisten.

Die von González begonnene moderate neo-liberale Ausrichtung der Wirtschaftspolitik wurde verstärkt und dynamisch fortgeführt. Privatisierung, Deregulierung des Arbeitsmarkts und die Reduzierung staatlicher Interventionen waren Eckpfeiler dieser Politik, die zu einer allmählichen wirtschaftlichen Erholung führte. Umfangreiche Hilfen der EU trugen weiter zu einem wirtschaftlichen Aufschwung bei und führten das Land schließlich auf den – betrachtet man die Ausgangsposition und Hinterlassenschaft Francos – beachtlichen achten Platz im Konzert der Industrienationen der Welt. 2007 betrug das Bruttoinlandsprodukt über 1430 Milliarden Dollar. Der Beitritt Spaniens zur Europäischen Währungsunion war damit ein logischer Schritt. Nach diesen Entwicklungen konnte der große Wahlerfolg des P.P. bei den Wahlen vom März 2000 kaum überraschen. Dank dieser Mehrheit konnte der »Partido Popular« nun sogar ohne den Zwang einer Koalition mit den katalanischen Konservativen regieren.

Eine Reihe von Korruptions-Skandalen, die umstrittene Beteiligung am Irak-Krieg der USA und die Tatsache, dass die P.P. die radikalislamischen Terroranschläge auf den Madrider Bahnhof kurz vor der Wahl zunächst der E.T.A. zuschrieb, kosteten José María Aznar letztlich den Sieg bei den Wahlen vom März 2004. Sein Nachfolger als Ministerpräsident wurde P.S.O.E.-Führer José Luis Zapatero an der Spitze einer Minderheitsregierung. Seine Regierung wurde in den Wahlen vom März 2008 bestätigt. Im gleichen Jahr wurde die Parteienlandschaft aus P.S.O.E., P.P., I.U. und den regionalen Gruppierungen durch die neugegründete liberale »Unión Progreso y Democracia« (U.P.y D.) erweitert.

Die globale Finanzkrise – im Besonderen das Platzen der Immobilienblase – führten nach 2008 zu massiven Verwerfungen in der spanischen Wirtschaft, dem Bankensektor und damit auch der politischen Landschaft. Aus den vorgezogenen Wahlen vom 20. November 2011 ging der von Mariano Rajoy geführte P.P. mit großer Mehrheit als Sieger hervor. Der im Jahr zuvor errungene Sieg des P.P. auf Mallorca war hier gleichsam Präludium der gesamtspanischen Entwicklung. Der seit Juni 2011 amtierende Präsident der Autonomen Region der Balearen, José Ramón Bauzà Díaz, gehört dementsprechend auch dem P.P. an.

Im Kontext dieser Entwicklung dient Mallorca – im positiven wie im negativen – als Brennglas der Situation des gesamten Landes: Man beobachtet hier verstärkt Tendenzen, die für ganz Spanien gelten: den Ausbau des Dienstleistungssektors, die Reduzierung der Landwirtschaft, die Verbesserung der Infrastruktur und Immobilien- und Bauwirtschaft als Motor für die Gesamtwirtschaft. 2010 wurden über 80 Prozent der Wertschöpfung im Dienstleistungssektor erwirtschaftet. Davon entfiel etwa die Hälfte, also etwa 12 Milliarden Euro, auf den Tourismussektor. Insgesamt waren 2010 nicht weniger als knapp 75 Prozent aller Einwohner Mallorcas im Dienstleistungssektor beschäftigt, ein absoluter Spitzenwert für Gesamtspanien. Demgegenüber betrug der Anteil der produzierenden Industrie (vor allem Textilien, Lederwaren, Schmuck, Schuhe) nur etwa 8 Prozent des Bruttoinlandprodukts. Die diesbezügliche Quote des Bausektors lag mit 10,5 Prozent deutlich darüber. Klares Schlusslicht ist der einstmals so starke Agrarsektor mit etwa 1,5 Prozent.

Der wirtschaftliche Aufschwung der sechziger und siebziger Jahre durch den Fremdenverkehr veränderte das Profil der Insel, ihre Städte und Landschaften. Besonders deutlich wurde dies in einem ungebremsten und häufig unkontrollierten Bauboom an den Küsten. Palma blieb mehr als zuvor kulturelles, administratives und politisches Zentrum der Insel, mit einer

Bevölkerung, die von 60 000 Einwohnern am Beginn des 20. Jahrhunderts auf über 400 000 (2011) anstieg. Damit lebt fast die Hälfte aller Mallorquiner in der Hauptstadt. Der Anstieg der Hauptstadtbevölkerung betrug in diesen etwa hundert Jahren über 400 Prozent, demgegenüber stieg die Einwohnerzahl der anderen Regionen der Insel in dieser Zeit nur um etwa 100 Prozent. Alcúdia, Felanitx, Inca, Llucmajor, Manacor, Sóller und Palma verfügen über den Status von Städten. Calvià (52 500), Manacor (41 000) und Llucmajor (37 000) folgen in ihrer Einwohnerzahl Palma mit großem Abstand. Im Jahr 2011 besaß Mallorca insgesamt etwa 870 000 Einwohner, de facto liegt die Zahl mit den wegen des Tourismus, der Bau- und Landwirtschaft vom Festland auf die Insel strömenden Saisonarbeitern gerade zwischen Frühjahr und Herbst erheblich höher. Insgesamt wird der Anteil der Saisonarbeiter an der Gesamtbevölkerung auf über 8 Prozent geschätzt. Mit einer Bevölkerungsdichte von über 200 Einwohnern pro Quadratkilometer weist Mallorca im Vergleich zu den meisten Regionen des spanischen Festlands (Durchschnitt etwa 85 Einwohner pro Quadratkilometer) eine wesentlich höhere Bevölkerungsdichte auf. Etwa 40 Prozent der auf Mallorca geborenen Kinder haben mittlerweile einen Migrationshintergrund.

Der Bevölkerungsrückgang in den Landgemeinden im Inneren der Insel schwächt sich nur langsam ab, obwohl in den letzten Jahren verschiedene Konjunkturprogramme der Regionalregierung dem entgegenzuwirken versuchen. Diese Situation ist leicht am Index der Bevölkerungsdichte abzulesen; er beträgt in den meisten Landgemeinden zwischen 50 und 100 Einwohner pro Quadratkilometer, während die Ziffern für Küstengemeinden wie Sóller, Can Picafort und Pollença oder Orte im Umland von Palma wie Calviá über 200 pro Quadratkilometer betragen; innerhalb der Gemeindegrenzen Palmas selbst, wo etwa 50 Prozent aller Mallorquiner leben, sind es über 1500.

Auch in absehbarer Zukunft werden der Tourismus und die mit ihm verbundenen Dienstleistungen der wichtigste Wirtschaftsfaktor der Insel sein. In den letzten Jahren besuchten im Durchschnitt etwa 13 Millionen Touristen die Insel; eine gewaltige und gleichzeitig willkommene Herausforderung an Infrastruktur und den lokalen Dienstleistungssektor. Der Tourismus trug und trägt dazu bei, dass im Gesamtkontext der spanischen Rezession Mallorca – neben Katalonien und dem Baskenland – immer noch das höchste Pro-Kopf-Einkommen und die niedrigste Arbeitslosigkeit aufweist. Im Vergleich mit dem spanischen Durchschnittswert beträgt das Pro-Kopf-Einkommen Mallorcas etwa 118 Prozent. Allerdings hat auch auf Mallorca im Zuge der Krise in den letzten Jahren die Arbeitslosigkeit von 7,2 Prozent (2004) auf über 12 Prozent (2011) zugenommen. Insgesamt beansprucht Palma etwa 80 Prozent des mallorquinischen Handelsvolumens.

1988 trat das lange diskutierte Küstenschutzgetz (»Ley de Costas«) und sein Verbot einer weiteren Bebauung von Dünen, Stränden und Steilküsten in Kraft, und seit etwa zwei Jahrzehnten wird versucht, Mallorca – zumindest teilweise – als Ziel eines Bildungs- und sogenannten Qualitätstourismus zu positionieren. Unter anderem wurde damals beschlossen, die gesamte Insel Cabrera an Mallorcas Südwestspitze unter Naturschutz zu stellen. Wo noch möglich, soll Ökologie und Tourismus eine gesunde Balance finden. Inwiefern dieser Weg einer vorsichtigen Distanzierung zum Massen- und Billigtourismus wirklich zum nachhaltigen Wachstum führt, muss die Zukunft zeigen.

Auswahlbibliografie

Abulafia, David: A Mediterranean emporium. The Catalan kingdom of Majorca. Cambridge 1994.

Abulafia, David: Italy, Sicily and the Mediterranean, 1100–1400. London 1987.

Alomar Esteve, Gabriel: Urbanismo regional en la Edad media: las ›Ordinacions‹ de Jaime II (1300) en el reino de Mallorca. Barcelona 1976.

Alomar Esteve, Gabriel: Cataros y occitanos en el reino de Mallorca. Palma 1978.

Alomar Esteve, Gabriel: Guillem Sagrera y la arquitectura gótica del siglo XV. Barcelona-Madrid 1970.

Amengual i Batle, Josep: Els origens del Cristianisme a les Balears i el seu desenvolupament fins a l'època musulmana. 2 Bde., Palma 1991–1992.

Amorós, Luis R.: La Edad de Bronce en Mallorca. Palma 1952.

Barceló Crespí, María: Ciutat de Mallorca en el Trànsit a la Modernitat. Palma 1982.

Bel, Alfred.: Les Benou Ghānya, derniers représentants de l'empire almoravide et leur lutte contre l'empire almohade. Paris-Algiers 1903.

Bibiloni Amengual, Andreu: El comerç exterior de Mallorca. Homes mercats i productes d'intercanvi (1650–1720). Palma 1995.

Braunstein, Baruch: Els xuetes de Mallorca. Els conversos i la Inquisició de Mallorca. Barcelona 1976.

Burns, Robert Ignatius (Hrsg.): The worlds of Alfonso the Learned and James the Conqueror. Princeton 1985.

Busquets Mulet, Jaume: Mallorca Musulmana. Bd. 1, Palma 1971.

Campaner y Fuertes, Alvaro: La dominación islamita e las Islas Baleares. Palma 1987.

Cateura Bennàsser, Pau: Politíca y finanzas del reino de Mallorca bajo Pedro IV de Aragon. Palma 1982.

Cateura Bennàsser, Pau: Sociedad, jerarquia y poder en la Mallorca medieval. Palma 1984.

Cerdá Juan, Damián: Economia Antigua de Mallorca. Palma 1973.

Cirici, Alexandre: Arquitectura gótica Catalana. Barcelona 1968.

Colom i Palmer, Mateu: La Inquisicío a Mallorca (1488–1578). Barcelona 1992.

Crònica o Llíbre dels feits del rei En Jacme. In: Les quatre grans cròniques. Hrsg. v. Ferrán Soldevila. Barcelona 1971.

Chronicle of James I king of Aragon. (ed. von Pascual de Gayangos) 2 Bde., London 1883.

Chronicle of the reign of King Pedro III of Aragon A.D.1276–1285. (ed. von Bernard Desclot) 2 Bde., Princenton 1928–1934.

De la Puerta Vizcaíno, Juan: La sinagoga balear o Historia de los judíos de Mallorca. Valencia 1857.

Domenge i Mesquida, Joan: L'Obra de la Seu. El procés de construcció de la Catedral de Mallorca en el tres-cents. Palma 1997.

Doxey, Gary B.: Christian attempts to reconquer the Balearic Islands 1015–1229, Cambridge University 1991.

Dufourcq, Charles-Emmanuel: L'Espagne catalane et le Maghreb aux XIIIe et XIVe siècles. Paris 1966.

Estudis d'història de Mayurqa i d'història de Mallorca dedicats a Guillem Rosselló i Bordoy. Festschrift für Rosselló-Bordoy, Guillermo. Palma 1982.

Fernández-Armesto, Felipe: Before Columbus. Exploration and colonization from the Mediterranean to the Atlantic, 1229–1492. Philadelphia 1987.

Font Poquet, Miquel S.: La fe vençuda. Jueus, conversos i xuetes a Mallorca. Palma 2007.

García Camareno, E.; Rey Pastor, J.: La cartografia mallorquina. Madrid 1960.

Garcia Delgado Segués, Carlos: La casa popular mallorquina. Influencias de Roma, el Islam y Cataluña. Palma 1996.

Haëdo, Diego de: Topographia e historia general de Argel. Repartida en cinco tratados, do se veran casos estraños, muertes espantosas. Valladolid 1612.

Haywood, John: Dark Ages naval power. A re-assessment of Frankish and Anglo-Saxon seafaring activity. London 1991.

Heers, Jacques (Hrsg.): The Balearic Islands. Genf 1969.

Herbers, Klaus: Die Eroberung der Kanarischen Inseln – ein Modell für die spätere Expansion Portugals und Spaniens nach Afrika und Amerika. In: Afrikas Entdeckung und Erforschung eines Kontinents. Hrsg. von Heinz Duchhardt, Köln–Wien 1989, S. 51–95.

Hillgarth, Jocelyn Nigel: Readers and books in Majorca, 1229–1550. 2 Bde., Paris 1992.
Hillgarth, Jocelyn Nigel: Spain and the Mediterranean in Later Middle Ages. Studies in political and intellectual history. Aldershot 2003.
Hillgarth, Jocelyn Nigel: The Problem of a Catalan Mediterranean Empire. 1229–1327. London 1975.
Hillgarth, Jocelyn Nigel: The Spanish kingdoms, 1250–1516. 2 Bde., Oxford 1975–1978.
Isaacs, A. Lionel: The Jews of Majorca. London 1936.
Laub, Eva, Laub, Juan: El mito triunfante. Estudio antropológico-social de los chuetas mallorquines. Palma 1987.
Lecoy de la Marche, Albert: Les Relations politiques de la France avec le royaume de Majorque. 2 Bde., Paris 1892.
Lewis, Archibald R.: Medieval society in southern France and Catalonia. London 1984.
Liber Maiolichinus de gestis Pisanorum illustribus. Hrsg. von Carlo Calisse. Rom 1904.
Lourie, Elena: Crusade and colonisation. Muslims, Christians and Jews in medieval Aragon. Aldershort 1990.
Ludwig Salvator, Erzherzog von Österreich: Die Balearen. In Wort und Bild geschildert. 9 Bde., Leipzig 1869–1891.
Macaire, Pierre: Majorque et le commerce international. 1400–1450 environ. Lille 1986.
Mayr, Albert: Über die vorrömischen Denkmäler der Balearen. München 1914.
Marsilio, Pedro.: História de la conquista de Mallorca. Crónicas inéditas de Marsilio y de Desclot, la primera vertida al castellano y la segunda en su texto lemosín y adicionadas con numerosas notas y documentos 2 Bde., Palma 1957–1958.
Martinez Ferrando, J. Ernest: La tràgica història dels reis de Mallorca. Jaume I, Jaume II, Sanç, Jaume III, Jaume (IV), (Isabel). Barcelona 1960.
Mascaró Pasarius, Josep: Prehistoria de la Baleares. Palma 1968.
Mascaró Pasarius, Josep (Hrsg.): Historia de Mallorca. 10 Bde., Palma 1978.
Massot i Muntaner, Josep: Església i Societat a la Mallorca del segle XX. Barcelona 1977.
Massot i Muntaner, Josep: La guerra civil a Mallorca. Montserrat 1976.
Meyn, Matthias et. al.: Die grossen Entdeckungen, Dokumente der europäischen Expansion 2, hrsg. von Ebehard Schmitt, München 1984.
Moll, Isabel; Suau, Jaume: Senyors i pagesos a Mallorca (1718–1860/70). Barcelona 1979.
Mott, Lawrence V.: Sea power in the Medieval Mediterranean. The Catalan-Aragonese Fleet in the War of the Sicilian Vespers. Gainesville 2003.
Muñoz, Ana Maria: Fuentes escritas griegas y romanas sobre las Baleares, in: Prehistoria et arqueología de las Islas Baleares, 6. Symposium de prehistoria peninsular, Barcelona 1974.
Muntaner, Ramòn: Crònica. In: Les quatres grans cròniques. Hrsg. v. Feran Soldavila. Barcelona 1971.
Murray, Donald G.; Pascual, Aina; Llabrés, Jaume: Conventos y monasterios de Mallorca. Historia arte y cultura. Palma 1992.
Oliver, Miguel dels Sants: Mallorca durante la primera revolución (1808–1814). Palma 1901
Ortega Villoslada, Antonio: El reino de Mallorca y el mundo atlántico (1230–1349). Evolución político-mercantil. La Coruña 2008.
Parpal y Marqués, Cosme: La conquista de Menorca en 1287 por Alfonso III de Aragon. Estudio histórico-crítico con un apéndice de documentos. Barcelona 1901.
Parpal y Marqués, Cosme: La isla de Menorca en tiempo de Felipe II. Barcelona 1913.
Perelló i Mas, Maria: Menorca a l'epoca de Pere el Cerimoniós. Ciutadella 1986.
Pérez, Martínez Lorenzo (Hrsg.): Anales judaicos de Mallorca. Palma 1974.
Pérez Martínez, Lorenzo (Hrsg.): Mallorca cristiana. Bd. 1, Palma 1973.
Pérez Martínez, Lorenzo: Resumen histórico de la diócesis mallorquina. Palma 1959.
Pericot García, Luis: Las islas Baleares en los tiempos prehistóricos. Barcelona 1975.
Piña Homs, R.: El consolat de mar. Mallorca 1326–1800. Palma 1985.
Piña Homs, R.: Els reis de la casa de Mallorca. Palma 1982.
Pons, Antoni: Los Judíos del reino de Mallorca durante los siglos XIII y XIV. 2 Bde., Palma 1957–1960.
Pons, Jerònia: Companyies i mercat assegurador a Mallorca (1650–1715). Palma 1996.
Porcel, Baltasar: Los chuetas mallorquines. Siete siglos de racismo. Barcelona 1971.
Reilly, Bernard F.: The Medieval Spains. Cambridge 1993.
Riera i Montserrat, Francesc: Els xuetes. Desde la intolerancia a la llibertat. (segles XVIII-XX). Palma 2003.

Riera Melis, Antoni: La Corona de Aragon y el reino de Mallorca en el primer cuarto del siglo XIV. 2 Bde., Madrid 1986.
Rivas Huesa, Luis: Un lote de piezas talayoticas en la colección Marti Esteve del Ayuntamiento de Valencia. Palma 1983.
Roque, Joana M. (Hrsg.): Cronicas de la historia de Mallorca. Palma 1983.
Rosselló Bordoy, Guillermo: Excavaciones arqueológicas en Palma de Mallorca. Sondeos en el casco antiguo. Palma 1987.
Rosselló Bordoy, Guillermo: L'Islam a les Iles Baleares. Palma 1968.
Rosselló Bordoy, Guillermo (Hrsg.): Les illes orientales d'al-Andalus i les seves relacions amb Sharq al-Andalus, Magrib i Europa cristiana. Palma 1987.
Rosselló Bordoy, Guillermo (Hrsg.): Mallorca Musulmana. Palma 1973.
Rosselló Bordoy, Guillermo: Notas para un estudio de Ibiza musulmana. Eivissa 1985.
Rosselló Bordoy, Guillermo; Llompart, Gabriel (Hrsg.): Prehistória i Protohistória de Mallorca. Palma 1965.
Rosselló Bordoy, Guillermo; Plantalamor Massanet, Lluis; Murillo Orfila, Jaume: Cala de Sant Vicenç. Una necropolis de cuevas artificiales de tipo mediterráneo en Mallorca. Palma 1995.
Rosselló Vaquer, Ramón: Aportació a la história medieval de Menorca. El segle XIII. Menorca 1980.
Rosselló Vaquer, Ramón: Aportació a la história medieval de Menorca. El segle XIV. Menorca 1985.
Rosselló Vaquer, Ramón: Aportació a la história medieval de Menorca. El segle XV. Menorca 1982.
Rubiera de Epalza, María Jesús: El poeta Ibn A-Labbāna de Denia en Mallorca. Palma 1983.
Sabater, Gaspar: Historia de las Baleares. Palma 1987.
Sans Rosselló, Elviro: Grandeza y decadencia de los almorávides mallorquines. 1116–1237. Palma 1964.
Santamaría, Álvaro: Ejecutoria del Reino de Mallorca. Palma 1990.
Santamaría, Alvaro: El reino de Mallorca en la primera mitad del siglo XV. Palma 1955.
Sastre Moll, Jaume: Economia y sociedad del reino de Mallorca. Primer tercio del siglo XIV. Palma 1986.
Schmitt, Eberhard (Hrsg.): Dokumente zur Geschichte der europäischen Expansion. 8 Bde., München 1984–2013.
Schulten, Adolf: Iberische Landeskunde. Geographie des antiken Spanien. Baden-Baden 1974.
Selke, Angela S.: The Conversos of Majorca. Life and death in a crypto-Jewish community in seventeenth-century Spain. Jerusalem 1986.
Sevillano Colom, Francisco: Mercaderes y navegantes mallorquines. Palma 1971.
Sevillano Colom, Francisco; Pou Muntaner, Juan: História del puerto de Palma de Mallorca. Palma 1973.
Shneidman, J. Lee: The rise of the Aragonese-Catalan Empire, 1200–1350. 2 Bde., New York 1970.
Simon, Larry: Society and religion in the Kingdom of Mallorca, 1229–c. 1300. Los Angeles 1995.
Soto Company, Ricardo: L'ordenació de l'espai i les relacions socials a Mallorca en el segle XIII (1229–1301). Barcelona 1992.
Störmann, Auguste: Studien zur Geschichte des Königreichs Mallorca. Berlin–Leipzig 1918.
The Chronicle of San Juan de la Peña. A fourteenth-century official history of the Crown of Aragon. Hrsg. v. Lynn H. Nelson. Philadelphia 1991.
Veny, Cristóbal: Las cuevas sepulcrales del Bronce Antíguo de Mallorca. Madrid 1968.
Verlinden, Charles: Précédents médiévaux de la colonie en Amerique. Mexiko 1954.
Verlinden, Charles (Hrsg.): Die mittelalterlichen Ursprünge der europäischen Expansion, Dokumente der europäischen Expansion 1, hrsg. v. Eberhard Schmitt, München 1986.
Waldren, William H.: Balearic Prehistoric Ecology and Culture. Oxford 1982.
Waldren, William H.: The Balearic Pentapartite Division of Prehistory. Radiocarbon and other age determination inventories. Oxford 1986.
Wetzel-Zollmann, Heide; Wolfgang Wetzel: Mallorca. Ein Streifzug durch die 6000jährige Geschichte der Mittelmeerinsel. Freiburg u. a. 1991.
Willemsen, Carl A.: Der Untergang des Königreichs Mallorka und das Ende der Mallorkinischen Dynastie. In: H. Finke (Hrsg.): Gesammelte Aufsätze zur Kulturgeschichte Spaniens. Bd. 5 Münster 1935, S. 240–296.
Willemsen, Carl A.: Jakob II. von Mallorca und Peter IV. von Aragon. In: J. Vincke (Hrsg.): Gesammelte Aufsätze zur Kulturgeschichte Spaniens. Münster 1940, S. 81–198.
Xamena i Fiol, Pere: Història de Mallorca. Palma 1978 (deutsch: Mallorca. Die Geschichte, Palma 1999).

Bildnachweis

AKG: S. 49 und 84 (Album/Oronoz); S. 80 (Album/Kurwenal/Prisma), S. 117 (De Agostini Pict. Lib.)

Archiv des Autors. S. 15, 115, 153

Editorial Planeta, Barcelona: S. 99